U0562377

广东省普通高校人文社会科学省市共建重点研究基地
嘉应学院客家研究院出版基金项目

海外客家研究译丛
主编 邱国锋

BLOOD, SWEAT AND MAHJONG:
Family and Enterprise in an Overseas Chinese Community

血汗和麻将
一个海外华人社区的家庭与企业

〔美〕欧爱玲（Ellen Oxfeld）著
吴元珍 译

社会科学文献出版社
SOCIAL SCIENCES ACADEMIC PRESS (CHINA)

Ellen Oxfeld

Blood, Sweat, and Mahjong: Family and Enterprise in an Overseas Chinese Community

©1993 by Cornell University

本书根据康奈尔大学出版社 1993 年版译出

《海外客家研究译丛》丛书编委会

顾　问　（以姓氏笔画为序）
　　　　　丘小宏　刘志伟　何星亮　陈春声　周大鸣
　　　　　房学嘉　麻国庆　谢重光

主　编　邱国锋

副主编　肖文评　周云水

编　委　（以姓氏笔画为序）
　　　　　冷剑波　宋德剑　吴元珍　钟晋兰　夏远鸣
　　　　　黄　斐　谢胜利

《海外客家研究译丛》
总　　序

目前，全世界有两种人是专家学者开展学术研究的热门，一是以色列的犹太人，二是中国的"客家人"。客家人保留着古朴的客家方言，有其独特的民俗与文化心理。客家研究自一开始就呈现出其他文化少有的国际性特征和优势。学术界对客家进行现代学术意义上的研究，肇始于西方传教士在客家地区传教过程中记录的大量实地材料。① 英国传教士艮贝尔（George Compbell）长期在广东梅县等客家聚居地传教，对客家的历史和现状作过详细的实地调查研究。1912年，英国长老会和美国浸信会在汕头举行关于宗教的会议，艮贝尔在会上就客家问题报告了他的研究成果。他在报告中指出"客家人比城里人勇敢，富有特立独行的气概，渴爱自由，普通山居的民族大都如此，客家人也是如此"，并预言客家必将对"中华民族的奋发和进步"作出更大的贡献。② 会议结束之后，上海英文《教务杂志》发表了艮贝尔的报告。同时，艮贝尔又以 Origin and Migration of The Hakkas 为书名（中译名《客家源流与迁徙》）刊印了这份报告的英文单行本。艮贝尔报告的理论价值在于运用达尔文的自然进化论考察客家的历史，以发现客家的迁徙活动也是验证"物竞天择，适者生存"法则的论据，并认为它和"种族特性"的养成有因果关系，故而引起西方人类学界的高度重视。

美国耶鲁大学教授亨廷顿（Ellsworth Huntington）将达尔文的自然进化论和人文地理学研究结合起来，研究人类的"族性"课题。艮贝尔的《客

---

① 张英明、周璐：《西方学者早期对客家与太平天国关系之研究》，《广东教育学院学报》2006年第4期。
② 罗香林：《客家源流考》，中国华侨出版公司影印本，1989，第1页。

家源流与迁徙》给了亨廷顿极为有益的启发，他认为"一切文化发生变迁，可以用自然环境——尤其是气候——来直接解释"，并指出还需要从"人口过剩与移殖所引起的自然淘汰求之"①，将艮贝尔来自田野调查的创见上升为西方人类学研究"中国民族性"的一种新的理论预设。亨廷顿不仅提出"客家的名称，英文是 HAKKAS，在人类学上已有相当重要的地位"②，还极力主张对客家这一独特的群体开展科学和规范的研究，认为客家人的历史很值得研究。1924 年，亨廷顿以艮贝尔的《客家源流与迁徙》为资料基础，用自然淘汰和人口迁移的原则来解释中国的民族性，在美国出版专著 Character of Races（中译名《种族的品性》）。他对客家特性养成的原因进行理论分析，指出客家人在历史上因受荒年的困苦和外族的压迫，不得不展开漫长的迁徙之旅。"当他们迁徙时，自然淘汰的势力一定会活动，逐渐把懦弱的、重保守的分子收拾了去，或是留在后面。所以凡能够到达新地方的分子，都是比较有毅力有才干的"③。亨廷顿强调"民族特性"是自然淘汰作用的结果，认为迁徙也是一种优胜劣汰的筛选过程。对于当时的西方人类学界而言，这无疑是一种具有原创性的理论观点。

清朝中期以来，岭南"土客之争"日趋频繁激烈，客家人不仅受到客居地原住民的经济抵制，而且受到他们的文化拒斥，被视为"苗蛮之种"。因此，历史上岭南"土客之争"在文化上的深层次症结是族属之争，亦即客家人的文化身份之争。亨廷顿的《种族的品性》出版之后，由于客观上适应了汉族客家民系的建构及其崛起的需要，故而深受客家文人和中国学术界的关注和欢迎。1815 年以来，客家文人徐旭曾著《丰湖杂记》，力争客家具有汉族的正统性；黄钊著《石窟一征》，力称客家方言为"中原正音"；林达泉著《客说》，力辩客家为"唐虞三代之遗裔"；古直著《客人对》，力说客家"诗书礼乐"文化之盛；钟用龢著《客家考源》，力论客家为中原嫡系之后裔，等等。在这个时期，客家文人学士著书立说，为汉族客家民系的建构作了文化谱系方面的准备，同时也促进了客家族群意识的觉醒和抗争。

20 世纪 20 年代，客家文人乃至中国学术界对西方学术成果及其理论方

---

① 潘光旦：《民族特性与民族卫生》，商务印书馆，1989，第 6 页。
② 亨廷顿：《自然淘汰与中华民族性》，潘光旦译，新月书店，1929，第 172 页。
③ 亨廷顿：《自然淘汰与中华民族性》，潘光旦译，新月书店，1929，第 120 页。

法引起重视。钟鲁斋将艮贝尔的《客家源流与迁徙》译成中文,于 1923 年在旅沪嘉应学生会主办的《嘉应》第一卷第三期发表。亨廷顿的《种族的品性》推动了中国学术界对"粤东人种"亦即客家问题的重视以及研究工作的展开。顾颉刚、洪煨莲、罗常培、李济之、潘光旦、范捷云、乐嗣炳等著名学者,都努力进行或热心提倡客家研究。燕京大学国学研究所率先将"粤东人种"问题列为其重点研究项目之一,并物色合适人选担当此任。客家学者罗香林 1930 年从清华大学史学系毕业,留任研究院专治唐史与百越源流问题。由于罗香林具有客家背景和相关的治学经历,燕京大学国学研究所委派他返回岭南故乡,实地考察"粤东人种"问题,并负责编辑《客家史料丛刊》。从此以后,客家研究从岭南客家文人圈步入中国学术界的殿堂,逐步发展成为学术界中的一门显学——客家学。

客家学是我国人文学科中的一颗明珠。它是一门新兴的学问,是在综合众多的人文学科,诸如历史学、语言学、民俗学、经济学、文化学、人类学等基础上形成和发展起来的交叉学科。客家学运用科学的理论和方法研究客家民系的历史、现状和未来,并揭示其形成和发展规律。这是一门博大精深的学问,由于涉及领域太多,要真正达到学术上的飞跃突破,绝非一朝一夕之易事。

海外的客家学研究有着相当悠久、丰富的实证和理论传统,中国的客家学研究必须与之交流,在本土研究与国际学术充分交流基础上构建真正领先世界的客家学。自 20 世纪 90 年代初起,嘉应学院客家学研究取得了丰硕的成果,成为客家学界的重要阵地,引起国内外学术界的高度关注。但我们也注意到,中国的客家学研究还面临一系列的问题:客家学研究为何能成为"显学"?这些华南山区与平原交接地带的人群为何又是何时开始被当作一个有着自身文化及地域特征的群体而被反复讨论?客家学研究的主题到底有哪些?哪些有意义,哪些纯粹是臆测?这些主题产生的背景是什么?它们是如何通过一种社会与历史的双重作用,而产生某些政治、经济及至文化权力的诉求与争议的?

在此背景下,广东省普通高校人文社会科学省市共建重点研究基地——嘉应学院客家研究院于 2011 年 2 月启动了"海外客家研究译著特别项目",计划翻译和出版海外知名客家研究著作 10 部,并与社会科学文献出版社签订了合作协议。经过近两年的努力,拟先行翻译和出版海外客家研究著作 5 部,兹简列如下:Ellen Oxfeld. 1993. *Blood, Sweet and Mahjong: Family and*

Enterprise in an Oversea Chinese Community（欧爱玲：《血、汗和麻将：一个海外客家华人社区的家庭与企业》）. Cornell University Press; Nicole Constable. 1994. *Christian Souls and Chinese Spirits*: *A Hakka Community in Hong Kong*（郭思嘉：《基督徒心灵与华人精神：香港的一个客家社区》）. University of California Press; Myron L. Cohen. 1976. *House United*, *House Divided*: *The Chinese Family in Taiwan*（孔迈隆：《家合家分：台湾客家的家庭生活》）. University of Washington Press; Ellen Oxfeld. 2010. *Drink Water*, *but Remember the Source*: *Moral Discourse in a Chinese Village*（欧爱玲：《饮水思源：一个中国村庄的道德话语》）. University of Columbia Press; Sow‐Theng Leong. 1997. *Migration and Ethnicity in Chinese History*: *Hakkas*, *Pengmin*, *and Their Neighbors Press*（梁肇庭：《中国移民与族群的历史：客家人、棚民及他们的邻居》）. Standord University Press。

"他山之石，可以攻玉"。为了让大陆客家研究者更好地了解国外、港澳台地区的客家学研究成果，大力促进客家研究的国际交流，推动客家研究的深化和拓展，嘉应学院客家研究院投入了大量人力和财力组织这套丛书的翻译和出版。嘉应学院地处海内外最大的客家聚居地，具有开展客家研究得天独厚的地缘优势。被列入丛书的这些著作素来被视为海外客家研究的范本，体现了不同的学术旨趣和理论关怀，希望这些论著的出版能引起国内客家学界的关注，促进客家学研究的多元化发展。

客家学既然是一个新兴的学科，就需要不断汲取新的养分，允许"百家争鸣"，重视不同意见，不断欢迎新观点。在专家学者们的辛勤耕耘下，"客家学"研究终将达到学术上的逐步突破，臻于完善。我相信，零散的力量若能相对集中，累积的效果必将十分突出。"空谈误国、实干兴邦"，我还相信，很多朋友都有推进学术、造福社会的美好夙愿，让我们共勉，并把这愿望变成具体的行动！

嘉应学院客家研究院院长　邱国锋
2012 年 12 月 18 日
于广东梅州

目 录
CONTENTS

前　言 ··· 1

关于中文罗马式拼音和中文姓名的注解 ···························· 4

第一章　家族发展轨迹与贱民企业：加尔各答的

　　　　客家华人制革商 ·· 1

第二章　种族框架下的研究 ··· 26

第三章　企业社区的出现：历史和社会机制 ························· 58

第四章　盈、亏与命运：赌博行为与企业道德 ····················· 77

第五章　非瞬间的成功：第一代 ·· 100

第六章　"妻子的财富"：家庭劳动和收入的分配 ················· 118

第七章　"树的分支"：第二代和第三代的家庭与公司 ············ 146

第八章　个人主义、整体主义与利润动机：周先生的故事 ······ 171

后记　　多伦多的移民和访客 ·· 195

参考文献 ··· 217

译后记 ·· 230

前　言

　　本书讲述的是移居的个人和家庭、他们彼此之间与所认为的外人之间既和谐又冲突的关系，以及他们坚定的信念和相互矛盾的信仰和态度。我是通过考察在印度加尔各答的离散华人社区成员们的家庭动态发展、种族角色和观念取向来关注这些问题的。本书跨越时空来追溯社区成员的发展路径，他们最初从中国移居到印度及后来的迁入北美都囊括在我的研究范围内。

　　和许多研究课题一样，本课题一开始也不易明确地进行定义。我对东亚和南亚的文化和历史的兴趣可以追溯到高中时期，并在威廉姆斯学院（Williams College）进一步得到加强。大学毕业后，我有幸获得了托马斯·华生基金会的奖金（Thomas J. Watson Foundation Fellowship），这让我能够去中国台湾和香港学习中文并且还能游历泰国和印度。正是这趟旅行让我意识到加尔各答是一个极其令人着迷的海外华人社区的本部。我回到美国在哈佛大学学习社会和文化人类学，当要选择一个地点做田野调查时，我断定对加尔各答华人社区进行调查能把我对中国文化、印度社会和少数民族群体面临的困境这些方面的兴趣结合在一起。

　　我真的特别幸运，因为我受到了加尔各答华人社区成员们的盛情款待，他们向我敞开了生活的大门。因此，我最感激的人是他们，但我不可能一一感谢这么多帮助过我的社区成员。在此我尤其要感谢李秋芳（Lee Chiu Fong）、陈贵芳（Chen Kuin Fong）及他们的家庭。他们不仅仅是好客的主人，李秋芳还对我感兴趣的一些问题有着独到的见解，他（现在仍然）源源不断向我提供信息和观点。

　　我也要向加尔各答的印度人类学调查所（Anthropological Survey of India）表示感谢，在1980~1982年我做研究期间加入了这个机构。那时

Hirendra K. Rakshit 是我的导师，他对我在做研究所需的一系列必要的官方认可的复杂程序上进行引导。Jyoti Sen 也是我在调查所的指导教师，他花了大量的时间来激发我的思想并提出建议。我于 1980～1981 年的田野调查由美国印度研究协会〔American Institute of Indian Studies（AIIS）〕资助，1981～1982 年期间我得到了国家资源奖学金（National Resource Fellowship）的财政资助。在这几年当中，加尔各答的美国印度研究协会主任 Tarun Mitra 对我的研究的运筹及与官方打交道方面提供了无可估量的帮助。Purnendu Bose 因其在印度电影中的摄像工作而出名，我与他在加尔各答的家人也是朋友，他们给我提供技术上的帮助和灵感上的启发，在卡利亚尼和加尔各答的巴苏一家人也是如此。

米德伯里学院（Middlebury College）专业发展基金会为我 1986 年夏天在多伦多的研究和 1989 年的加尔各答之旅提供了部分资助，此书的完成也得益于 1990～1991 年离开米德伯里学院外出做学术研究。我在多伦多期间，Dee、Peter Thompson 和 C. C. Chen 都给予我很大的帮助。

在本书的写作过程中，米德伯里学院内外许多优秀学者的敏锐洞察力使我受益匪浅。我尤其要感谢 Rubie Watson、Hill Gates、Stevan Harrell、Arthur Kleinman、Susan Brownell、Jean Burfoot、Lynel Long、Claudia Strauss、David Nugent、Jan Albers、Paul Monod、Shank Gilkeson、Susan Gray 和 Burke Rochford 对于我部分手稿独到的评论。也感谢 Nur Yalman、Sally Fak Moore、Ezra Vogel 和 Myron Cohen，他们读了我许多早期的资料并给出了宝贵的建议。在这方面，我也要提到后来的 Judith Strauch，她是我在哈佛的一位导师。尽管她未能见到我完成课题就离开人世，但她对海外华人和种族的研究是我学习的典范，我将永远记得她的帮助及与她的友谊。

我也感激康奈尔大学出版社（Cornell University Press）的匿名审稿人和康奈尔"当代人类学"（Anthropology of Contemporary Issues）丛书的编辑 Roger Sanjek。他们的建议和批评让我的讨论更具有理论基础，最后一稿在人种学上也更有深度。

最后我要特别感谢我的父母，Edith 和 Emil Oxfeld。他们无时无刻给予我精神上的支持，是永不知疲倦的校对员。他们用无尽的耐心和持久的幽默一遍又一遍地读着文稿，并找出了众多不通顺的表达。

本书中三章的早期版本出现在下列期刊中：第四章原为《盈、亏和命运：一个海外华人社区的企业道德和赌博行为》，载《现代中国》1991（17）2：227-259；第六章原为《一个海外华人社区的劳动性别分工及家庭和公司组织》，载《美国人种学者》1991（18）4：700-718；第八章原为《个人主义、整体主义和市场主义思想：一位华人企业家的回忆录》，载《文化人类学》1992（8）3：267-300。我也感谢塞奇出版社（Sage Publications）、《现代中国》的出版商和美国人类学协会及《美国人种学者和文化人类学》的出版商准许我再版（不是为了销售或进行复制）。

欧爱玲

米德伯里，佛蒙特州

关于中文罗马式拼音和中文姓名的注解

由于我用中文所进行的多数采访使用的是普通话而非客家语，所以本书中所有的中文表达都按照普通话用罗马字母拼写。除了直接引自他处的汉字外，这些表达依据拼音体系用罗马字母进行拼写。有些引语的汉字根据不同的罗马式拼音体系进行拼写，这些拼写与相对应的拼音有显著不同，所以我在括号里加入了拼音。引自中文和涉及加尔各答华人社区成员以及特指某一著名人物时，通常他们的姓在名的前面（如毛泽东写成 Mao Zedong）。当用英语指称文章或书籍的作者时，中文姓名的拼写是姓在后面。加尔各答和多伦多客家华人社区成员的姓名均为化名。

第一章

家族发展轨迹与贱民企业：
加尔各答的客家华人制革商

这是八月一个暖和的早晨，我走在多伦多东郊——士嘉堡（Scarborough）的街道上，街上空荡荡的，很安静，边上有一排排两层的砖房，此情此景令我的思绪回到了充满活力、人群密集的加尔各答街道，那是我1980～1982年曾经生活过的地方。

加尔各答由多个不同的种族、种姓和宗教团体组成，是一个很有活力的城市。享誉世界的特蕾莎修女及其他致力于加尔各答贫民窟工作的人造成了人们普遍认为加尔各答贫穷的印象。的确，加尔各答存在贫困的现象，但是这个城市也是印度东北部的商业、工业和知识中心，它是一个多面的城市。正如记者威廉·史蒂文斯（William Stevens, 1983）曾写到的，"对于长久以来被描绘成终极的都市灾难区、一个正衰退的和人类绝对痛苦的城市，加尔各答很早就开始崛起，人们工作相当努力，这个城市散发出众多令人吃惊的活力。"

加尔各答的华人制革商——回忆场景

1980～1982年期间，及1985年和1989年的夏天，我在一个客家华人社区进行了田野调查，他们发现加尔各答的皮革业是一个利润丰厚的行业。客家人是一个独特的言语群体，他们居住在中国东南部省份的某些区域，如广东、福建和江西。但人们认为他们是几个世纪之前从华北移居到华南的。的确，在粤语中"hakka"这个词的意思是"客人"，说粤语的人认为他们自己是广东本地人，客家人由此得名（科恩，1968，第247页）。

第一次世界大战期间，少数加尔各答客家人开始涉足当地的皮革制造业。这个被高级种姓的印度教徒认为通常由贱民或穆斯林经营的污染性行业，却被证明是一项有利可图的收入来源。虽然加尔各答的华人总共不超过8000人，但客家人现在拥有并经营着那里绝大多数的皮革工厂。就印度全国而言，客家人对印度皮革业的贡献绝非微不足道。加尔各答是印度三大主要皮革业中心之一，仅次于南部的马德拉斯和北部的坎普尔。

加尔各答的华人不全是客家人。来自广东的说粤语的移民和来自中国中部省份的湖北人也在加尔各答定居。广东人主要从事木匠，而人数较少的湖北人的主要行业是开牙医诊所。此外，除了皮革业，客家人还拥有并经营鞋店、美发沙龙和餐馆。但皮革业是客家人从业人数最多的行业。迄今为止，客家人是三个华人群体中最大的一个。①

华人的皮革厂区位于加尔各答东部外围的塔坝（Dhapa）（有时也称为Tangra或Tapsia，因为它横跨这两个地区）。这里大约有300家皮革厂，每间工厂的雇工大多在5～50名之间。这些工厂要么是两三层的混凝土楼房，要么是单层的瓦房，厂房连接着一条未铺砌的、泥泞的曲折小路以及开放式的下水道，用来排放鞣革过程中的废弃物。而处于这锈迹斑斑的工业环境中的皮革厂，既是客家人的住处，也是工作的地方。

每个工厂的门口都树立着的大木门令人印象深刻，在门的上方用汉字漆有每个企业的名字。当你经过这些门进入到主体制造区时，你会注意到糊在墙上用来装饰的印有金字的红纸。这是一些流行的中国谚语，大部分都表达了生意兴隆的愿望，比如，一本万利，意思是每投入一份成本，获取一万倍的利润；货如轮转，则是希望生产的商品像车轮一样旋转，即有大的需求量。在工厂楼层的尽头常常设有供桌，上面摆放了一些民间流传的神灵，如佛教的仁慈之神观音、战争之神关公，但或许最重要的是财神和店神。还有

---

① 尽管加尔各答的人口普查从未按语言对中国人口进行分类，但客家人在人数上的优势可从以下几个方面进行推断：有两所为客家学生开设的中文学校，为说粤语学生开设的仅有一所；此外，住在加尔各答的湖北人和广东人经常用客家话进行交谈，而较少的客家人学习粤语或广东话（一些接受调查的广东人和湖北人坚称这是客家话在加尔各答华人中占据主导地位的结果）。皮革企业的数量（1980年大约有300家）也明显地确立了皮革业作为客家人最重要职业的地位。只有鞋店的数量与之差距最小（1980年有150家）。

一些能带来幸福、财富和长寿的神灵的塑像或画像——福、禄、寿也随处可见。

一旦进入到制革厂，你会注意到厨房和吃饭的地方都直接设置在工厂所在的楼层。华人妇女就在靠近印度雇工修刮原皮或把生牛皮扔进糅革溶液的地方做饭。干的蔬菜就挂在干的兽皮边上。小孩子绕着工厂跑来跑去，中老年妇女通常坐在工厂的大门外面闲聊。清晨，你可以看到这些穿着睡衣的妇女在区中心附近的市场上采购食物。与此同时，印度的劳工把生皮递送到各家制革厂；制革厂的员工来到工厂开始一天的工作，他们大多是恰马尔人（Chamars），这是一个和皮革工作相关的处于贱民阶层的种姓。当天晚些时候，人们可以看到这些工人在烈日下把半成品的皮晒干钉在木板上。

制革的场区给人留下的是一种复杂的印象。鞣革过程中散发出的气味，工人们在烈日下流汗，手推车、卡车及机器全部都表明这是一个工业场所。孩子们到处跑来跑去地玩着，从小贩那里买零食；一群华人妇女或站或坐在工厂大门前说着家长里短，这些现象表明了这是个住宅区。工业垃圾、泥土及臭味简直就不能让人把这些户外的区域当成花园来休闲。然而，制革厂内的居住区的面积却常很大并且设施完备。

卧室里面，中式的门帘凸显了制作精巧的木质结构，通常这些帘布绣有精美的鸟、树和花的图案；房间里也有最新流行的小型高科技消费产品（1982年我在当地的时候，盒式磁带录像机才刚刚流行起来）；皮革似乎处处都有，这一直提示着我们这个社区人们所从事的职业，皮革不仅用来遮座椅，而且大块的皮革用来遮盖宽的木床，以便在睡觉、闲聊、喝茶时给人凉爽和舒适的感觉，还可用来供小孩玩耍。

五年后——多伦多的加尔各答华人家庭

所有上述提到的画面，甚至我对恶臭的鞣革的记忆都在1986年多伦多这个八月特别的早晨再次浮现在我的脑海中。或许这是因为我走的这条街道异常整洁，没有一个人经过，与制革场区截然不同。然而，在我脑海中这种联系却是自然而然的，我将去采访来自加尔各答华人社区的一个认识的人。

思绪倒回到加尔各答，孔先生的皮革生意很是兴隆，两个儿子已经结婚，帮他照料日常的运作，所以他既有时间又有资金能经常出国旅游。特别是在印度的雨季之时，制革生意相当冷淡（因为大多数的制革商都是靠稳定的阳光来晒干半成品的皮革而不是利用昂贵的自动化设备）。每隔几年，孔先生或他的太太，有时他们俩一起去探望现居于多伦多的另外四个已婚的孩子，即两个儿子和两个女儿。

众所周知，在加尔各答华人社区，孔先生很健谈，他喜欢吹嘘自己经营着社区最成功的制革企业之一，并吹捧小儿子的优点，因为这个儿子承担了企业很大一部分的职责；他以同样的热情抱怨大儿子懒惰、缺乏天赋，没做什么为企业赚钱的事情。

在我进行田野调查初期，爱唠叨的孔先生自然而然地成为了加尔各答华人社区的首批居民之一，我跟他详细地谈到了他们在印度的生活，特别是他们的家庭和生意的历史。从孔先生那里得知他的父亲和叔叔在20世纪20年代如何长途跋涉来到印度，又是如何涉足制革业，并且他们以竹棚起家的生意如何发展，后来又如何把它划分为各个归属于他们子孙后代的独立的工厂。

现在是1986年的夏季，有相当一部分的加尔各答华人移居多伦多，对此我正在做进一步的调研。这个星期的头几天我打电话给孔先生的儿子斯蒂芬，可之前我俩素未谋面。当得知他的父母也会过来这边时，我感到放心了一些，这样一来就不用以一个完全陌生人的身份来与他接触了。我安排了一次与斯蒂芬的会面，同时也见了他在多伦多的兄弟姐妹。会谈之后，我们都去了一家著名的中式餐厅。在这次短途旅行后不久，我发现还有些问题要单独问孔先生，这也是我在这个8月的早晨来访的原因。

走进斯蒂芬的家，我发现他们正在庆祝儿子两岁的生日。两根蜡烛已经点燃插在蛋糕上，斯蒂芬的父母、妻子和两个小孩都在，还有他的岳父、小姨子、妹妹及小侄子。在吃完蛋糕和相互打趣之后，孔先生看着我，没忘记我此行的目的，说道，"欧小姐，为什么你现在不问我问题呢？"

我在桌旁坐下，开始提问题，大多涉及加尔各答华人社区的家族和亲属关系。与在加尔各答的情况一样，孔先生似乎喜欢接待他人，说普通话时还掺杂着四字短语，并为我写下一些名言警句。我开始聊到加尔各答的婚姻及说亲的话题，想知道为何当地华人在彼此都非常熟悉的情况下，媒人在他们之间仍能发挥如此举足轻重的作用。因为在许多小型社区中，陌生人为数不多。孔先生进一步谈论到未与准新娘或准新郎家人进行面对面的协商所带来的困难和尴尬。然后他转过身对站在房间一角的女儿希莉娅断然地大声说道:"她结婚的时候就没有媒人,现在瞧瞧,他们在任何事上都没法达成一致!"

我试着转移话题,不谈论他女儿的现状,回到更大些的主题,但没成功,不知怎的,孔先生继续有针对性地回到女儿及其婚姻上来谈。举例来说,在谈论完关于第三方在纠纷中调解的功过时,孔先生评论说在加尔各答的社区里,媒人有时会调停夫妻间的冲突,促成他们之间的和解。他指出离婚在这里几乎不存在。"不像在这里,"他尖酸地说,"大家发生争论,接下来他们要做的事就是挑起离婚……他们开始交谈,在他们谈论道理之前,他们谈的是法律!"

不时的,希莉娅也插上一两句话。当我问她有关加拿大的情况及在那里是否能用上媒人时,她说,"不,我们不用(他们),跟在西方国家一样。"事实上,后来我发现情况也并不尽然,多伦多的一些华人社区成员仍用得上媒人。但今天早上希莉娅的这种抵制情绪应该很容易理解,因为我很快便得知她正闹离婚,而且她还是本社区第一个面临这种事情的移民,起因便是今天早上她父亲所说的一些尖锐的话。

这趟加拿大之旅所发生的众多事情令孔先生有几分生气。他的孙儿们在他面前表现得没有规矩,而在加尔各答的华人社区祖父有足够的威望来制止大多数孙儿的胡闹。同样这些孙辈在吃饭的时候对长辈们毫不理会,只顾埋头大吃起来而不等待应让桌上最年长的老人先吃的信号。况且,现在孔先生最小的女儿就要离婚了!

孔先生用了一个短语"很对不起的事情"来描述离婚,大致的意思是离婚是"一件非常粗鲁的事情",但其实它传达了更多的意思。这个词"对不起"表明你不仅对某人不正直,而且你已经让这个人丢脸了。① 如果你对

---

① 在此区分中文中的两个不同的词非常有必要,它们翻译为英语都是"face"。脸指的是一个人的品格,而面子则指一个人的社会地位和声望。丢脸比丢面子更糟糕,因为并非所有人都有高级身份和社会地位,但所有人都乐意被他人尊敬,认为他遵守基本的社会道德准则并按之行事。正如胡先缙(中国早期留美之人类学家——译者注)所言,"如能指望同胞的信赖,甚至最贫穷的农民或劳工都急于要保存自己的脸。或许他不能获取象征生活成功的面子,但他能够过好自己的生活而不让自己的品格沾上任何的污点。"(胡,1944:63)

当家庭成员道德上做了冒犯他人的事时,该"face"就会丢掉,称其为脸,这是因为在此情况下一个人失去的不仅是社会声望,还有基本的人品。

不起一个人，那么你的表现严重地触犯了他。从某种意义上说，孔先生表明夫妻离婚不仅是对彼此的冒犯，而且也触怒了他们的家庭和社区。

的确，对于我来说，今天早晨的生日派对象征着自移居以来在他家和众多其他社区成员当中发生的一些变化。在加尔各答，生日每10年庆祝一次，而且只从61岁开始庆祝，有上百位客人出席的大型聚会、寿星对于自己和家庭多年以来在社区取得的地位及身份所发表的公开感言。而这个加拿大的生日聚会与在加尔各答举办的生日聚会有着极大的差距，这里庆祝的是一个年仅两岁小孩的生日，而且聚会是小型的、非公开的及一切从简的。

然而，孔先生认为他的家庭在多伦多已经抛弃了许多重要的适合中国人的生活原则，尽管他对此颇有不满，但至少有几个孩子在加拿大定居对他而言仍非常重要。就像加尔各答华人社区的其他许多家族一样，孔先生的家族成员也分散在全球各个地方，正如他的父亲和兄弟离开中国来到印度，他们都是早期流散和再定居的一分子。

跨越时间和空间的家族：中介、限制和矛盾

是什么促使了孔先生的孩子们和社区的其他成员移居？要回答这个问题，我们需要理解三个概念上相互分离但实际上相互联系的过程：家族的内在动力、企业的意识形态与实践以及贱民群体在印度这个移民接收国的地位。本书中，我主要关注家族、企业精神与种族角色这三个因素之间的关系，尝试理解中国家庭在海外及企业化的环境中的动态发展。该分析有必要跨越时间和空间来考察各个家族及家庭成员的发展轨迹和策略，且就这一点而论，当集中分析加尔各答华人社区时，我同样会考虑从中国移居过来的前辈们的生活以及社区成员在北美特别是在多伦多的分布情况。

就像我将在本章后面的部分所主张的一样，对于包括海外华人在内的移民企业家的研究，较少关注家族内部动态与其移民社会迫切性的联系。这些内部家庭动态与外部社会结构共同作用，两者都能限制并使得少数种族群体的企业家能够在其特殊的经济角色中发挥作用。这些移民社会的社会、阶层及种族的构成规划了移民群体所追求的经济活动的类型，这些群体的成员也积极操纵他们的亲属体系，并在那些对他们开放的活动领域中获取经济优势。此外，亲属关系所产生的约束力会限制并开拓经济的发展潜力，家族的一些安排也会对某一移民社会中生活的紧迫性做出回应并自身发生改变。

进一步说，正如我在关于加尔各答华人及其在多伦多的亲戚的研究中所表明的一样，这些移民企业家的潜在观念和动机既不明确也不简单。首先，在经济行为方面家族关系通常会产生矛盾情绪。一个人到底是一心一意赚取利润还是给亲戚一个机会呢？再者，企业道德观本身总是充满了矛盾的规则和评价，比如一个人可以通过明智的投资和决定来控制命运的观念与经济成果最终只是运气的问题这个观点之间相互矛盾的关系。

的确，本书的标题指的正是类似的矛盾规则。"血和汗"的指称来自于社区成员屡次援引的关于努力工作的一个短语。另一方面，麻将是一种在塔坝很流行的中式赌博游戏。塔坝的华人谴责所有的赌博如果玩得过多都是挥霍，但具有讽刺意味的是他们也承认赌博本身又重新制定出了企业道德的一些主要矛盾，例如：依靠自身技能和努力工作的训诫与运气在一个人最终的成功或失败中不可否认的因素。

从更全面的层次上来说，我希望通过对印度客家华人家庭、其在中国的前辈们及多伦多的家庭成员的分析来强调这一点：从时间和空间的维度来理解他们的家庭。当然，在任何有关人类活动的记述中，时间至关重要。正如让-保罗·萨特（Jean-Paul Sartre，法国思想家、哲学大师——译者注）所评论的，文化行为是"暂时性"的。它不仅仅是"像原因支配结果的方式一样，过去的决定对人们产生重大的影响"。这是因为"如果大家把呈现给每个人的社会当作是未来的一个视角，并且该未来作为其行为的真正动力深入每人的心中，那么任何事物将发生改变"（1963，第196页）。因此，"我们的任务总是将来的，在大家看来就是需要执行的任务、要避免的埋伏和要行使的权利等"（1963，第107页）。换言之，人们进行日程安排。这些日程安排本身就是不同的文化和社会环境的产物，这一点不应使我们被这个事实所蒙蔽：人们的确受到外部力量的影响，但作为对这些力量的回应，他们还有一系列的个人、家庭及家庭外部的策略，且这些策略随着时间的流逝产生作用。

法国社会学家皮埃尔·布迪厄（Pierre Bourdieu）的主要基于阿尔及利亚田野调查的著作已经引起了在亲属关系的研究中对于时间、策略及文化目标重要性的关注。布迪厄强调的观点是亲属关系的结构和规则或亲属关系策略性地被用来实现"极重要的物质和象征性的利益"（1977，第38页）。与萨特相同的是，布迪厄也强调在社会形式的研究中时间的重要性；因为策略总有一天会失去目标。然而他关于策略的观念并未忽略这个真正的事实，即所有的策略都在现存的社会框架中得以贯彻，且动机本身、人们策略性地追求的目标都是由文化构建起来的。

最后一点至关重要。人们以策略性的方式利用他们的亲属体系并不一定意味着所有人都有相同的策略，或者相同的目标。一些作家，例如西尔维亚·亚娜基萨科（Sylvia Yanagisako，斯坦福大学人类学教授——译者注）曾批评布迪厄的研究方法忽略了文化，把亲属关系简化为"理性的功利计算"（1985，第13页）。然而人们可以利用其亲属体系来追求各种目标。布迪厄明确阐述了亲属关系满足的不仅仅是"物质"利益，还有"象征"的利益（1977，第38页）。

大多数分析人士承认时间是社会行为的一个重要方面；然而对空间的关注却不及时间。用大卫·哈维（David Harvey，当代西方地理学家中富于思想且影响极大的一位学者——译者注）的话来说，"社会理论……在其公式化的表述中通常把时间凌驾于空间之上。他们广泛假定一些已经存在的空间顺序存在于时间起作用的变化过程中，或者空间界线如此受到简化使得空间成为人类行为可能而非根本的方面"（1989，第205页）。但事实上空间不仅塑造了人类行为，而且被人类行为所塑造。

正如我们在接下来的几章中将看到的，在像孔先生一家的客家华人家庭的例子中，家庭成员空间上的分散是策略的一部分，通过该策略可以遏制经济和政治风险。但此外，正如他们的家族历史所展现出来的那样，空间的性质本身已经发生了改变。纵观近些年来人们进行交流和迁移的速度相对较快。这种能力是大卫·哈维称为"时空压缩"（1989）现象的一方面，该现象涉及把空间障碍分解为人和资本更快的运动。

然而，大量人口在全球移居的速度能够日益加快及逐渐便利导致了一些巧合的结果。相异的民族通过近距离的接触和卫星通讯开始有了更频繁的联系。但同时，他们能够更容易地和"国内"地区保持联系。因此，我们不能假定人口的流动会导致文化的混合或者是不同移民群体创造出的文化差异性会带来失落感。更确切地说，"时空压缩"也有助于产生一种文化独特感。的确，保持独特的文化身份特征是对人口流动和迁移本身的反映。因此，本书的主体——客家华人家庭在他们的策略中使用了空间，空间自身的变化性特征在其持续的社会关系中具有隐含义，本人将在结语部分深入探讨该主题。

为此，要尝试理解客家华人制革商的家族和公司的组织体制和发展，我们必须从时间和空间的策略角度及人类的能动作用和社会、文化的约束力等角度来思考。进一步说，在追求模糊、矛盾而又清晰的目标中，这些策略发生了演变。本章结尾本人将进一步阐述这些主题，但首先我必须转向对三个更确切的但相关的作品主体做一简短概述——关于贱民资本主义和中介商少数民族的理论；论述中国家庭的发展循环以及对中国企业意识观念的研究。由于熟悉这三个领域对于理解接下来的材料很有必要，我在这里呈现与其最相关的方面并且解释有待解决的问题。

贱民资本家（Pariah Capitalist）与中介商少数民族（Middleman Minorities）

当斯蒂芬·孔决定从加尔各答移居到多伦多时，他最先考虑的问题之一就是政治安全。自从 1962 年中印冲突以来，印度华人在政治上感到不安全，在印度产生了仇恨情绪，并对小型华人社区产生了强烈的反响。尽管在身体上华人并未受到普通大众的攻击，他们的血统却被政府当作限制及剥夺其权利的依据。许多人丧失了公民权；还有一些人被拘留或驱逐出境；还有些人失去了行动不受监控的自由。这种经历让印度华人没有安全感，许多人担心这样的事会重演，如果中印之间的政治局势再次变得紧张，他们甚至可能遭遇更危险的报复。正如斯蒂芬所陈述的那样，"我们看着发生在这些锡克教教徒身上的事（指的是 1984 年英迪拉·甘地被暗杀的时期，愤怒和复仇的人群对锡克教教徒进行人身攻击与杀害——译者注），我们认为自己也很引人注目。如果中国与印度再次开战的话，这样的事也会发生在我们身上。"

加尔各答的华人商业上相对成功，但缺乏政治权利，他们类似于通常被称为"贱民资本家"〔汉密尔顿（Hamilton），1978〕或"中介商少数民族"〔伯纳希切（Bonacich）与莫代尔（Modell），1980〕的社会群体。所有这些群体的关键特征成就了经济的高度成功，也伴随着政治权利及社会地位的缺乏。东南亚的华人、二战前西欧的犹太人及东非的印度人都曾被理论家们用来作为贱民企业家的范例。首先我查找文献来了解这些群体，理解加尔各答华人社会处境的错综复杂性。

"贱民资本家"这一术语于20世纪20年代初由马克斯·韦伯（Max Weber）创立，当时他想区分源自西方的理性资本主义体系及其定义为"贱民资本主义"（1983，第131页）的外侨群体的经济活动。在韦伯看来，理性资本主义包含了几个特定的要求，包括对盈亏、货物和劳力的自由市场、法律的统一规定和统一运用的系统阐述（1983，第110页）。因此，与一度追求的"战利品"相反，资本主义包含了"持续的理性的资本主义企业"的运作，"也就是持续的利润更新，或利益率"（1978，第333页）。

韦伯说，贱民是"一个世代相传的社会群体，缺乏自主的政治组织，其特征是反对共生（commensality）与内部联姻（intermarriage）……贱民的另外两个特征是在政治和社会上被剥夺特权及与经济作用的巨大差异"（1978，第493页）。据韦伯所言，贱民群体与公民社会的其他群体相分离，与外人和自己人打交道时，他们运用的标准不同（1983，第131页）。因此，韦伯认为他们没有对他所定义的理性资本主义行为的发展负责，这是因为这其中蕴含了统一性和普遍性。

但是许多随后的社会理论家指出，贸易和企业正是在这些外来族群中首先得到了发展。例如，经济学家卡尔·波兰尼（Karl Polanyi）曾表示，与互惠主义相反，市场活动不可能发生在小型的、团结的社区中。由于交易活动所蕴含的社会关系的性质，它更容易发生在群体之间而非群体内部。正如波兰尼所指出的，"以波动的价格进行交易的目的是从搭档之间破坏性的对抗关系中获利"（1957，第255页）。

在许多早期文明中，商人都是外人，他们帮助当地的统治者从平民百姓中榨取税收，为其获取利益。举例来说，荷马提到的众多商人都是非希腊人，正如在圣经中写到的大多数商人是非犹太人一样〔江（Jiang），1968，第151页〕。的确，统治者和商人之间的关系总是充满矛盾。统治者不愿意做商人们每天所从事的杂乱无章的"肮脏的工作"。但同时，商人因为其对统治权有着潜在的威胁。然而，当商人阶层是由外侨所组成时，他们很容易被控制。他们缺乏本国的权力基础来挑战统治者，并且一旦他们的行为造成了威胁，统治者就会利用驱逐出境或剥夺政治权利来威胁他们。

利用外商群体，政府也能够在本国民众中维持更大的掌控权。例如，在

19世纪的泰国,所有的泰国男性自由民都有服苦役的义务〔斯金纳(Skinner),1957,第96页〕。但是对华人却免除了服苦役的要求,泰国农业自由民受到主顾的约束,华人与之不同,他们可以自由走动。泰国的国王们对于该安排受益最多。正如威廉·斯金纳(G. William Skinner)所指出的那样,华人在泰国充当的角色为拉皮条者、商人和商业农产品的运送者;他们是不受强迫劳役的劳工,被收取足够高额的赋税来增加国家收入,但又不至于打消他们继续移民泰国的积极性(1957,第97页)。

波兰的犹太人与泰国的华人情况类似。12世纪当犹太人开始在波兰定居时,当地不存在商人阶层。此外,波兰贵族需要税收征收者。为了让波兰人执行这些功能,就有必要来解放农奴〔艾森(Eitzen),1968,第225页〕。因此,一开始犹太人受到了波兰贵族的欢迎,尽管和大多数的贱民少数派一样,他们并未一直受到欢迎。

盖理·汉密尔顿给贱民资本主义的特性下的定义较有说服力,"贱民资本主义的本质是一个权力非对称性的结构,能够让精英群体来控制和剥削贱民群体创造的财富"(1978,第4页)。关于这种权力非对称性最极端的例子是犹太人在信奉基督教的西班牙的境况。在法律上,犹太人是国王的财产,且国王是犹太人基本权利及特权的唯一授予者(汉密尔顿,1978,第4页)。

当然,贱民资本主义并不是存在于各个离散的贸易社群和移民国社区关系间的唯一形式。菲利普·柯廷(Philip Curtin)指出贸易社区,比如那些从16世纪至18世纪由欧洲人在亚洲所建立的社区,实际上把他们的"贸易领土归于自己的军事控制当中"。最终,"接近18世纪末期,他们有效利用武力至少使在印度的英国东印度公司和在爪哇的荷兰东印度公司停止对贸易区域军事化,它们变成了真正的领土帝国"(柯廷,1984,第5页)。

然而,殖民主义和国际贸易的发展并没有结束贱民资本主义作为商人和移民国之间关系的形式。更确切地说,贱民和统治阶层关系的性质从个人化的形式,如中世纪的西班牙犹太人与国王之间的关系,变成了贱民群体成员间的契约关系,他们充当中间人及精英阶层成员。的确,随着殖民主义的出现,由这些中间人所服务的精英阶层通常都是殖民地占有者。例如在印度尼西亚,华人冒险进入印度国内,购买产品销售给荷兰出口公司〔见弗尼瓦尔(Furnivall),1944;珀塞尔(Purcell),1965〕。

毋庸置疑，这样的行为并不会使得贱民受到当地平民百姓的热爱，他们时常成为大众敌对和怨恨的对象。的确，该群体通常面临的困难之一是，他们被当地的穷苦百姓看成是真正的压迫者，而不是那些可能从他们活动中获取利润的统治群体。

艾德娜·伯纳希切（Edna Bonacich）在其关于"中介商少数民族"的分析中进一步发展了这个概念（伯纳希切和莫代尔，1980；伯纳希切，1973）。对于伯纳希切而言，中介商少数民族是一些展示了许多共同特征的群体。首先，他们在精英和大众之间填补了"地位空白"——在詹姆士·罗温（James Loewen）的著作中所描述的关于密西西比华人的例子较为恰当（1971）。密西西比华人拥有并经营着乡村地区的小型零售店，因此他们忙于和黑人进行日常性的持续的接触，而这却是在高度种族隔离的社会中密西西比的白人不愿意做的事情。同时，白人的权力结构有意不让黑人进入生意领域。由于黑人数量比华人更多，且已经在密西西比居住了数代，他们有可能利用日益增长的经济资源对白人造成政治威胁，而这一点却是华人移民的小团体做不到的。

伯纳希切指出中介商少数民族经常从事一些移民社会看来是不洁的、非神圣的和不体面的活动（1973，第584页）。例如，基督教徒不允许借钱给别人，而犹太人却不被这样的限制所束缚。在泰国，由华人来杀猪，这是因为信奉佛教的泰国人认为这样的行为有违佛教非暴力的训诫（斯金纳，1957，第217页）。

伯纳希切说道，中介商群体通常都有一个"旅居者心态"（1973，第584页）；即，他们认为自己不会在现在生活的地方定居。他们来到移民国家是为了赚钱，且通常"他们计划返回（到自己的国家）……因此他们几乎没有理由和周围的移民国成员发展长久的关系"（1973，第286页）。该心态导致了储蓄而非消费的取向，使他们积累更多的资本用来投资其他企业（1973，第584页）。当然，旅居者的取向通常是移民国歧视和迫害的结果。正如剧作家兼作家赵建秀（Frank Chin）强力主张的那样：

> 带着中国文化中的理想信念，我们（在美国的华人）在这儿的生活令人不能忍受，想在美国过上体面的生活且腰缠万贯回国的梦想变得不可能。我们遍布在大西部任何我们可以去的地方，当渔夫、农民、鞋

匠、矿工，帮人做雪茄、洗衣服，直到我们明白美国……决定把我们赶出去。加州反对中国妇女入境的法律在法庭上已被推翻，因为宪法不允许各个州参与移民事件；那是国会要做的事，1924年国会受理了该事件（1972，第62页）。

伯纳希切并未否认移民国的敌意促成了中介商群体的旅居心态取向；重要的是移民国的敌意和旅居的取向有助于建立中介商少数民族的另一共同特征——高度的内部团结。尽管中介商群体可能"基于在祖国区域、语言、政治或宗教上的差异，充满了分歧和矛盾"，伯纳希切声称，在面临移民国社会时，这些差异就被放到了一边（1973，第586页）。在与约翰·莫代尔合著的一本书中，她继续表述，这样的团结能使中介商更有效地进行经济合作，但它也引发了移民国大众更大规模的攻击，认为他们排斥他人、不忠诚且榨干了移民国的金钱（伯纳希切和莫代尔，1980，第20页）。

伯纳希切关于中介商群体的最后几点论述涉及他们企业的性质。她说，正是家族企业代表了中介商群体的经济活动。此外，她坚称工业企业在中介商群体中很罕见，因为它要求对不动产进行长期投资，这样一来，如果受形势所迫这将妨碍这些企业家离开移民国（1973，第585页）。

工业化企业需要投入大量的非流动性资金，因牵涉其中，加尔各答华人的生存模式与伯纳希切及其他学者描述的形式有所偏差。但是他们保留了本章所描述的这些群体的许多其他特征。与贱民资本家相同，他们也缺乏政治安全感，从事颇受移民国社会诋毁的行业；在该情况下，这些工作处于印度种姓体系的最底层。类似于中介商少数民族，他们也经营家族企业，对移民国社会表露出矛盾甚至敌对的情绪。此外，尽管在一些情况下工业企业对于场所的迁移可能存在障碍，但加尔各答华人的情况却不尽然。正如孔先生一家所描述的那样，借助家庭及亲戚之间的关系与他们所给予的援助，这个群体已经能够做到高水平的迁移。

在这个地区对于亲属关系及家庭的分析并未告知我们贱民资本主义和中介商少数民族的相关理论。例如，伯纳希切强调中间派的企业往往是家族企业。但她没有给出任何细节描述不同的亲属体系是如何影响这些产业的组织结构或群体成员使用的策略的。比如说，只有一个继承人的亲属体系与那些所有儿子共同继承的亲属体系相比，对于家族企业的组织结构肯定有着不同的含义。然而，关于特定亲属结构影响中介商少数民族公司的讨论在其著作中并未展开。[①]

因此，尽管本人发现中介商少数民族理论在解释某一类少数群体的身份和地位方面有用，但我还必须寻求其他理论来分析家族内部的微观动力是如何表达及影响中介商少数民族所扮演的民族角色的。詹姆斯·华生对于中国香港的一个世系村庄及其在英移民的研究确实解决了一些这样的问题（1975）。华生不仅分析了中国世系组织对移居英国模式的影响，也考察了血统关系在英国的村民新经济职业——餐馆行业中的用途。然而，华生的书主要讲的是移居外国对国内社区造成的影响。在他进行研究之时，接受调查的大部分移民仍然打算返回香港。另一方面，1949年新中国成立之后，加尔各答华人没有计划回国定居。无论他们忠诚于哪个政治派别，大多数人似乎都赞同在可预见的未来，他们作为海外华人企业家的生活水平要高于当时的中国现状。因此，我关注的不是中国本土环境下的原始社区，而是在中国人作为少数民族群体的一个加尔各答社区。

我也发现了两本关于美国少数民族来源的富有成果的著作。卡罗尔·斯塔克（Carol Stack，1974）的《我们所有的亲戚》（*All Our Kin*）和米凯拉·迪·莱昂纳多（Micaela di Leonardo，1984）的《种族经历的多样性》（*Varieties of Ethnic Experience*）与我正努力进行的研究联系紧密，他们主要关注的也是特定的少数民族的民族角色与亲属体系的关系，即使他们的主题不能划分为中介商少数民族或贱民资本家。迪·莱昂纳多在她对意大利籍美国人（Italian-American）的研究中表明，意大利人移出和移入地区的政治经

[①] 例如，对于可归类为中介商少数民族的海外华人群体的分析通常忽略了对家庭内部动态及过程的考察。尽管大量的书籍和文章，特别是那些关于东南亚华人的资料讨论了海外华人内部团体组织的特点，但亲属体系与生意活动之间的关系在众多被考虑的主题中并不凸显。调查过的最普遍的主题是海外华人的政治组织特征（斯金纳，1958、1968；王，1981）；社会组织〔克利斯曼，1967；弗里德曼，1960；威尔莫特（Willmott），1960〕；价值体系（瑞恩，1961）；在移民社会地位的变化（罗温，1971）；文化适应和同化〔柯福林（Coughlin），1960；斯金纳，1973a、1973b〕；经济角色和活动〔卡托尔（Cator），1936；弗里德曼，1959；莱特，1972；奥莫亨德罗，1981；韦特海姆（Wertheim），1964；威尔莫特，1960〕，及海外华人社区和那些持有政治权力的人之间的关系变化〔科佩尔（Coppel），1976；斯金纳，1968、1973a；萨默斯（Somers），1964〕。

詹姆斯·华生（James L. Watson，1975）分析了香港移民在伦敦餐馆行业使用血统关系的方式，约翰·奥莫亨德罗（John Omohundro，1981）研究菲律宾的华人商业家庭，除此之外，多数在海外华人社会的研究中进行的深入调查往往围绕家庭展开，而非家庭本身。

济及家庭内部的发展循环对于民族和家庭的策略与角色都有重要影响。正如她所陈述的,"一个意大利家庭……包括一个年轻的男人和一个怀孕的女人,这与一对中年夫妻的家庭大为不同,后者还有与他们共同生活的成年的儿子及年迈的婆婆。很多关于种族家庭的著作都赞美'拓展式家庭',并提及了这些区别。"(1984,第113页)

卡罗尔·斯塔克关于非裔美国人家庭在都市贫民区的著作也提供了一个示范性的分析模式,它把家庭发展进程与民族角色联系起来。通过集中考察城内的非裔美国人如何定义亲属;家庭组合如何且为什么改变,可以从哪个亲戚那里获取帮助,哪个亲戚需要给予其援助,斯塔克证实了白人所认为的生活在贫民区的非裔美国人的"破裂"家庭实际上有着密集的亲属网,能够很好地与生活需求相协调,他们是在美国经济中受到压迫的少数民族(1974)。

斯塔克与迪·莱昂纳多都证实,理解家庭内部动态与一个种族群体的经济和社会角色联系紧密。当然,我也发现在自己对加尔各答华人的分析中认识到这一点至关重要。正如我尝试在本书中所表明的,理解加尔各答华人家庭内部的动态对于理解个人和家庭在移民国社会中的产业发展及所采取的策略尤为关键。举例来说,在斯蒂芬·孔的例子中,家庭因素在他移居的决定中与政治因素同等重要。在一个所有兄弟平等继承的家庭结构中,总有这种可能性:如果这家企业在五个或更多的兄弟之间进行划分,即使是兴旺的企业也会变得没有原来赚钱。如果要为那些留下的兄弟提供生计,有些兄弟可能必须要离开。尽管斯蒂芬的家庭兴旺发达,他的移居仍然减少了把所有儿子都集中到一个产业的经济风险。且这样做还把他们与海外联系起来,如果之后印度政治风气发生转变,其他家庭成员需要移民的话,则可以利用这种联系。

因此,在我尝试来理解加尔各答华人家庭的发展轨迹之时,我意识到有必要对他们的种族角色和家族体系两者都进行分析。在接下来的这一节,我将简要概述对加尔各答华人家庭的分析关系最密切的华人家庭组织的一些方面。

家族循环与家族策略

正如以孔先生家庭为例所描述的,家庭并不是静止的。很明显,即使是在最同一的社会中，诸如出生、结婚、收养、死亡和移居的事情也会增加或削减家庭成员。所以，当描述某一社会或文化中的家庭特征的类型时，我们必须至少要在它们发展进程的情境下来进行描述。

对于华人家庭的发展循环与家庭形式、经济组织结构之间的关系最清晰的解释之一可以在麦伦·科恩（Myron Cohen）关于中国台湾乡村的客家华人家庭的著作中找到（1970，1976）。尽管他很明确地表述说没有一个既定的发展顺序，科恩接受一位早期作家奥尔卡·朗（Olga Lang）的分析类别，并提出了三大基本的家庭类型——夫妇式（conjugal）、主干式（stem）和联合式（joint），囊括了大多数可能的中国多样化的家庭结构。用朗（和科恩的）术语来说，夫妇式家庭由一位丈夫、一位妻子或几位妻子和孩子们组成；在主干家庭中有一个儿子已婚并有了孩子；在联合家庭，多于一个儿子结婚并有孩子（科恩，1976，第61页）。在兄弟的联合家庭中，父母均已去世。在主干式、联合式及兄弟联合家庭中，家庭成员在经济上也进行联合。

当提到这些家庭类型时，科恩说："从最简单的到最复杂的进行排列，它们定义了任何一方可能会发生的变化当中的局限。同时，它们也描述了最大的发展顺序，从夫妇式开始至主干式、联合式然后到兄弟联合式家庭再回到夫妇式"（科恩，1976，第68页）。该组合暗含这样的假设，即家庭分到各个兄弟手中，他们每个人对财产拥有平等的索求权，最终将分开建立家庭，从曾共有的财产中拿走各自的那一份。通常家庭财产归儿子们所有，并对其划分的过程，叫做分家。应该指出的是，一般女儿们嫁入她们丈夫的家庭（当描述女儿的婚姻时，塔坝华人用"出嫁"这个词，字面意思是"离开家"）。① 尽管她们也会带上嫁妆，但却没有任何正式的声明说她们在娘家拥有一份财产。

所以，何时及是否分家的问题对于判定家庭形式尤为关键。例如，用科恩的术语来分析孔先生的家庭，我们会把其划为联合家庭，这是由于在

---

① "主流婚姻（major marriage）"即一名成年女子带着嫁妆嫁入其丈夫家庭的行为，长期以来被看作是中国社会的主导模式。但最近的研究，特别是亚瑟·沃尔夫（Arthur Wolf）和黄金山（Chieh-shan Huang，1980），证实了其他之前被认为异常的有所偏差的婚姻形式，可能事实上比最初想象的要普通得多。这些包括"娃娃亲（minor marriage）"，指的是一个女婴由她未来的丈夫家庭领养，只等到了待嫁年纪时就与她的"哥哥"结婚；还有"入赘婚姻（uxorilocal marriage）"，即丈夫与妻子的亲属居住在一起，可能也会同意一个或者多个孩子随妻子姓。

加尔各答他和两个已婚儿子生活在一起且共同拥有一家企业。如果他在多伦多的儿子们仍对企业拥有所有权，那么他们可以被看成是这个家的一部分，即使并未在其中发挥积极作用。因此，相对于谁对家产拥有所有权的问题而言，距离上的接近与否在断定家庭形式方面显得没有那么重要。如果孔先生在多伦多的儿子们的企业份额已经以现金或其他形式得到了补偿，也就没有任何其余的所有权，那么就可以说这个家庭已经进行了分家。在此情况下，斯蒂芬、他的妻子和儿子们可以说组成了他们自己的夫妇式家庭。（如果分家，各家可以住在同一屋檐下，但不再共用一个炉灶、一起吃饭。）

尽管通常女儿们不能分得家产（在第七章我将讨论一些例外的情况），但只从父系和父居结构的角度来描述中国家庭并不精确。几位分析人士指出除了男方亲属的关系之外，姻亲联系也被中国家庭成员所频繁利用。这些姻亲关系在家庭仪式中通常都有较为突出的表述〔埃亨（Ahern），1975；弗里德曼（Freedman），1970；加林（Gallin），1960；沃森（Watson），1981、1985；沃尔夫（Wolf），1970〕。此外，玛杰丽·沃尔夫（Margery Wolf）拓展"子宫家庭"（uterine family）（沃尔夫，1972，第33页）这个概念时，注意到母亲和孩子们结合的纽带存在于更大的父系单元中，持续时间最长并且是妇女所经历的最重要的感情关系。最后一点是，最近关于台湾和香港地区的工作女性的研究表明，未婚的女儿们目前对于她们的家庭有很大的"用处"：因为工作的女儿把大部分赚到的钱交给她们的家庭，还资助弟弟们在教育和事业上取得进步〔见格林哈格（Greenhalgh），1985b；孔（Kung），1984；萨拉夫（Salaff），1981〕。

在此需要强调的是，不仅家庭形式本身意义重大，家庭经济与这些形式相连接的方式也值得注意。例如，科恩从这些角度来对比家庭类型：谁掌握财权、家庭内部劳动力如何划分、一个家庭如何且何时使经济活动多样化及如何且何时分家的。

然而，或许我们有理由提出这样的问题：科恩以务农的和当地中国人为背景的研究及其他学者分析中国亲属关系的研究〔例如，贝克（Baker），1968；加林（Gallin），1966；莱维（Levy），1949；杨（Yang），1945〕，是否适用于海外华人社区家庭，因为这些家庭居于城市并从事商业或工业方面的工作。考虑家庭形式方面，罗伯特·内廷（Robert Netting）、理查德·威尔克（Richard Wilk）和埃里克·阿诺德（Eric Arnould）注意到在很多社会中，"随着时间的流逝，在较大的地区仍存在家庭准则和结构……尽管经济和政治形势发生了改变"（1984，第 xxx 页）。总的说来，我的确发现加尔各答华人家庭的发展周期轨迹与科恩和其他学者分析的中国农村家庭存在很大的相似之处。夫妇式、主干式和联合式家庭易于分辨；相似之处还有，兄弟和各自家庭之间的争吵及逐渐产生的不满情绪，以及最后联合家庭分成几个更小的夫妇式家庭。加尔各答华人家庭也利用与其姻亲及已婚女儿之间的关系来拓展生意和进行移居。

我在接下来几章将阐述，维持该家庭结构的一个原因可能是它便于在家庭企业组织中的使用。在现代华人企业中处理中国传统家庭关系已在苏珊·格林哈格（Susan Greenhalgh）关于台湾家族公司的著作中有所记录。正如她指出的，家庭成员可以以网状的形式号召"员工关键岗位"来"补充劳工、资本和信息"，并采用"空间上分散和经济多样化的策略"（1988，第231页）。同样的，王心伦（Sin-lun Wong）在关于香港的上海工业家的研究中表明家庭"为创新提供动力，为冒险提供支持"（1988，第170页）。

此外，在科恩和其他学者所描述的乡村环境中，从加尔各答华人社区中迁移出来部分程度上是对一定家庭中的父系的、分割式继承所强加的一些局限的回应。例如，科恩提到对于中国乡村地区的一些儿子而言，离开家去镇上或城市做生意并不是一件不寻常的事。诚然，在大多数迁移的案例中，通常当地缺乏经济机遇，再加上其他地区劳动力市场的开放和机遇的拉动在此至关重要。[①] 但迁移也有助于解决在众多继承人当中划分有限的财产的难题。通过移居能够找到新的收入来源，这笔收入可以加入到共有的财源中，或者至少不会耗尽未移居的人的资源。

同样，在加尔各答华人中，兄弟的数量和共有的产业的大小对于他们决定是否移居都是重要因素。但对他们来说，从家中迁移出来有可能包括移居海外，这与迁到印度其他城市一样。选择移居海外部分程度上是对他们不能在印度都市找到合适的新经济职业的回应，因为在都市个别种族群体可能垄

---

① 见艾瑞克·沃尔夫（Eric Wolf）在《没有历史的欧洲和人民》（*Europe and the People without History*，1982）一书中的"新劳工"一章中讨论的 19~20 世纪资本主义生产组织的变化如何在世界范围内影响劳工的迁移。

断一些特定的行业；另外，部分程度上是对移民国社会政治压力的回应，如同孔先生的儿子斯蒂芬的情况。

因此，在对加尔各答华人家庭的分析中，本人聚焦于其发展循环的内部动态及在印度这个移民国社会中的种族角色的外部局限。然而，仅仅这些因素不能用来解释激励行为的目标。加尔各答华人也尝试通过操控家庭和移民国社会的结构来达到某些目的。这些目的是什么呢？

中国企业精神的观念意识

从最一般的层次上说，加尔各答华人受到安全和经济持续改善目标的激励。他们不把做生意看成是有工资的工作，而是在加尔各答环境中实现其目标的最好方式。在本书的后几章中，本人将更详细地考察加尔各答华人的企业道德（包括其模糊及矛盾之处）；在此我想把该道德放在更大的环境中。读者也应该意识到企业观念本身的确植根于中国文化中。在该情况下，原始文化中的价值观与移民所持有的价值观相连接，而不相悖。该观点已在最近关于中国企业精神的观念意识的学术研究中得到了充分的论证，此研究吸纳了来自中国台湾、中国大陆和海外社区的资料。该文献不仅增加了我们对于一些激励中国企业家的目标的理解，也阐明了这些目标对于家庭的关系。

例如，斯蒂文·哈瑞尔（Stevan Harrell）已经确定了他称为"中国企业道德"的东西，"是一种文化价值，要求人们在改善其所属及紧密联系的某一群体的物质富足与安全的长期探索中投入财力"（1987，第94页）。关于企业道德他提出了三个要点：首先，企业的努力要奉献给群体，不仅仅是为了个人的发财致富；第二，大多数人通常把企业化的努力奉献给家庭这个群体；第三，企业道德源于一种文化，在该文化中"经济移动性（不管是通过劳力、投资、学习、所占财产的多样化或任何其他方式）的策略发挥着重要作用"（1987，第219页）。

第三点指的是即使在传统的中国，精英教育的思想观念也很盛行。根据该观念，一个人在生活中的地位不是由其出身和血统决定的，而是由成就所决定，无论该成就是作为士大夫还是商人所取得的。当然，人们必定会质疑该设想在现实实践中的可执行程度，但要点是它由许多华人所共有，特别是那些移居到海外把改善自己经济状况作为明确目标的人。①

因此，当加尔各答华人是贱民资本家时，我们可以把这个词"企业的"也运用于中国本土环境中的华人企业活动者的行为和目的。例如，理查德·斯蒂茨（Richard Stites）指出台湾蓝领工人通常认为他们的工作是临时性的，介于给别人打工和在自家公司当老板之间（1985，第237页）。斯蒂茨说，自己当老板的目标在台湾行得通，因为工业性的工作条件实际上不及那些小企业安全。同样，关于在港的上海企业家的研究中，王表示该殖民地的居民相对受雇于他人而言，高度重视生意的经营权（1988，第170页）。（甚至当今中国在经济政策上的冲突表明企业动机仍有着很强的牵引力。）

初看上去，斯蒂茨、哈瑞尔、王及其他学者〔见尼霍夫（Niehoff），1987〕的调查研究似乎并没有应用于加尔各答华人，如在斯蒂芬·孔他们移居到加拿大的决定中。多伦多的加尔各答华人通常从事的是有报偿的劳动，即赚工资，他们在工厂的流水线上工作或做薪水较为适中的白领工作，如当秘书或做电脑编程（见后记）。表面上看，这些行为似乎与企业道德相矛盾。但人们认为加拿大的工人与印度的工人比起来，一般受到的待遇要好，投资商业极其冒险，且印度比加拿大的资本要更多，那么从哈瑞尔和斯蒂茨讨论的价值角度而言，这些行为就说得通了。在加拿大有报偿的劳动的确符合这样的计划：重点放在长期的安全和家庭经济地位的持续改善上，哈瑞尔正是把这些目标与中国的企业道德融为一体。

正如斯蒂芬·孔所言："在印度国内时我们家是做生意的，但过来这边你得为别人打工……他们（也就是家里其他人）在那边做自己的生意，我在这做自己的工作。我不需要帮助，他们也不需要我的帮助……我们都做得很好。"

---

① 爱德华·瑞恩（Edward Ryan，1961）未发表的博士论文是关于爪哇华人的研究，其中对于海外华人社区价值体系的内容是该方面最好的研究之一。遗憾的是，瑞恩在把该研究写成书使其在更广的社区为人们所熟知前便去世了。但就像我在加尔各答研究的一样，从他的叙述中可以很明显地发现他研究的社区受到了企业思想观念的极大鼓舞。引用瑞恩说的我最喜欢的一句话："一个印尼莫加库涂镇（Modjokuto）华人幻想为了成为伟大的物理学家甚至政治领袖把自己看作一名无畏的斗士，这极不可能。另一方面，商业大亨或权贵人会为其对手和追随者即刻主持正义，所做的善举也富有成效。"

家庭过程

在有企业追求的这些华人家庭中,什么才是实际的做决定的过程?做决定与社会和家庭的结构之间的关系如何?在社会和家庭中人们必须在实现他们的企业目标方面进行竞争。遗憾的是,鲜有研究解决了这样的问题。

在加尔各答华人制革商的案例中,政治上没有安全的少数群体的地位及他们家庭发展循环的结构两者均为他们塑造企业策略的因素。正因为少数民族的地位是被赋予的,所以假定他们的家庭发展将沿着一定的线路进行,他们必须改变自己的活动方式;也就是说,他们假设家庭得到发展;然后最终分家;儿子继承家产;女儿出嫁。对于大多数加尔各答华人而言,家庭结构的这些方面都是社会生活已确定的事实。

但当这些行为必须考虑到几乎不可协调的社会事实时,很明显的是家庭成员的确很有目的性地操纵他们的生活结构。本人发现考虑该两者因素,即家庭结构的演变及其各种可能性的操作是有用的,作为不断发展的家庭过程的一部分,这个过程涉及随着时间流逝的几乎所有出于亲属体系的机械运作,及有着深层潜力的意识性的操作。① 例如,在印度的孔先生的家人的确接受并基于一定的基本前提来组织他们的家庭生活。我已经提过父系和父居的原则(女儿出嫁,儿子们传宗接代),所有儿子同等的继承权、孔先生一家和其他加尔各答华人家庭的成长和最终分裂为联合家庭结构。正如内廷、威尔克和阿诺德所述,"可以从文化角度对家庭规则下定义,这些规则对于解决实质性问题的可行的方法有所限制。"(1984,第 xxix 页)。但我们将在加尔各答华人家庭的例子中看到,许多不同的行为过程可以围绕基本的设想及成为他们亲属体系基础的原则建构。

此外,这些基本原则在此特殊场景中的重现完全是因为它们容易受到如此有用的操作的影响。最后一点很重要。说到父系和父居对于印度华人几乎是"不可协调的社会事实"并不意味着他们就真的是那样,因为他们代表

---

① 海默尔(E. A. Hammel)已经在他关于扎德鲁加(Zadruga,古代南部斯拉夫人——译者注)的作品中把家庭这个概念当作过程(1972)。在该情况中,他指的主要是历经时间的结构变化。然而,当提到家庭过程时,我指的不仅是家庭循环的结构因素,也是家庭成员运作这样结构的方式。

着某种不变的本质。当然，从任何一个生于该社区的个人角度而言，它们或许看上去是不变的、理所当然的。〔部分为布迪厄称作"习惯"的东西（1977）〕。但是，很明显的是这些原则不断地受到特定个人行为的复制，人们不得不假定能证明在该环境中完全不可行的家庭结构因素将逐渐发生变化或完全瓦解。

同样的，正如早些时候提到的，加尔各答华人的企业道德第一眼看上去并不简单、界线明显。人们不仅纠结于他们的信仰，认为努力工作是成功的动力，承认运气会悄悄地成为经济上成功最终的仲裁者，而且此外加强家庭成员的物质享受本身会造成家庭冲突和竞争，甚至个人的不确定性。那么已婚的儿子会工作来保障他们自己婚姻家庭的幸福，与其所属的大家庭分开吗？他们会为了更大集体的利益工作吗？我们永远都不应假设家庭成员有着统一的兴趣爱好。个人之间在家庭结构中权力和位置的差异受到性别、辈分和年龄的影响，这意味着必然地任何一个特定的行为过程的所得利益对每个人都不同。几乎不可能说家庭是一个共享统一的目标、没有区分性的集体。内廷、威尔克和阿诺德指出，"决定是通过家庭协商、争论、冲突和讨价还价所产生的"（1984，第 xxii 页）。

我的立场是：可以通过强调家庭过程来充实关于贱民企业家和中介商群体的分析。此强调使我们注意到这些群体中的个人和家庭利用他们的亲属体系及在其中的表现方式，他们这么做的目的是实现自己的目标并对生活在移民国现存及实际的问题作出回应。正如之前指出的，这样的行为均有时间和空间维度。

当然，个人利用亲属结构来达到他们的目标并不排除这个事实：亲属关系为行为本身创造了强大的动力。① 我们已经看到了华人为企业付出的努力

---

① 在我看来，强调策略和过程并没有忽略这个事实：亲属关系的确提供了人们可以概念化和理解社会关系的框架〔见施奈德（Schneider），1968；亚娜基萨科（Yanagisako），1985〕。的确，归属于具体文化背景中的特定亲属关系的意义本身能为行为提供一个强有力的动机。比如，如果拥有许多男性子孙是重要的，那么就可以期待在一特定文化情境中的人们通过一系列的策略来尝试实现那个目标，并操作这些概念上的价值关系。

"文化图式"担当动机的角色尤其被罗伊·丹德拉德（Roy D'Andrade, 1986），克劳迪亚·施特劳斯（Claudia Strauss, 1987），与纳奥米·奎因（Naomi Quinn, 1986）所讨论。但此处的一个要点是：强调人们操作所处的亲属关系及其他结构，并非否认亲属关系也对人们有意义。

通常是从家庭而不是个人的、利益的角度来考虑，并且加尔各答华人这样的努力由他们作为贱民少数群体的地位所支撑。最后，家庭结构本身的设定不是亘古不变的，而是在家庭成员操作的过程中复制甚至发生改变。因此，家庭体系、移民国社会与贱民社区的价值观和意识形态之间有着复杂的相互联系。本书将重点关注它们之间的关系。

本书结构

本人从描述加尔各答华人开始，他们这个群体垄断了一个特定的经济行业，与此同时在政治上却没有权力。在第二章，我将解释客家人在加尔各答种族的框架中扮演的角色。我考察他们如何适应更大的加尔各答种族结构经济体制，他们怎么看待他人，社区之外的人又如何看待他们，及他们对于我这样一个特别的外人一开始来到社区内部尝试做研究是如何回应的。简而言之，我从该城市的种族地理位置来定位加尔各答的客家人，因此强调了他们角色的空间成分。在第三章，我将转而研究该社区的历史。我探讨社区内部的公共机构帮助和支持他们努力做企业及复制他们种族身份的方式。因此，在前三章，我考察在印度情境中的客家社区。

接下来，我聚焦家庭和企业的关系。在第四章，我更仔细地观察能点燃家庭和个人策略的企业思想精神。到时我将解释，该道德规范没有它看上去那么简单。塔坝的华人承认企业的目标能产生似乎矛盾的态度和行为。

从第五章到第八章，我探索家庭结构、企业策略及客家家庭代代相传的制革企业的扩张和发展。在第五章，我考虑第一代制革商们生意成长和家庭发展进程之间的关系，然后在第六章我描述这些家族公司的内部组织结构，特别注意女性所扮演的关键角色，及劳动、财产和空间的性别分化。在第七章，我继续按时间顺序来进行叙述，分析第二代和第三代制革商分家的过程，并调查这些过程被用来分散政治风险及拓展、巩固经济所得的方式。贯穿这些章节我密切注意的不仅是父系和父居结构的操作，也注意到他们为了生意的拓展和通过移民在空间上的分散对其姻亲及已婚女儿之间的链条关系的利用。

在第八章，我从塔坝一位企业家的观点来更仔细地观察企业目标和家庭责任之间的相互作用。像在第四章一样，我强调相互矛盾的规则。当企业的抱负可以看作是家庭职责的一方面时，它们也会有冲突，特别是在兄弟们之间的关系上。获利的强烈需求会与家庭职责和感情发生碰撞，它也能起到维持的作用，这在周先生的回忆录中很明显地被揭露了出来。周先生是塔坝一个中等成功的企业家，他关于自己与兄弟之间、与父母之间家庭关系的叙述引发了一幅华人商业家庭内部企业思想精神与家庭责任之间相互作用的复杂画面。

最后，在后记中，我回到了多伦多"加尔各答"客家人的主题上。在逗留多伦多期间，我对家庭关系如何发生改变来符合这个新环境的需要印象深刻。但我也震惊于与印度这个"国内"社区关系的持续与因移居而变化的经济环境对横跨好几个大陆的家庭所带来的新的困境和决定。我以此作为本研究的结尾：分析家庭和种族角色的时间与空间转化及两者之间的关系。

第一章 | 家族发展轨迹与贱民企业：加尔各答的客家华人制革商

塔坝清晨集市上的华裔妇女和孟加拉小贩

第二章

种族框架下的研究

本书以孔先生一家的故事开头，或许会给人留下这样的印象：与加尔各答华人制革社区成员建立亲密关系是件容易的事。毕竟在那天，我的在场一点都没能抑制一场激烈的家庭争论。但实际上，与大多数从事田野研究的人类学家一样，我也花了时间来找到一个角色，获得他们的接纳。

人类学家通常以陌生人的身份开始田野调查，对于他们进行研究的环境中与文化相符的行为所知甚少。但这个因素并不是被接纳的唯一障碍。田野工作者来到一个社区也要带有特定的文化、种族和国家身份。他们打算研究的对象常常对这些身份有着他们自己的想法和期待。①

在我分析的实例中，获得许可进入制革社区的过程多少都比普通的田野工作者所做的要难一些；这是由于我不是和一个团体相关联，而是和两个团体相关联，且它们明显都是外人，但是与华人团体的关系又非常不同。作为一名美国人，我被华人确立的身份既是外国人又是西方人。可我的丈夫是孟加拉人，我用他的姓作为我通过婚姻加入到在加尔各答数量上和文化上起主

---

① 对此最不为人知的例子之一是英国人类学家埃文思·普里查德（E. E. Evans-Pritchard）关于苏丹努尔人（Nuer）的研究实例。在埃文思·普里查德到来之前，英国政府已经卷入了反对努尔人的广泛军事运动中，正如许多后来的分析家指出的〔例如罗萨多（Rosaldo），1986〕，该事实几乎与努尔人对埃文思·普里查德接待冷淡无关，当然也就会影响他所收集到的数据的性质。

导作用的种族团体的标志。该双重身份影响了他们看待我的方式并对我的目的有所忧虑。

　　本章讨论及分析该田野调查的经历。我这么做不仅要阐明研究的条件，而且对华人社区与各类外人团体之间关系的特征提供深刻见解。笔者的田野调查以描述研究环境——加尔各答这座城市开始。笔者将特别给读者介绍加尔各答众多种族群体所扮演的多样化和重要的角色，及华人在该种族框架下所从事的独特职业。

环境：种族地理

　　加尔各答的职业与种族

　　在到达加尔各答做田野调查之前，笔者就意识到种族是加尔各答这座城市关键性的社会、文化和经济力量。加尔各答位于西孟加拉邦，是印度东北部地区的重要城市，其人口由众多而复杂的种族、宗教和种姓群体构成。虽然人口规模过于庞大并且存在着广为人知的城市问题，如严重的污染、拥挤肮脏的贫民窟、大量的街头寄居者、拥堵到几乎爆炸的公共交通等，虽然加尔各答作为工业中心已被孟买所取代，但这个城市仍旧像磁铁一样，不仅吸引着来自周围孟加拉乡村的移民，而且吸引着来自临近的比哈尔和奥里萨邦以及更远的印度其他邦（如古吉拉特、旁遮普、拉贾斯坦和泰米尔纳德）甚至孟加拉和尼泊尔的移民。加尔各答曾拥有一个颇具规模的犹太人社区和一个较小的亚美尼亚人社区。[①] 1947 年的印巴分治及随后与巴基斯坦的战争引发的巨大的人口流动，使得加尔各答的移民持续增加，这一移民潮在 1971 年孟加拉国成立时达到了顶峰，当时有几百万难民涌向西孟加拉和加尔各答。事实上，在 1881～1961 年间，来自西孟加拉以外的移民一直占加尔各答人口的 50% 以上。〔查克拉波尔迪（Chakraborty），1990，第 11 页〕

---

① 在 17 世纪末加尔各答城建立之后不久，亚美尼亚商人及其家人就来到了该城市，尽管现在只留下了几百人，在 19 世纪他们有好几千人〔查里哈（Chaliha）与古普塔（Gupta），1990〕。犹太人大多来自巴格达，于 19 世纪末移民到了加尔各答，直到以色列建立时才大多迁移了过去〔乔杜里（Chowdhury）与查里哈，1990〕。

作为18世纪末由东印度公司商人建立的城市，加尔各答最终成为英属印度的首都，直到1911年由于政治煽动和叛乱迫使英国人迁都德里。自东印度公司时期以来，加尔各答一直保持着作为重要港口及商业、金融和工业中心的优势地位〔卢贝尔（Lubell），1974，第3页〕，事实上，在工业化过程中，加尔各答地区一直领先于印度其他地方（卢贝尔，1974，第14页）。加尔各答面积更大，它仍是印度人口最多的城市〔格伊布（Geib）与达特（Dutt），1987，第32页〕；1981年，加尔各答城区的人口为920万，是世界十大城市之一（格伊布与达特，1987，第132页）。此外，与孟买和德里不同，加尔各答与任何其他主要的城市中心相距数百英里（卢贝尔，1974，第2页，也见图2-1）。虽然该城的人口增长据说每十年"只有"25%，也就是说与印度人口的整体增长水平相同（史蒂文斯，1983，第3页），且该城市种族、种姓与宗教的多样性仍是其主要特色。

然而，首先让笔者在加尔各答社会和文化多样性的情境下来定义"种族"。当用这个术语的时候，我所说的加尔各答的种族指以下几个群体：①来自南亚之外的移民，如华人和亚美尼亚人；②来自印度之外的南亚国家如尼泊尔和孟加拉的移民；③来自西孟加拉邦的印度其他邦、说非孟加拉语的移民。此外，所有这些可称为加尔各答内部"种族"的群体，大部分又可按种姓和宗教的界线划分为各种次群体。因此，信仰印度教的孟加拉人和印度其他邦的信仰印度教的移民有许多不同的种姓附属。这些不同的种族群体不仅大多数是同族结婚，而且有很明显的职业圈。宗教也成为这些移民的分界线。因此，来自旁遮普邦（Punjab）的移民包括印度教徒、穆斯林和锡克教徒。

因此，可以说加尔各答的团体按语言（见表2-1）、宗教、种姓、阶级和地区来源的不同被划分为几种相互交叉的不同类型。由一种或更多的类型形成的每一个次群体都与各种特定的职业群相关联。例如，说印地语者就包括来自位于西孟加拉边界的比哈尔（Bihar）农村地区的移民和来自印度中部地区的马瓦尔（Marwaris）人。比哈尔人多为产业工人、小商贩和人力车夫，而马瓦尔人则为工厂主和商人。另一方面，南印度人通常是职员和行政管理人员〔伯斯（Bose），1968，第39页〕，大量锡克人则从事运输业（伯斯，1968，第38页）。而语言和种族相同的孟加拉人，又因为种姓和/或来

第二章 | 种族框架下的研究

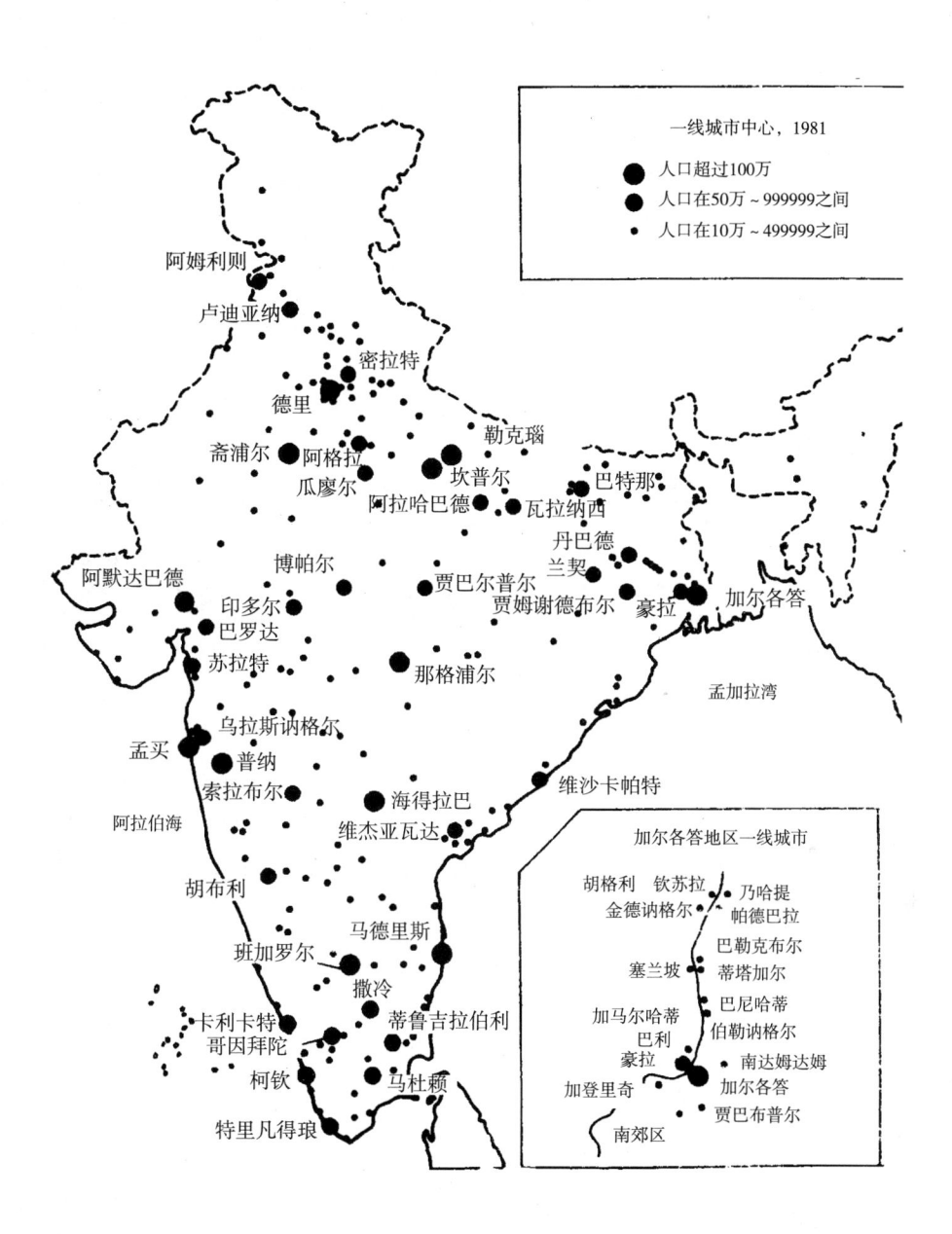

图 2-1 加尔各答与印度其他城市中心的人口对比

表 2-1 加尔各答人口，按语言来分，1971

语　　言	说该语言的人数
孟加拉语（Bengali）	1887471
北印度语（Hindi）	731853
乌尔都语（Urdu）	348689
奥里雅语（Oriya）	42252
古吉拉特语（Gujarati）	26939
旁遮普语（Punjabi）	20237
英语（English）	15784
尼泊尔语（Nepali）	13192
汉语（Chinese）	7606*
总　　数	3148746

注：人口并不包括城市群，仅限于城市范围内。

* 在这些说汉语的人当中，所列的 705 人不属于加尔各答的人口，而是属于邻近的 24 巴格纳斯地区（24 - Parganas）。几乎所有这些华人都是跨越加尔各答边界和 24 巴格纳斯地区的制革区的居民。因此，更多的人被认为是加尔各答说汉语人口的一部分。

数据来源：《印度人口普查 1971》，西孟加拉的社会和文化表，表 C - V，A 与 B 部分。

源地不同而从事不同的职业。①

即使皮革业也依语言、种姓、宗教和来源地的不同而发展：客家人从印度北部的穆斯林那里购买生皮；他们雇佣在册种姓（scheduled caste）②——比哈尔移民做工人、尼泊尔人做监工；他们将皮革卖给旁遮普的印度教徒、穆斯

---

① 例如，作为一个传统的贸易种姓，苏巴那巴尼克（Subarnabanik）种姓的孟加拉人从加尔各答历史早期就开始从事借贷行业。他们常常从事保险、银行和土地业，在一些主要产业中他们也持有股份，如煤炭、黄麻和纺织业（伯斯，1968，第 28 页）。大量上层种姓的孟加拉人的职业与法律、会计和工程有关（伯斯，1968，第 28 页）。最后，从孟加拉国，即前东巴基斯坦移民过来的孟加拉人基于种姓内部划分成各个次类型。之前从事园艺和渔业的农业工作者已在城市郊区定居下来，而那些处于中层的难民则找到了技工的工作（伯斯，1968，第 34 页）。

　　甚至西孟加拉的主要产业——黄麻和工程业两者都主要在加尔各答城区，劳动力的种族区别很大。黄麻产业由比哈尔人占主导，工程产业的大部分劳工是孟加拉人（《经济评论 1979~1980》，表 4 - 10）。

② "在册种姓"（scheduled caste）通常用来指代那些"贱民"群体，换言之，与那些种姓接触在种姓的思想意识中被认为尤其具有污染性。社会学家舒马洪（R. J. Schermerhorn）指出该术语源自 20 世纪 30 年代，那时由于人口普查，英国人想对那些种姓分类，与这些种姓的接触"'给高级种姓的印度人带来净化'，这是法律上的定义。绘制这些种（转下页注）

林和锡克人。

这种种族复杂性令人想起美国一些城市如纽约的种族多样性，但还是有明显的不同。虽然在美国的一些城市，种族是社会经济地位的一个重要组成部分，特别是非洲裔美国人和西班牙裔美国人更是如此，但每一种族集团内部的收入有很大不同。然而，在加尔各答，正如布里安·伯里（Brian Berry）和菲里普·雷斯（Philip Rees）在其有关加尔各答的要素生态学研究中指出的那样，加尔各答种族之间的职业差异要远远超过种族内部的职业差异。唯一的例外是孟加拉人，就孟加拉人而言，种姓与职业角色密切相关（伯里和雷斯，1969，第490页）。

种族之所以在加尔各答的社会结构中一直保持着重要性，原因之一是该城的经济匮乏。诚如尼马·库马尔·伯斯（Nirmal Kumar Bose）所述，"由于（加尔各答）没有足够的工作可供分配，每个人都尽可能紧密依附其所属的种族群体被认可的职业，紧密依赖说相同语言的人、同一教派的人、本种姓群体以及来自同一村庄或地区的移民的经济支持。这种对早期形成的群体认同形式的依赖，其不良后果便是加强和深化了各种族群体之间的差异"（1966，第102页）。

因此，就某种程度而言，华人仅仅是加尔各答拥有特别经济圈的众多群体之一。如同这个多样化城市中的大多数种族、种姓和宗教群体一样，华人不仅扮演独特的经济角色，而且实行内部通婚，拥有独特的社会生活。另一方面，由于他们是来自曾与印度为敌的国家的外来者及从事特别低级的职业（皮革业），这使得他们的地位具有某种独一无二的特性，也使其处于比其他移民更加明显的外来者的地位。

印度皮革业中华人从事的职业

加尔各答的经济按照种族、种姓和宗教进行规划，与此相同，制革业本

（接上页注②）姓的清单或图表是为了筛选出那些在民事和宗教上无能力的群体"（舒马洪，1978，第29页）。该定义有不妥之处，这是由于所有的种姓按等级排列，因此它们之间的联系都是在一个相对较高级的群体和一个相对较低级的群体间进行，无论它们的特性有多么特别，总是带有对高级群体污染的可能性。例如，甚至在被称为贱民的群体中，也有相对净化的等级制度。然而，该术语一般运用到在某一地区被定义为"所有之中最脏的，能污染所有其他人"的群体中（舒马洪，1978，第30页）。

身也依据社会群体划分为各次范畴。在笔者继续讲述华人在加尔各答种族多样化的经济中的角色之前,把客家制革商置于印度制革业的社会和技术框架内非常重要。

由于印度有大量的牛,比其他任何国家都多〔联合国贸易和发展会议(UNCTAD),1971,第26页〕,发现制革业长期以来在印度的经济中发挥重要作用就不足为奇了。印度是全球最大的原皮生产国之一,仅次于美国和前苏联。它也和其他高度工业化的国家——日本、德国、英国和意大利一样是成皮的主要出口国〔《大不列颠百科全书》(*Encyclopaedia Britannica*),1982,第764页〕。20世纪70年代,许多加尔各答的华人扩张经营,仅有黄麻、工程产品、茶和矿石产品在出口上超越皮革和皮革产品〔《经济时报》(*Economic Times*),1972,第3页〕。① 到20世纪80年代末,皮革产业是印度发展最快的产业之一〔哈扎里卡码(Hazarika),1987〕。

在西方国家制革这项活动完全与现代制造部门相融合,然而在印度却是在多种技术层面上进行的。② 印度国内采用的制革法多种多样,每一种都对应不同的社会、文化和经济环境。皮革和皮革产品的交易主要集中在印度现代制革的三大主要中心——加尔各答、马德拉斯和坎普尔;制革业在次大陆的众多村庄展开。要理解华人在该产业中所发挥的作用,我们必须把他们放在一个由不同种姓、宗教、种族群体、技术和规模经济所组成的多面体中。

印度最小且最简单的制革企业在恰马尔种姓的村庄,这个贱民种姓的成员传统上与皮革制造相关联,他们从当地获得蔬菜类的物质如树皮和树叶来加工皮革。他们生产的皮革用来做成鞋子和农用水桶。另一方面,还有上千员工的大型现代制革厂。最有名的例子是西孟加拉邦的一家制革厂,它与巴塔公司(Bata Company)相连——这家捷克公司是印度乃至世界上最大的鞋类公司之一。

介于小型的乡村一人经营和大型有组织的制革厂之间的制革组织,在印

---

① 制革业是皮革及皮革产品行业的三大主要的次范畴之一;其他两个次范畴是生皮的收集、加工处理和贸易及皮革产品的制造,如鞋类、运动产品、工业产品和军用设备〔《全印度皮革指南,1965-1966》(*AILD*),第15页〕。

② 毕竟,皮革制造是目前进行的最古老的生产技术之一——可追溯到古中国、古埃及、古印度等其他更多的古代文明(《大不列颠百科全书》,1982,第760页)。

度还有两类。其中一家是东印度制革厂（East India Tanneries），它们在马哈拉施特拉邦（Maharashtra）、安得拉邦（Andhra Pradesh）、泰米尔纳德邦（Tamil Nadu）和喀拉拉邦（Kerala）这些邦都能找到。这些厂最早专门生产半成品的皮革，然后再出口，但他们最后转向生产成品皮革。每一家规模较小，有 10～25 个员工，这些厂用蔬菜类的物质来制革，不需要机器〔《全印度皮革指南，1965～1966》，第 24 页〕。

与东印度制革厂不同，印度制革产业的第四个范畴包括小型和中等规模的制革厂，它们的机械化程度各有不同。尽管这些制革厂大部分规模适中，但在 20 世纪 60 年代中期之前它们的总产出大于那些大型的工厂（《全印度皮革指南，1965～1966》，第 23、25 页）。因此，它们在印度的制革业中扮演了重要角色。位于泰米尔纳德邦的马德拉斯市是这类制革厂的重要中心。最近马德拉斯的制革业接受了政府的资助，促进了新制革厂的发展和现存工厂的现代化〔《加尔各答政治家》（Calcutta Statesman），1982 年 7 月 19 日〕。位于塔坝的华人制革厂也属于第四范畴，但华人并未得到任何政府资助。资金的主要来源是家庭和社区，这一点将在第五章讨论。

当然，尽管华人制革厂被划入小型和中等规模企业的第四类范畴，它们在规模、技术熟练度和生产力上各有差异。制革厂在拥有机器的数量和类型上也不同。[①] 甚至从机器库存的角度而言，同等规模的工厂会在生产力上产生差异。在一家制革厂，制革商会经营规模相对较小的生意，把额外的设备租出去。一般而言，塔坝的小企业每月生产 500～1000 张的成皮。[②] 大些的企业每月的成皮生产量达到 2000 张，最大企业的每月成皮产量达到 4000～5000 张。大些的企业及更获利的企业不仅产量更多，而且每张皮的利润附加值也更高，这是因为它们的生产质量更上乘。

应该强调的是，依据印度的生活标准，现在的小型企业也是不错的。例如，1982 年时一家生产普通铬革的小型制革企业每张皮能赚到 10 卢比的利

[①] 如果人们希望在塔坝生产皮革，必须符合一些最基本的要求。每位制革商手头必须有一些基本的机器：一个旋转鼓，用来在各种化学溶液中搅拌兽皮；一台剃肉机，用来把皮革半成品削成统一的厚度；一台铲软机，用来把皮革敲打得更柔软；一台抛光机，使皮更滑、更亮。这些机器再加上一台水泵，即使对于最小的制革厂而言都绝对是最为基本的。此外，大型的和更富有的企业使用许多更复杂的机器，如水压机和片皮机，它们能够生产高质量的皮革，测量机能够机械化完成大多制革厂手工完成的任务。

[②] 平均说来，每张成皮介于 25～30 平方英尺之间。

润。若每月生产 1000 张皮——这个量并不少见,那么它所赚到的仍然要多于当时地位高的白领一族。

然而,大多数华人制革商不情愿透露详细的财政状况。做田野调查之时,对于笔者来说不可能精确地估量每家的利润,这不仅由于它们会因时发生变化,而且没有家庭会让这样的信息公开,即使是对最信任的朋友也不会。让收税者或想借钱的人完全准确地清楚他们的经济状况会使家庭处于不利地位。然而,公众可观察到的公司规模的测量标准是这家企业雇佣的非家庭成员的工人数量。这个数量很容易测定,或许更重要的是,大多数社区居民认为它可以很好地表明企业主的相对富裕度。

在笔者于 1985 年夏天调查过的 46 家制革企业的样本中,我发现按照受雇工人数量进行测量的企业规模大小迥异。该样本中,最小的企业只雇佣了 4 个工人,最大的有 150 个;非家庭成员工人的平均值为 9。的确,在塔坝工人数量超过 20 的企业很罕见,大多社区居民能够很容易地记住并认出它们。因此,这些企业必定给企业主带来好的生计,然而通过该叙述记住绝大多数企业的规模仍然是中等这一点很重要。

中心与外围的区分

种族、种姓和宗教差别在印度制革业和加尔各答经济中扮演着重要角色。然而,除了职业和种族的紧密关联之外,加尔各答还增加了地理界线的因素。尼马·库马尔·伯斯对该现象进行了广泛考察,并绘制出了加尔各答的社会、种族和宗教构成图(1965,1968)。他论证了存在这样的趋势:更高级种姓和阶层的集团与城市中心相连,而那些更低级的种姓和阶层则与外围相关(见图 2-2)。[①]

---

① 例如,经商和技工种姓的孟加拉人〔苏巴那巴尼克(Subarnabanik)、甘德哈巴尼克(Gandhabanik)、堪萨瑞斯(Kansaris)、谭图巴尼克(Tantubanik)〕在市中心区域的数量远超过在边缘区域的数量;另一方面,在册种姓的孟加拉难民主要集中在城市外围区域。

同样的,在非孟加拉人口之中,可以发现相似的地理排列。伯斯指出"商业"和"官僚"阶层(如古吉拉特人和马瓦尔人)在北边、南边区域及麦丹广场的正东边,那是个大花园,人们通常把那里看作市中心,欧洲人曾在那附近居住过(1966,第 95 页)。另一方面,比哈尔邦、奥里萨邦及北方邦的移民均属于劳工阶层,他们在城市的东南、东部和西南边缘(伯斯,1966,第 95 页)。据伯斯所言,穆斯林也基于阶层进行居住地的划分;上层穆斯林在市中心的人数多于边缘区域;下层穆斯林在边缘区域的数量更多;中层穆斯林在中心和边缘区域的人数均等(1968)。

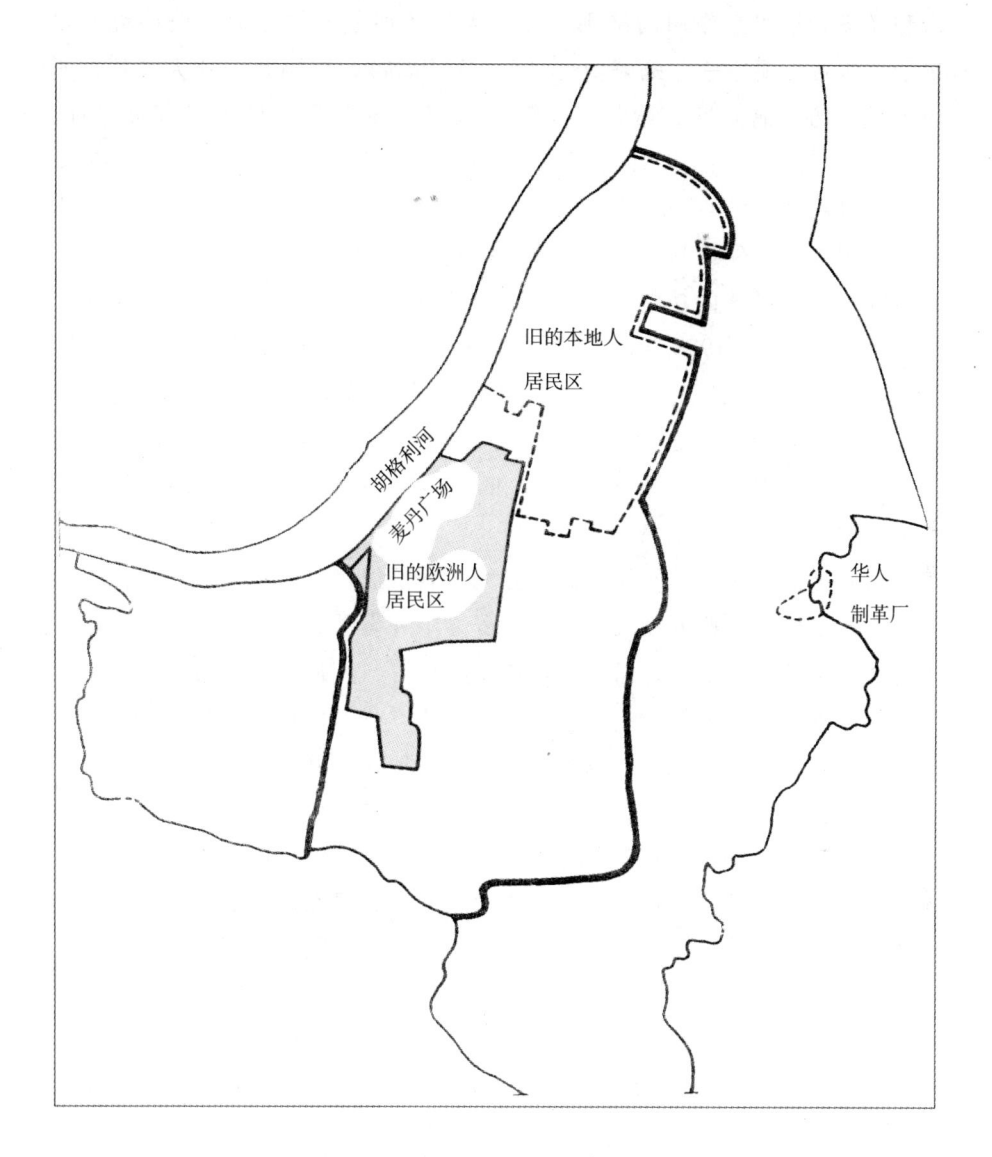

图 2-2 加尔各答的中心和边缘区

注：粗线条划分了与高级种姓和阶层相关的中心区与边缘地区的界线。低级种姓和阶层更多集中于界线的外部区域。请注意华人制革区所处的边缘方位。该图的绘制基于伯斯 1965 年和 1968 年的资料。

加尔各答中心区域的主导地位从英国占领时期一直延续下来，是政治和经济力量相互作用的结果。英国人建立加尔各答之时，他们绕河建造了一座帝王要塞——威廉堡垒（Fort William），周围是一片大空地，叫做麦丹广场。他们这么做是出于防御战略。该堡垒的设置很有策略性，以至于尽管英国部队在里面能很容易地看到进攻者〔莱利维德（Lelyveld），1975，第12页〕，外面想靠近的入侵者却观察不到要塞内部。英国人的居住区域与该保护区相邻。目前，麦丹广场是仅存的唯一的绿地，它所发挥的功能被记者约瑟夫·莱利维德（Joseph Lelyveld）称为"城市的肺"（1975，第12页）。该区域及原先相邻的居住区继续成为主要的房地产地区，一定程度上是因为它靠近麦丹广场的空地，另外还因为主要的购物区也坐落在该中心地区。因此，加尔各答中心的高价值与其最初的保障英国军事、政治和经济权力的重要性及随后的居住和商业用途的有利条件紧密相关。

这一点值得注意：空间和职业界线区分了加尔各答的种族、种姓、语言和宗教群体。这些差别反映在社会分离中并有助于保持该分离。加尔各答并非一个熔炉。相反，每一个群体都维持着与其他群体的分离，很少进行内部联姻并保守地维护自己的风俗和生活方式。例如，加尔各答的学校依据不同的语言来适应不同的群体，设有孟加拉语、印度语、英语、古吉拉特语和汉语学校。此外，许多群体拥有自己的协会，很少有协会是跨种族的〔泰森（Tysen），1971〕。的确，像同化和文化互渗的问题在加尔各答根本就不相干。比如说，如果华人想去同化，那么他们会想和哪个群体同化呢？

这些同族结婚、凭职业区分、在地理上聚集的次群体的存在及中心和外围的对比在很大程度上与印度村落的结构有着相似之处。但在乡村，劳动力的区分主要基于种姓，在加尔各答它的标准更多：种姓、语言、宗教和地区来源。

然而，在乡村各群体的经济互动并未打破它们之间的界线，而这些界线通过社会和家庭组织又进行再生。的确，加尔各答众多的群体类似于弗雷德里克·巴思（Fredrik Barth）在其关于种族界线的著作中提及的集体——"他们在准则和价值上的一致不需要延伸至与他们相关的进行互动的社会场景中"（1969，第16页）。众多群体在经济范围内进行互动，但他们单独的种族身份仍旧未受影响。

最显著的是,加尔各答的种族结构和印度村落的种姓区分两者反映在中心和边缘的对立上。正如低等种姓和阶层与边缘地区相关联,在印度许多村庄之外一些不寻常的地方经常可以发现贱民流浪者。①

华人制革商——边缘性与不洁性

由于中心与边缘之间对立的历史原因在印度乡村和加尔各答两个地方不同,所以我们必须谨慎,不要把两地的类比拓展得太远;英国军事和商业权力的建立不是区分印度村庄中心和边缘的一个因素,它是在加尔各答这个殖民城市中。然而,在两种情况中,了解蕴藏在种姓社会中的价值对于理解这些空间对立的现代社会价值尤为关键,特别是城市东部边缘的制革社区方位的重要性。

位于印度种姓体系之下的思想意识以纯洁和不纯洁的区分为基础。根据该思想,器官产生的废弃物是不洁的,以此类推还有如吃、性、排便和月经等活动。此外,所有的人、动物和东西通过参与类似污染性的活动或与更脏的人接触、打交道会暂时经历污染的状态〔见科伦达(Kolenda),1985〕。但所有的生物和东西都可能被污染,根据相对的污染程度它们也可以按等级进行排列。职业是该排列的一个重要成分,因为一定的职业按照它们的特性会让从业者更多地接触到污染源。② 例如,那些处理人类废弃物的(如清洁工、理发师和洗衣人)总是比那些从事的职业涉及更少污染的人(如牧师)所处的状态更为不洁。

值得注意的是,加尔各答华人从事的职业没有一项和传统印度思想中的

---

① 当然,从空间在印度的城市和村庄中扮演的重要象征性角色而言,两者都不是独一无二的。诚如沃特·费莱(Walter Firey)在其40多年前关于波士顿城的开拓性的研究中所表述的,"空间可以是社会价值的一个象征"(1980,第169页)。

② 学者对印度种姓体系的特征及其意识形态上进行了广泛有力的辩论。一些学者如路易斯·杜蒙特(Louis Dumont, 1970)表示纯洁和污染的思想意识奠定并组织了种姓之间的社会关系。其他学者如琼·曼切尔(Joan Mencher, 1974),争辩说该思想并不被所有种姓认同。还有其他学者如麦克金姆·马里奥特(McKim Marriott)主张村庄内的种姓等级不能仅从相对纯洁和污染的角度来解释(1968),而必须通过对不同种姓之间多种食物交易的分析来获得排序。尽管对纯洁和污染意识的广泛认同程度和据此所有职业排列的程度有所争议,却没人会否认与生皮和皮革打交道的工作在种姓意识形态中被认为是一个不洁的职业,这与传统上把种姓置于贱民的范畴相关。

高级种姓活动相关——无论是理发、开餐馆、制革还是客家人制鞋、广东人当木匠或湖北人当牙医。但所有这些工作之中，制革的地位当然最低。群体地位由他们所从事职业的相对纯洁或不洁来决定，在这样一个体系中，毫无疑问，制革被看作是最不洁的工作之一，因为它与死牛相关，而且还与生皮打交道。死亡是把整个身体当成废弃品，这造成了污染，而且还涉及屠杀圣牛，更加深了它的不洁。

在第一章也讨论过，全世界的少数民族移民群体从事移入国社会中遭歧视职业或者至少为高地位人士所歧视的职业这一情况并非不寻常。印度的华人从事与低级种姓甚至贱民工作相关的职业，证实了该一般模式。此外，加尔各答市内的边缘地理位置在很多方面类似于一个印度村庄的贱民社区。鉴于印度关于制革是污染性活动的传统观点及从事该工作的人应该居住在社区边缘的观念，华人制革社区在加尔各答所处的方位就不足为奇了。

华人制革社区在加尔各答的东部偏僻处，临近市垃圾场。在塔坝周围的地区的印度居民主要来自被看成是贱民的恰马尔种姓群体，他们通常从事的职业是皮革业〔班德亚帕德耶（Bandyopadhyay），1990，第79页〕。制革区的边缘性和孤立性再加上它与不洁的工作有关，使我们想到路易斯·杜蒙特（Louis Dumont）对"贱民身份"（untouchability）所做的概念界定："我们可以用现在最通用的方式来定义贱民性，它是与特定的小村庄或最不洁地方的一种隔离。这种特征是全印度性的，有与宗教相关的功能（将死牛分成四等分并处理肉、制革再焚化或清理垃圾和粪便的任务，养猪并处理猪肉）。"（1970，第134页）夏洛特和威廉·外哲（Charlotte and William Wiser）在《泥巴墙背后》（Behind Mud Walls）——关于印度乡村的优秀研究中也对他们居住村庄的制革工人的边缘方位做了评论："恰尔玛人（制革工人）住在泥巴墙内的一堆小木屋内，与村里的其他人有一弗隆的距离。我们想与他们友好相处，可没什么进展，主要因为不方便接触他们"（1971，第41页）。阿德里安·梅耶（Adrian Mayer）在其关于一个印度中部村庄的研究中表述："每个人，包括贱民，能在村庄的各个地方自由走动。但据说人们去制革区和清洁区只为了做生意；有些人接着说他们之后应该洗脚……制革区远离人烟，几乎没人会去那儿闲谈。自然那也是个不舒适的地方，奶牛和水牛的皮挂在房屋之间晾干，房屋中间有个制革坑散发出难闻的气味"（1960，第57页）。同样，很少有游客去塔坝，除了那些与制革生意有直接关系的人——工人、收购皮革者和华人自己。

当然，纯洁与不洁并非阻碍华人靠近市中心经营皮革业的唯一因素。华人自己强调选择塔坝作为制革地点有其他考虑。塔坝之前是一片沼泽地，能为制革提供不可或缺的大量水资源。此外，尽管靠近城市可以和买家及供应商做生意，相对而言塔坝的居住人口少地价也便宜。相反，华人鞋铺最初的客户大部分是欧洲人和高层印度人，所以选址必须在市中心，靠近这些团体经常光顾的主要商业区。

对于制革社区的边缘地理位置我们可以找到几个解释，但毫无疑问位置上的边缘性和他们低下的职业让华人制革商与加尔各答的其他华人次群体更加分隔开来。当我尝试向制革社区介绍自己时，这些事实并没有使我退却。

种族范围中的田野调查

跨越社区界线

对于大多数人类学家而言，浸入一种新的文化中能促进对自身文化与本土文化社会在知识、习惯和观念上进行持续的对比。但在我的例子中，我没有在概念层面上频繁游走于两种文化之间，而是至少在三者当中：中国文化、本人作为美国人的文化背景及高级种姓的印度孟加拉人的社会文化。

尽管最终我还是在华人社区附近找到了一个住的地方，我丈夫也没随我前往那个地方，但出于家庭职责、社交场合和节日的缘故，我时常在华人和孟加拉人社区之间走动。恰恰正当我开始把自己沉浸于某一个集团的生活观点、节奏和风格时，我发现自己在不同的环境中转换。

生活风格和观点上的不同并非微不足道，最明显的不同如衣着和饮食每天都提醒着我这两个集团之间的差异。根据印度纯净和污染的思想观念，大多数孟加拉印度人拒吃一些食物，如猪肉、牛肉和酒，在他们看来这些东西是肮脏的。另一方面，华人在日常饮食中却少有限制，在一些庆典中如婚宴中，他们开心地喝烈酒和啤酒。衣着也是对不同群体进行区分的一个重要标志。纱丽是成熟孟加拉妇女的标准服饰。但中国妇女从不穿印度服装。已婚女人在制革厂穿中式睡衣，甚至去镇上时也会穿；年轻的未婚女士穿着西式服装，通常是裙子和衬衫。"纱丽很漂亮"，一位年轻的中国女士对我说道，"但没有中国人会穿，否则其他人（其他中国人）会说三道四。"

当我走访于一个和另一个社区之间时，我发现自己不断在改变着代表身份的明显特征如衣着和饮食来符合各集团既定的风俗，我也发现自己在转变关注点。我打交道最频繁的孟加拉社区是他们中的上中阶层人士。许多是专业人员，从事白领工作。尽管有些也经商，他们不常讨论金钱和价格。由杰出的艺术家如伟大的孟加拉诗人拉宾德拉纳特·泰戈尔（Rabindranath Tagore）创作的歌曲和音乐是文化生活的聚焦点。然而，塔坝的华人却很少有如此"高调"的品位。西方流行音乐或台湾、香港的流行音乐是标准的音乐演出。金钱和价格是频繁谈论的话题。麻将和其他形式的赌博是常见的娱乐消遣方式。

转换环境如此频繁令我有些困惑，但这样的迁移的确给了我机会来洞察一个城市内的两种文化背景。听到一个集团的人描述另一集团的负面种族特征经常会令我有不安的感受。

比如，拜访孟加拉的亲戚时我总会提起自己对华人的研究。"是的"，我丈夫的一个姨妈说，"中国人基本上工作努力，但他们不被人信任，他们真的是'budmash'（孟加拉语意为'没什么好的''一个无赖'）"。我总能从孟加拉的熟人和亲戚那里听到这两个主题，即中国人努力工作，但不可信任。有位妇女告诉我她有个中国朋友，但最终，"我从不知道她在打什么算盘。"

似乎这种态度大多直接与中印冲突相关，不仅是许多孟加拉人还有印度众多其他群体也持有该态度。一句普遍的话是印度被中国"在背后刺伤"（stabbed in the back），指的是在战争行动爆发之前两国之间的关系似乎很融洽。一些人对居于印度的中国人和居于中国的中国人区分明确，但其他人并非如此。比如，一名妇女告诉我自从1962年以来她把所有中国人都看成是她的敌人。甚至那个时候不在世的或年纪太小不能记事的人似乎都受到了这场冲突的影响。一个小伙子说，"每个人都知道中国偷了印度的领土，所以不能信任中国人。"此外，大多华人会提出权利丢失的经历，把它作为首要话题之一，而许多孟加拉人还有我所遇见的其他印度人由于战争原因，声称他们没有意识到华人被剥夺了公民权利。当我提及这个问题时，一些人会坚持说我把事实弄错了或试着解释说那些失去了公民权的人一定做了错事。一个熟人争辩道，有"好的"中国人和"坏的"中国人，如果你是个"好"中国人那么肯定会允许你成为一名公民。

但政治历史并非影响印度人尤其孟加拉人谈论华人的唯一因素。在饮食上的不同之处也经常会被提及。正如人类学家弗雷德里克·巴思指出，不同的种族群体通常按住特定的"变音符"，即把具体的区别性的标志作为一种定义他们之间边界的方式（1969）。在印度，饮食是一个特别重要的种姓、种族和/或宗教取向的标记。华人和忌食牛肉的印度人及忌食猪肉的穆斯林人区分开来。饮食是如此为大家所关心的和关键的标志，所以当种族群体进行讨论给彼此下定义时，这是最常被提及的项目之一就不足为奇了。表面上看中国人几乎任何东西都乐意吃，这一点总是被孟加拉人引用来证明他们的奇怪之处。正如我丈夫的一个侄子所言，"他们会吃米饭（孟加拉饮食当中的一种主食），但我也听说他们吃青蛙和蛇！"

除了关注食物摄取的不洁（这是许多加尔各答人认为所有中国人都有的一个特征），许多加尔各答人认为制革区特别不干净。例如，我在进行田野调查时我妹妹过来看我，住了两个星期；她有几天身体不适，这是旅行者普遍出现的现象。但我的许多印度朋友确信这些健康问题是她待在制革区的结果。后来，我有位朋友给我妹妹写了一封信，"下次你过来……跟我们待在一块。很难忍受 Tangra（塔坝）的环境。爱玲已经练出了点免疫力。"

实际上，对于大多加尔各答人而言，制革区是一个大家要避开的地方，它看上去稍微有点神秘，甚至危险。比如，一个年轻大学生告诉我他每次经过这片地区绕道而行的反应，"Tangra（塔坝）被看作是一个相当不安全的地方有很多原因……人们一提到 Tangra 就会想到关于中国人的两件东西，你不想待在那儿……人们对于中国人拥有的东西很好奇，你要知道，他们有'砌了墙的城市'（在这里他提到的是从远处看制革厂的外貌）……有这些巨大的墙，你又看不到里面……人们认为很神秘，不知道里面在干些什么，你会有点想知道里面发生了什么。"最近关于加尔各答的论文选集中,一名印度管理部门的工作人员加瓦·西尔卡(Jawhar Sircar)这么来写塔坝:"制革厂区有高墙、堡垒式的大门和巨大的挂锁",是"一个排外的地域,甚至市政当局人员在那里每一步都踏得很警惕"(1960,第64页)。

尽管加尔各答人对华人尤其华人制革社区表达了一连串的情感,但敌对、避开的态度或至少困惑的情绪并非不常见。印中之间的冲突、印度关于纯净和污染的思想与加尔各答种族关系的结构,以及在加尔各答城中对于所有群体而言经济角色和种族身份紧密相连,这些都造就了这些观念的维系。

最初的接触

由于华人制革社区地理位置上的边缘性、种姓意识中制革的不洁,与华人在政治领域中传达出的不信任和忧惧,在我头两次去加尔各答时没人带我去看这片地区就不足为奇了,第一次是在1976年,另一次是1979年夏天,当时我还是个研究生。的确,甚至其他我见过的住在加尔各答中部的华人对这个地方的评价都是消极的。他们表示,塔坝只是一个满是泥巴和蚊子的地方。一个湖北人补充说每个人都知道塔坝制革厂区是个极其未开化的地方,看上去笨拙并过度展示财富。

此外,不可否认制革过程中会产生恶臭,制革区内的道路和小径都未铺砌。一条连接加尔各答市区通向机场的辅路现在绕过该社区的边界,但外人也没理由要经过这条路。事实上,劝说加尔各答的司机去那里通常是件较难的事。典型的对话会像这样:"(对第一个司机)我去塔坝。""抱歉。""(对下一位司机)我去塔坝。""另加10卢比!"

因此,1980年我决定一回到加尔各答就开始访问海外华人协会(Overseas Chinese Association)的主席,他是住在加尔各答中部的客家人。对于大多非华人而言,张先生是华人社区的主要调解人。通过当地报纸和有关华人社区的杂志文章,我对他有所了解,他是其中的主要的信息来源。随后,我与他取得联系并安排了会面。

当看到通往他二层公寓的楼梯时,我有些震惊并且十分失望。楼梯看上去似乎即将倒塌,入口通道也相当废旧。但进门之后,我注意到和许多加尔各答公寓一样,这个破旧外表掩饰公寓,屋内相当地舒适豪华。这是用优良木制家具装饰精美的公寓，墙上贴着许多照片。这些照片中有些是张先生和印度、中国著名领导人的合影，如蒋介石、贾瓦哈拉尔·尼赫鲁和英迪拉·甘地，似乎形象地验证了他所声称的作为华人社区对外发言人的角色。①

那天，张先生和他妻子都在家。张先生身材魁梧，戴着厚厚的眼镜。他喜欢胆怯地笑笑，敷衍着说一些事情，在我看来他的眼镜让他更转弯抹角，在我们之间设置了又一道屏障。相反，他的妻子是个娇小的女人，说话方式直接。我用普通话自我介绍，很快就被招呼进门坐下并按照惯例上了一杯冷汽水。我环顾屋内想找些礼貌性的话题来聊聊。我问关于照片的事，张太太开始对我解释。还有许多她孩子的照片，七个儿子和两个女儿现在分散在北美和印度——一个留在加尔各答，有几个住在多伦多和温哥华，另外还有一个住在华盛顿。的确，张先生一家去加拿大参加了一个儿子的婚礼，刚回国，张太太给我看了一些新近洗出的婚礼照片。

慢慢地我们开始进入到"正事"，我对张先生解释说自己对和华人制革社区住在一起感兴趣，也正在写关于该社区的博士论文，我问他是否可以帮我在塔坝找到一个住的地方。尽管我知道通常张先生是华人社区和外界之间的中间人，且中间人的任务之一是时常把外人挡在外面（见斯金纳，1968），但我希望张先生会帮助我获得接近华人社区其他人，特别是制革区域华人的直接通道。

"你在哪里上学？"他问我。我回答说自己正在哈佛大学读研。"哦，是的，那是所非常有名的大学。"张先生应答时似乎消除了几分疑虑。他接着解释说他也是制革区华人学校的校长，我在这个星期的后几天可以在那里与他会面。这样也可以给他时间来想想哪个家庭会乐意留我寄宿。

几天之后我参观了这所学校。尽管外表有些不起眼，但学校很大也很壮观，还整齐地摆放着中国民族领袖孙逸仙和印度独立运动领导人圣雄甘地

---

① 斯金纳（1968）对东南亚华人社区的领导阶层写过一份尖刻的分析，能部分运用到加尔各答的情况中。他记录道，领导人既是邦的代理人又是华人利益的代表，必然是拥有巨大财富的人。但由于这样的人不得不让邦和种族社区都接受，他们极少是种族群体利益的军事发言人，从而通常"丧失在他们自己社区的影响力"（1968，第 199 页）。我后来发现在一定程度上张先生符合这个模式。看上去他在加尔各答华人社区比他实际上拥有更多的权力和影响力，他很容易与外人接触，但他并不被社区成员认为是社区利益的有力发言人。

（Mahatma Gandhi）的画像，它们俯瞰着主会堂。学生们的校服与美国童子军的制服相似，他们玩摔跤、到处跑，再加上高音量的嗓门产生了一股骚乱的气氛。但铃声一响，他们便飞快地跑回教室。老师走进教室，学生们一齐起立向老师问候，"老师，早上好。"

我对这样的纪律印象深刻，但很快便得知裴梅学校（Pei Mei School）的学生和各地的学生一样机灵，他们寻找新的有创意的方式来淘气和开心。张先生决定叫我在这所学校教英语。他向我保证这是个好安排，既能让我与各个家庭见面又可以做研究。

与张先生和其他一些老师见过之后，我了解到学校的大部分学生都是从一年级读到六年级，还有一小部分继续读到九年级。尽管上课用普通话，学生们也学英语和印度语，毕业后许多学生继续在"英语媒介"（English Medium）学校学习（那些用英语授课的学校），所以英语是课程中的一个重要部分。

我很快明白了为什么张先生如此热心安排我进学校。这所学校曾经是社区的骄傲。但随着时间的流逝，英语教育变得越来越大众化。一些家庭的理由是如果移居或在印度国内，英语背景很管用。学生的数量慢慢地从20世纪50~60年代的1000多名降到只有250名。那些出于熟悉中国文化和语言目的的上学的学生通常只上前几年小学。教师的工资极低，现在由于制革业蒸蒸日上，很少有人再选择教书作为他们的职业。的确，教师的工资比制革厂的一般印度员工还低。大多数教师是年轻的客家未婚女士，她们住在家里，工资用于个人开销。由于只有少数教师婚后会继续在学校工作，所以人员流动率很大，时常产生员工不足的问题。

我已经表明我有意在社区住上至少一年并且能用普通话和学生交流，所以我的服务在学校会很有利用价值。在我看来，这个安排很好，因为我觉得在学校教书能提供与他人见面的机会，还能在社区建立身份和角色。此外，既然我是自告奋勇的，我想这或许是向社区展示好意的一种有效的方式。

然而，找个住下来的地方要麻烦些。答应在学校教书之后，我向张先生询问我的住宿安排。

"找个能住六个月的地方不容易"，他开始说，"不过一些家庭不介意你住两个星期或个把月。"想到能和一个家庭住上一阵子总比没有要强，而且我也能搬回去和姻亲住，我表示如果能找到的话，我愿意和一个家庭短期相处。张先生把我安排在一个华人寡妇家，她住在学校附近，准备收留我两个月。

贾太太是我的第一个房东，她住着一套小公寓，从那里步行不久就能到学校。有两个卧室，她 18 岁的儿子住了一个卧室，她和 15 岁的女儿住在另一个房间，女儿那个时候在寄宿学校。我和贾太太住同一个卧室，睡同一张床，共用一个梳妆台。但一旦她女儿放假从学校回来，就显得太拥挤了。尽管我逗留的时间短，我从贾太太那里了解到了很多事情。她是个友好的人，话很多，喜欢分享关于社区其他成员的小道传闻。她也告诉我许多自己和死去丈夫的历史——描述他什么时候以及如何移民到印度的，他又如何卷入制革业，并且她身为寡妇为什么发现靠自己很难经营企业并最终把它卖掉了。

不久我发现离开贾太太的房子和校园到处走动需要时间和耐心。交流本身不是我最主要的障碍。我见过的大多数人要么普通话讲得流利——许多人在中文学校学过，要么说英语。因此，尽管一开始我不懂客家话，但和人们说话也不是不可能，可要超越拘谨和殷勤却很难。

人们颇为赏识我的普通话知识和对中国文化的兴趣，但似乎我无法用自如的、合理的而又不显唐突的方法来问关于他们的家庭和在印度的经历。当尝试问时，我的大部分询问都被一扫而过。比如，我询问一位偶然认识的妇女是否可以和她谈论她的家庭历史，她回答说，"我们不在印度出生，所以在这儿不能告诉你太多中国人的生活。"但在另一种情况下，我被告知，"我们出生在印度，所以对中国一无所知。"当我反对说我感兴趣的是他们自己的个人历史，而非社区的整个历史时，他们通常给我指出学校的前任校长，据说他详细调查过社区历史，知道每一件我可能感兴趣的事。

我的孟加拉姓经常增加人们对我的不信任。在几个场合我用中文名来自我介绍：欧爱玲。但开始谈话时有人会问我是否结婚了或问我的英文名。当我回答我的姓是巴苏（Basu）——容易被认为是孟加拉人，人们脸上必然浮现出失望或不信任的表情。"他们认为你是 CID 的人（Criminal Investigation Department，犯罪调查部门，在印度相当于 FBI）"，贾太太说。学校有位老师向我建议，"他们认为你在税务部门工作。"我的美国身份也没帮上忙，这是因为大多数社区成员相信美国人没有了性道德观念，一般行为水准低下。

客家人对外人的观点

的确，我很少被划入值得信赖的几个群体范畴，或至少在社区成员看来是不需特别提防的。从他们的角度来看，在略为明显的程度上而言，印度人、西方人和非客家华人是外人；通过他们指称这些群体所使用的术语能够很明确地揭示出这些区别。实际上，对于外人而言这些术语在一些情况中的并列使用几乎荒唐。

比如说，在我被介绍到这个社区几年之后，有一次我正在多伦多做研究，遇到了最近移民到加拿大来自制革社区的两姐妹。一个星期天的下午我们聚在一起，决定去参观本市最高的建筑——加拿大国家电视塔（CN Tower）。我带上了照相机，大家都认为在著名建筑物边上照张合影非常好。一名中年白人经过，其中一位朋友就对她妹妹大叫，"哦，看，来了个番鬼（字面意思是'外国的鬼'或'魔鬼'）。叫他帮我们照张相！"这个"番鬼"给我们照了相，我的朋友们开心地谢了他，随后还说他能够帮助我们，人很好。

加尔各答的客家人在口语中时常把西方人叫做"番鬼"。"鬼"这个字的字面意思是"鬼怪"，的确，鬼在中国大众宗教中经常与外人和不受欢迎的人相关，包括强盗和乞丐。（见沃尔夫，1974）这个术语不仅用来刻意诋毁一名外国人，而且在一些中立或积极的情形中也会用到，如刚描述的那个场景。像汤婷婷（Maxine Hong Kingston，1975）描述的加州华人移民社区的居民一样，加尔各答的华人频繁使用"鬼"这个字来指称社区以外的人。的确，加尔各答的客家人只用"人"这个字来指中国人。因此，中国人被称为"唐人"，字面意思是"唐代的人"。

但是与指称全部中国人相反，当指具体的华人次群体时，客家人会做出重要的区分。谈论他们自己时，加尔各答的客家人继续使用"人"这个称呼。他们通常把自己称为"梅县人"，从而不仅把他们自己和其他华人区别开来，而且区分了那些不是来自广东梅县的客家人，所有的加尔各答客家人都来自这个广东县城。但他们指称广东人或湖北人时用"佬"这个字，暗指一个粗俗的人，有点像乡巴佬。因此，广东人被称为"广府佬"而非"广府人",字面意思是"广东家伙"而非"广东人"。

除了指称上的不同,在其他方面客家人也把自己与其他华人团体区别开来。从客家人的角度来看,广东人工作不努力,也不及他们节俭,并据讲述者所言,他们比客家人更印度化或西化;在所有情况中,客家人都被描绘成比其他华人团体更忠诚的中国传统的传承者。"那些广东人",一个年轻客家人带着蔑视的语气表示说,"他们把印度语和英语跟中文混在一起说。"我在塔坝的第一位房东贾太太喜欢比较广东人和客家人的工作习惯,并暗示加尔各答的广东人经济上没有客家人成功是因为他们太放纵了。"当广东人赚了钱",她告诉我,"他们会请许多佣人,用象牙筷子吃饭,还用桌布……但客家人一直很努力工作。"

客家人在自身和加尔各答其他华人群体之间做的区别在社会组织中有所重叠。劳伦斯·克利斯曼(Lawrence Crissman)已经注意到全世界许多海外华人社区存在他所谓的"分割结构"(segmentary structure)。基于语言、出生地和姓氏,这些社会组织被逐步分割为各个次组织。只是和非中国人相比,这些海外华人协会结成了一个联合阵线(1967)。在第三章我会更深入地调查加尔各答华人社区的内部社会结构,但在此需记住的重要一点是加尔各答的客家人明确地把非客家华人当成外人。

然而,在指称所有其他外人种类方面,客家人做的区分更明确,这是由于在所有这些情况中用的都是"鬼"这个字,而非不那么消极的称呼"佬"。上文已表明西方人被称为"番鬼",印度人称为"乌鬼"(意为"黑鬼")。"鬼"这个字可用来谈论个人,也可以指整个群体。比如,当指称一个印度人时,说话者时常会把"鬼"加在姓之后,因此"沈先生"就变成了"沈鬼"。

因此,在言语方面,加尔各答的客家人把他们自己和两种层次的外人区别开:第一,加尔各答华人中的其他语言群体;第二,印度人和西方人。①

---

① 西方人和印度人的定义主要是文化和情境层面上的,而非纯生理层面。这一点可以通过这个事实阐明:尽管这种情况很少见,但当没有儿子的华人家庭不可能找到中国血统的婴儿收养的时候,有时会收养非中国血统的孩子。这些孩子被当成中国人来养并认为他们是中国人。另一方面,中国人和印度人生的混血儿尽管有些中国血统,却不一定被当成中国人,而是通常根据他们在家使用的语言来进行分类。

西方人的人数不再有那么多，在加尔各答的种族领域中的角色也不很明显。因此客家人对他们的看法并没有经过彼此的交往而不断加强，然而客家人对印度人的看法却不尽然。

例如，客家人和孟加拉人打交道总是让华人加深了他们固有的消极看法。华人有事情需要政府官员处理时才最有可能碰上孟加拉人，这是因为许多华人仍旧被划分为"外国人"，所以他们这样的接触并非不频繁。每年到外国人注册办公室（Foreigners Registration Office）登记或重复申请公民身份都需要和政府官员多次见面，而这样的经历却很少是愉悦的，我听到的最多的不满之一是做任何事情的唯一方法是贿赂官员。手头不那么宽裕的社区成员抱怨说由于他们没有足够的可供支配的资金来有效地进行贿赂，他们在弄到公民身份证件或生意许可证（如出口执照）方面永远处于劣势。

当然，孟加拉人也会和政府官员见面，对于这些没有动力、效率低下甚至腐败的官员而言他们不是陌生人。但由于通常官员们和他们来自同属的种族群体，所以孟加拉人并不从种族角度来看待彼此之间的关系，而是把该行为看成时代的标志（shemoi kharap，意为"时局很糟糕"），或总的来说是不良政府的症状。

当华人找官僚机构处理问题遇上困难时，他们总是责备孟加拉官员，声称孟加拉人懒惰并且孟加拉政府工作人员有贿赂作为回报才提供服务。此外，他们表示由于是华人，所以比其他群体更会被利用。在一次咨询护照申请的文件处理过程的耽搁问题之后，一个客家熟人很失望，他抱怨说如果另给负责的官员一些钱，那么就会很快处理。"他们都需要钱为女儿置办嫁妆……他们知道我们是中国人，不会反对。"

华人永远都不会被平等对待只因为他们是华人，这种情绪相当普遍。在我到这里的前一年，一帮强盗（Dacoit）袭击了一家制革厂。[①] 三人被杀害，然后强盗便逃过了塔坝边界的沼泽区。大多塔坝居民感觉因为受害者是华人，所以警察对于该事件未采取任何行动，也没有逮捕罪犯。最终，警察的确逮捕了一些人，宣称他们是罪犯。但大多塔坝华人声称进行逮捕只是因为他们向新德里的中国使馆提出了控诉，使馆代表他们和警察进行交涉。

---

① Dacoit 这个词在印度英语中使用较普遍，指一伙有武装的强盗。

客家人和孟加拉人的交往主要在官方领域进行，他们和印度其他多数群体的交往通常局限在经济或商业范围。客家制革商把皮革主要卖给印度教徒、穆斯林和/或锡克教的旁遮普人，从来自北方邦和/或旁遮普邦的穆斯林那里买回生皮。员工大多是恰马尔（从事皮革工作）种姓的比哈尔人；还有尼泊尔人和北印度穆斯林。比哈尔的妇女也被雇来当佣人，洗衣服、做家务或照看小孩子（因为对中国烹饪不熟悉，她们不做饭）。简而言之，客家人和印度人打交道主要在官方或经济环境，其中印度人的角色是官员、工人、供应商、佣人或顾客。

这些接触要求客家人熟知许多不同的语言。与制革工人、生皮商人和皮革买者打交道使用的主要语言是印度语。在市中心经营鞋店的客家人也需要了解一些孟加拉语，那些开餐馆或美容店的人可能要用到印度语、英语和孟加拉语。年龄与这些语言能力也有关系。在英语媒介学校学习过的年轻社区成员更有可能掌握英语和印度语。主要在中文媒介学校上过学的年龄大些的人仍然可能会说印度语，因为他们会和员工说印度语；但他们不太可能掌握英语。

当然，华人和印度人打交道主要在经济领域并不意味着这样的交往是完全冷淡，没有人情味的。诚如我在第四章所做的解释，为了以优惠的条件获得贷款，制革商不遗余力向供应商，特别是生皮商人展示他们的可信赖性。偶尔，一个特别重要的供应商或买者将被邀请参加婚宴。但参加好几百人的大型宴席的社会亲密度通常局限于华人和有重要生意往来的印度人之间。外人很少有机会和中国人进入到亲密的私人关系或交往中。

越来越多的年轻华人被送往英语媒介学校，只有在那里他们和印度不同的种族群体之间的往来不会局限于经济的和官方的往来。但即使在这样的环境中，华人也有把他们自己隔离的倾向或者感觉被其他人排斥。一名塔坝居民这样反省他在一所英语媒介寄宿学校的那段时光："有许多种名字的叫法……甚至在小组合作中你多少会是最后剩下的……说真的，有些相当好的（印度）朋友，我现在仍保持着联系……很有趣……你要知道，我会和另一个少数民族如英裔印度人相处得更好，或某些他们会认为有所不同的人，如亚美尼亚人。"塔坝其他年轻人更积极地谈论他们在英语媒介学校的经历，但许多人强调即使他们有印度朋友也不会带回家来。我观察到的确会有学校的印度朋友来拜访，但只在不寻常的场合。

建立纽带

自然而然地，当我开始田野调查时，所有这些信息都是非私人的。但我能够察觉这个社区紧密交织在一起，成员们对外人和内部人有强烈的感觉。随着时间的流逝，我开始想到我到处学习和被社区接受的机会越来越小。由于贾太太不准备长期留宿我，两个月之后我得搬到加尔各答北部我小姑子的公寓。尽管可以继续在华人学校教书，现在在每天我将长距离来回，并脱离和社区随意的不断的接触，而这对研究很有必要。上完几节英语课之后，我也没理由磨蹭了。

我担心自己将处于这个裹得严实的社区的边缘。学校还有其他老师不是华人：一个教英语的缅甸人和一个教印度语的比哈尔人。我在这所学校教书后来那段时间，一位年轻的孟加拉女士被雇来教英语和印度语。所有这些非华人教师总是看上去被排斥、相当孤单，在校外很少和华人社区有接触。他们不会说客家语或普通话，没法加入其他教师活跃地逗笑取乐。的确，在我来学校的第一天，这位缅甸教师赞先生和校长大声争论缺课扣薪的问题。他喊叫道许多华人教师经常缺课却没被扣工资。他的恼怒与其他非华人教师的孤立使我不安，我也会轻易地把自己想象处在相似的处境中。

幸运的是，学校中的角色能让我观察一些塔坝的更大型、更重要的礼节仪式。学校经常派老师和学生代表参加社区名人的葬礼，特别是那些曾给学校慷慨捐资的人。在这样的场合中，我频繁地询问别人自己所见的一些东西的意义所在。尽管对说出独特家庭历史细节有所迟疑，人们没有不情愿回答关于仪式的问题，这是因为通过这些事情我表现出的对中国文化的兴趣没有对他们造成威胁。通过类似的文化事件建立起来的关系成为我进入社区的重要桥梁，它能让我遇见更多的人，和他们之间的交流就没有显得带有侵入性。

一天，正当我离开学校时与乔太太不期而遇，我也正是通过询问宗教礼仪认识她家的。她丈夫曾当过华人学校的教师，一退休他就去做生意卖供奉神灵烧的纸物之类；这个生意在塔坝很赚钱，因为富足使得人们很享受一个相当讲究的仪式生活。与乔先生见过之后，我常常去他家请教我观察到的各种各样的仪式。

就在这天我正搬着几个装得满满的袋子。我已经逐渐把衣服和书从贾太太家中搬去我小姑子的公寓,我感觉到这是个让乔太太印象深刻的好机会,让她知道我所面临的困难。我告诉她我不能继续住在贾太太家。"真的很麻烦",我抱怨道,"我得坐一个半小时的车到学校,以这种速度我绝对得不到写论文所需的信息!"我不知道自己从何得知乔太太会认为写论文重要,或许因为我说这话的时候显得如此伤心,我成功地表达出了此事的紧迫性。乔太太叫我跟她回家待上几分钟,她向家里解释了我的情况。这个时候我几乎听不懂客家语,但是从乔太太与家人和我的谈话中,我猜想她认为我回国时必须参加一场重要的测试。很明显她担心我会遭到威严的教授小组的提问,回答不出来,因为我在印度把所有时间都花在路上了。

坐下来和家人说了几分钟后,乔太太说,"我带你去我妹妹家。"我早就知道她有个嫁给了孟加拉人的妹妹,住在离制革社区很近的地方。我也记得乔太太的儿子们告诉我现在两姐妹之间的联系很少了。然而,在这一点上我期待能出现些什么。"我妹妹唯一的麻烦就是她婆婆很厉害!"乔太太说。

因为乔太太没有详细说,我想知道她指的是什么,但我向她保证总的来说我习惯住在孟加拉家庭的生活。我推测乔太太预见的一些问题可能反映了她对孟加拉生活的看法,尤其是她认为的孟加拉饮食限制。事实上,结果证明乔太太指的是那位婆婆对纯净和污染的过度关心,包括饮食在内。由于严格遵守印度教饮食规定的寡妇不应该吃肉、洋葱和大蒜,她们相当注意保护自己的厨房,唯恐任何一种禁食的东西进入或污染了她们用来准备相对纯净的食物的用具。的确,孟加拉人甚至给那些狂热关注纯净和污染的人取了个名(chuchi bhai),大家普遍认为这样的人通常为老年寡妇。

尽管对妹妹的婆婆有所疑虑,但乔太太决定还是值得去问问她妹妹,我是否可以住在她家。我们叫了辆人力车去她妹妹家,一路上乔太太继续咕哝着那个老太太如何烦人。后来,我得知这两姐妹关系紧张,还有些麻烦。到门口时,乔太太叫妹妹的名字,这是她一年中第一次来看妹妹修丽兰。后来丽兰总是向我抱怨只有需要帮助或解决问题时,才会得到姐姐的消息。有时她带姐姐和/或她的家人去找孟加拉医生看病并当他们的翻译。其他的时候就用丽兰的电话,乔太太家没有电话。这次我成了问题!乔太太又是老样子,熟练地让妹妹来处理这件事情。

不管怎样,修丽兰家的确成了我在塔坝永久的家,搬进她家为我解决了许多困难。丽兰是个特别有趣、复合型的好人,她精通孟加拉和中国两种文化,但在自己的举止行为中,她毫不犹豫地忽略每种文化中的许多突出特征。由于自己也嫁入孟加拉家庭,所以她没有像许多其他华人那样对我与孟加拉社区的纽带关系那么怀疑。她尽量帮助我理解这个社会,而自从结婚后她自己也曾被边缘化。

16岁时丽兰和一个孟加拉人相爱。随后很快就结婚了,生了三个儿子,并把儿子们当成孟加拉人来养:和他们说孟加拉语、送他们去孟加拉学校上学。与加尔各答其他种族群体一样,加尔各答华人很少和外人通婚。我待在那里的那段时间了解到除了丽兰的情况外,只有一个华人妇女嫁入非华人家庭的例子。的确,大多华人甚至不会和他们语言群体之外的人结婚。丽兰的丈夫很年轻就去世了,她33岁成了寡妇。成为寡妇似乎使她的问题更糟糕,不过,事实上她没有不耐烦地避开问题。她不像一般孟加拉寡妇那样穿着白色的纱丽,没有装饰,她也没有禁食肉。因此她遭到了孟加拉家庭这边许多亲戚的非难。即使她的小儿子——我搬进去的时候他17岁,有时都会吐露他的不满,尽管当时会被母亲严厉责骂。

如果丽兰不符合正当的孟加拉寡妇形象,那么她也没有呈现出一位典型的中年华人妇女形象,穿着稍过腹部的宽松中式睡衣。相反,她喜爱彩色的纱丽和西式套装(如裙子和裤子),化妆再配上一套鲜艳的珠宝。说实在的,她对于时尚的态度可以总结为她对我发表的一句言论,那天我正心神不宁地决定穿耳洞。"如果你想看起来漂亮",她毫不畏缩地断言,"那就得痛!"

所有这些导致塔坝社区的许多人怀疑丽兰,传统上中国人把这个归为惯常的寡妇计谋——尝试诱惑男人。① 在该社区它通常暗示着这样的动机是经

---

① 贞洁寡妇的理念在中国有着悠久历史〔如见斯宾塞(Spence),1978,第59~76页,第99~132页〕。正是这样的理念也意味着大多数寡妇成为了被严密监视和好奇的对象。正如小说家老乡(Lao Xiang)在20世纪30年代写的一篇小故事中所言,"'寡妇门前是非多。'这句古老的谚语现今仍站得住脚。无论何时只要人们有一刻闲暇便喜欢观察寡妇家里正发生着什么事,一定要在那儿发现点什么好让嘴巴不闲着。一名妇女变成了寡妇时,她要做的最好的事就是整天掩面而泣"(林,1950;第24~25页)。有趣的是,最近的研究表明在农村地区由于实际问题这个理想总是不能实现。玛杰丽·沃尔夫(Margery Wolf)发现在她做研究的台湾村庄,孝顺比贞洁更重要。如果年轻寡妇生了个儿子,从而传承了丈夫家的血脉,那么许多人会对她的性生活视而不见(1972,第201页)。亚瑟·沃尔夫(Arthur Wolf)分析了台湾的人口记录,发现在出生于1856~1920年,丈夫在1940年之前去世的妇女的一个样本中,丈夫去世时年龄在24岁及以下的妇女有58.5%后来再婚(沃尔夫和黄,1980,第225页)。

济上的。还有什么更好的方法能接触到并对男人的财产造成影响呢？

丽兰没有打算改变行为来获取大家的接纳。但她的生活历史事实和她所呈现出来的面貌意味着会在社会上遭到蔑视和华人及孟加拉社区生活的排斥。起初我担心丽兰自身边缘化的身份会让我很难进入这个社区。尽管丽兰经常无视许多习俗，并不是因为她不知道。说真的，她在许多事情上都给我提建议。她清楚要被一个社区接受并不仅仅是避免在文化上犯大错的事情，尽管这点也很重要，但还要通过在我的关系中建立灵活性和相互性，积极地和人们打交道。

"人们不会这么容易就泄露一些事情，"她常对我说。"你首先得和他们搞好关系。"丽兰强调建立这样的关系不仅涉及交换友谊和时间，还有对自己和自己的意图要坦诚。解释我是谁和为什么在那里具有决定性，丽兰建议我利用一个重要的社区机构——华人报纸。

在这个紧密交织的社区，如果没有在两家华人报纸的一家或两家都登公告，就不会进行订婚、结婚、生意开张、解决争端或安排葬礼。公告能够确认社会活动。即使相当罕见的离婚也总是在报纸上以通知的形式作为结尾。另一方面，没有登公告就进行一项活动是绕开旁人，有点像一巴掌打在社区的脸上的行为。只有那些相当骄傲、个人主义膨胀、认为自己"了不起"的人，才会这样忽视他们的社区同伴。

丽兰建议我用中文打印出一篇文章来做自我介绍并解释我的目的。听从了建议之后，我发现许多第一次见到我的人已经读过这篇文章，这让我更容易向他们解释自己。渐渐地，人们和我说话的时候就没有那么小心翼翼了。但更重要的是，仅通过使用这篇文章作为平台，我已经表现出了对他人的尊重，承认了他们的重要性，而非单方面行动。

中国的新年庆祝活动进一步给我提供了建立和加强关系的机会。在此期间，所有工厂停产5天。带着小礼物——通常是几盒糖果或饼干，大家去拜年表达对新年的良好祝愿。丽兰指出对我而言这些都是巩固和一些家庭刚建立的关系的完美机会，情况的确如此。这是表现我感激他们的帮助和/或友好的方式。许多人评论说通过拜访他们，我展示出了自己的好心。

随着时间流逝，我能够在这些基础之上结交朋友，并逐渐加入到更多的社区和家庭的社会活动中。慢慢地，和我打交道的一些标准发生了改变。与张校长关系较近的一位同事，严宝夏，是社区的支柱人物，他家对我特别热情。他爱引用一句最喜欢的中国格言："在家靠亲戚，出门靠朋友。"他补充说这样的体系很好。我现在离开了家，得依靠朋友，但最后都会抵消掉，因为当遇上不擅长的事时，他也可能会需要我的帮助。

作为一位朋友而非完全的陌生人，我已经把自己卷入了多重社会关系的相互作用中——新的关系也蕴含了新的责任。的确，角色中的这些改变也延伸到了我丈夫家。尽管最初对于我与孟加拉人的关联有些不信任，但我的姻亲最终发现他们在大量场合招待塔坝居民，也被他们招待。

实际上，加尔各答的客家人喜欢把自己描绘得比冷酷、更都市化的台湾和香港华人有更多的人情味。一开始，我是个不值得信赖的陌生人和外人，没有必要对我表示热情，但随着和我关系的深入，好客的民族精神成了一种骄傲。这也不是单方面的，因为我也开始内化社会往来和礼节的规范，违反时会感觉不好意思。我开始了解到在哪些高兴的场合我该送红包，何时适合带上蛋糕或水果之类的小礼物。参加婚礼、葬礼、乔迁之喜和生日庆祝最初是观察的一个简单策略，但当我认识其中的人之后这种状况发生了改变。比如，当好朋友年迈的祖父去世了，我出席葬礼不仅因为想照相和进行观察，还想表达我的敬意。到达葬礼现场之前，我记得送上衬衣布料并附上悼念的话。我知道这块布和其他赠送的类似东西最后将发到那些哀悼期间帮过忙的死者亲戚手中。

在我的情况中，仅仅作为教师的角色不会为我在社区中提供一个正当的社会角色。因为待在这里的期间我早就发现仅在学校教书并不一定意味着在其他环境中可以和社区人打交道。但教书是一个起点，它给了我一个住在社区的理由，也给了我超越"外国人"的身份和头衔。在我刚来到社区时，每当我经过时小孩子会大叫，"看，来了个番婆（外国女人）。"但当我为大家所熟知时，他们更可能叫道欧老师过来了。

我逐渐具备了一定的角色和身份，并和一些塔坝家庭建立了良好的社会关系，这些都为采访他们的家庭和生意打开了局面。除了那些已经和我建立了特殊友好关系的人之外，还有其他人开始假定既然不管怎样我已经听说了关于他们的一些事，他们不妨做正确陈述。例如，"你很有可能听说我兄弟和我分开做生意"的话会取代把家庭描绘成团结和谐的尝试。有一个例子，我早期做田野调查时遇见的家庭成员把他们的生意描述成五个兄弟联合的企业。几个月后，当采访两个弟弟时，我很诧异他们表达出来的对哥哥们的热情，及他们给我讲述的家庭资产分割和一起建立新企业的细节。

随着时间的流逝，由于各种各样的原因许多人开始对我的研究产生兴趣。一些人说以前从未有人写过关于他们社区的书，因此很重要的是我特别加上一个细节说明他们认为这个项目意义重大。他们会很兴奋地告诉我几条绝对不能忘掉的事项，如清明节的时候人们去祖先的坟上扫墓；中华人民共和国接待足球队，这是25年来该队与中国球队的首次公开交流。

有些人对我更像是父母的态度，把我看成是一个承担了太多的小姑娘，要不是因为他们把我带上了正轨，只靠自己的努力将一无所获。在他们看来，从生活的各个方面给我提建议很重要，而不只是在研究上。例如，一个重要的信息提供者坚持不懈地对我未来的职业规划提建议。当我流露出与生俱来的企业精神时，他问，为什么去做学问？他坚持说，相反我该去做生意，自己当老板。

尽管一些塔坝居民对我和我的研究感兴趣，我也没有忽略更大的局面。很明显，对于大多来自华人制革社区的人而言，与其他种族群体的往来在经济和官方领域进行，而在这些环境中他们没有感觉到社会相互性概念（如面子、人情、友好和好客）的相关性。

弗雷德里克·巴思在其种族界线的重要研究中的观察结果似乎在此最具相关性。诚如他所述，在以多种族为特色的多元社会中，"种族界线引导了社会生活——它蕴含了经常性的相当复杂的行为和社会关系组织。确认另一个人也是种族群体中的一员暗示着评判标准的一致性，从而它也包括这样的假设，即两人基本上在'玩同一个游戏'。"（1969，第15页）。

正如我所发现的，种族界线牵制并构建社会生活这个观念在评定加尔各答社会关系方面有着强有力的关联性。当华人和印度人之间敌对的情绪在我进行田野调查过程中接连让我不安时，我意识到它们是由历史、文化和社会因素造成的。正如我在本章所表明的，在加尔各答的种族关系结构中，经济角色和种族身份很大程度上有重叠，这是华人和其他群体之间明确界线继续存在的一个原因；种族关系也的确得到了引导，局限于小范围的往来。在这个方面，华人社区并非独一无二，不过是依据加尔各答既定的种族关系模式进行运作。客家人这个群体及其从事的遭人蔑视的皮革职业共同促成了他们的孤立，也如同他们在加尔各答的独特历史经历一样，特别是与1962年的中印冲突相连。接下来的一章，我将更详细考察该历史经历并评定其对现代社区结构的影响。

塔坝华人学校校长在毕业典礼上发表讲话，在他后面挂着印度独立运动领导人圣雄甘地和中国民族领袖孙中山的画像

第三章

企业社区的出现：历史和社会机制

雅致的中式手工艺品静静地装饰着托马斯·梁（Thomas Liang）的卧室内壁。托马斯在加拿大居住已有10年，他来自加尔各答华人家庭，是两兄弟中较小的那个，他们家拥有一家大的制革企业。这是1986年的夏天，我正在托马斯位于多伦多城郊的家中采访。我很好奇，作为一名生活在加拿大的华人，托马斯是否认为自己经受过敌视甚至轻微的歧视。但对于托马斯而言，最重要的不是他在加拿大的少数群体成员身份，而是从印度的少数民族小社区成员到多伦多的人数居多的大社区成员的转换。"周围的（在多伦多）华人更多一些，"托马斯表示，"……你不会被孤立。"接着他把这里的情况和印度的相比较，继续说，"我猜这和战争（1962年的中印冲突）有关系……敌对状态。他们感觉就因为你是中国人，所以你就是这个国家的敌人。"

托马斯的回答、他所指的中印冲突对印度华人的影响以及他感觉冲突导致印度人普遍把所有中国人当成敌人是我遇见的几乎所有印度华人表达的典型情绪，既有那些留在印度的，也有那些已经移居其他国家的。当然，就像我已经表明的，冲突产生的影响是巨大的，在印度华人及其家庭接下来的策略上都发挥着更大的作用。然而，印度华人特别是加尔各答华人在这个关键时期之前已在印度有着较长的历史，在更大的历史和社会环境中来看待中印冲突对加尔各答华人造成的影响非常重要。

本章笔者关注加尔各答华人社区的历史背景，特别注意以下三个华人群体的独特经济角色：客家人、湖北人和广东人。本章结尾将考虑加尔各答华

第三章 | 企业社区的出现：历史和社会机制

人社区的内部机制。该机制有助于维持和复制华人群体与其他种族群体、客家人与其他华人之间的界线，而且也能建立当地的体制环境，在其中各个华人及家庭制定出他们独自的经济策略。

历史

早期移民

尽管在塔坝这个华人制革区大部分成年居民都仅是印度的第二代或第三代居民，但华人在印度的定居可追溯到18世纪。事实上，与他们的个人历史相反，印度华人历史起源可以追溯到18世纪一位华人船员到达加尔答之时。

这名船员，英语名为 Atchew（阿钊）或 Acchi（阿奇），中文名是杨大钊，据说他奉一位英国船长之命搭上从广东驶往加尔各答的轮船。关于这名船员流传着多个故事。根据加尔各答华人给我讲述的一些故事：船长发现了两名偷渡者，然后就指责阿奇偷偷带他们上船。但是这两名偷渡者神奇地把自己变成了木头，阿奇知道他们是神灵。他把他们带上了岸插在地上，最终在其周围建起了一座中式寺庙。

提及阿奇的名字之时，大多华人制革区的居民也会讲述一件关于 Acchi 如何智胜孟加拉的英国总督沃伦·哈斯丁斯（Warren Hastings）的趣闻。根据这个故事，哈斯丁斯同意阿奇一天之内在马背上能跑多远就授予他多大面积的土地，似乎哈斯丁斯严重低估了阿奇的骑马能力。阿奇成功地骑过了那么一大片土地以至于为自己获得了加尔各答下游的胡格利河畔（Hooghly River）的大片土地。据说他从中国招募工人来种植甘蔗。

事实上，关于阿奇和他的领地还有一项历史记录。从这项记录中的确可以看到他带来印度的华人是作为合同工来为他工作的，在1781年一些劳工逃向上游的加尔各答之后他写信给沃伦·哈斯丁斯请求援助：

> 尊敬的总督大人——鄙人迄今承蒙您的保护和鼓励，小片领地拓宽了面积，这片领地经过耕种已有所成效，本人写此信来麻烦您，请求您的帮助，否则本人担心将不可能把工人们留下来各尽其责，为我所用。

59

在此,也没有必要夸大这些人逃走所带来的破坏性的后果。本人花费巨大不远万里,把他们雇来当作合同工来为我所用,这些年来不断给他们鼓励和鞭策。那些一心想伤害我的人是一些中国人,他们从澳门的轮船上逃出来,然后待在加尔各答并没有任何明确的生活方式。因此,如今后还有类似行为,我请求对这些流浪汉给予严重处罚,并发布命令来帮助我找回任何一个从我这里逃走的人,而且禁止任何人保护或雇佣我的合同工。

(中文签名)Atchew

证人查尔斯·罗斯曼(Chas. Rothman)

加尔各答,1781年10月29日

[《孟加拉的过去和现在》(Bengal Past and Present),1909,第138页]

就在他关于合同工的请求仅几天之后,政府贴出了以下的公告表明阿奇受到了政府的支持:

威廉堡,1781年11月5日

鉴于由阿钊呈送给尊敬的总督大人及理事会的报告,当地中国人在政府的保护之下,几个居心叵测的人已竭力诱使华人劳工与其签上几年的合同。特下此通知:董事会鼓励在阿钊手下工作的华人,决定支持并协助查明那些诱骗及藏匿其劳工的相关人员,给予他们应有的惩罚。

总督大人及理事会下达的命令

秘书:J. P. 奥瑞尔(所述)

(《孟加拉的过去和现在》,1909,第138~139页)

我们也能猜测出阿奇在他与劳工之间产生问题的两年之内就去世了,在1783年的一封信中,一名东印度公司的律师试图从阿奇领地的遗嘱执行人那里提款(《孟加拉的过去和现在》,1909,第139页)。

很明显,阿奇领地的华人居民不仅种植甘蔗,还制糖和酒。在1804年的一份广告中,该地产出售,出售的不仅有土地还有建筑物、制糖厂及蒸馏室(《孟加拉的过去和现在》,1909,第 204 页)。通过这份出售该区域所有资产的广告,表明了该区域华人社区生命力的短暂。该社区在加尔各答得到了进一步的发展。

然而,这个最初的居住地仍提醒人们它的存在。该镇是根据它的华人创建者来命名的,取名为阿奇普尔。据说阿奇的墓和一座中式寺庙建在一起。每年春节之后的头几个星期,加尔各答的数百名华人赶来参观,并在庙中献上贡品,因为人们相信土地公——寺庙所供的土地之神特别灵验。

加尔各答的华人居住地起源

实际上第一批在加尔各答定居的华人可能是在 Acchi 信中提到的逃跑的船员和契约佣人。无论起源如何,提到华人最早在加尔各答的居住问题都要追溯到那个时期。例如,1784 年在《加尔各答公报》(*The Calcutta Gazette*)的一则广告中,一名被称为汤姆·法特(Tom Fatt)的华人从事的工作是清洗水槽,据说这个人还拥有一家朗姆酒厂和一家橱柜厂,并生产白糖和糖果〔西顿·卡尔(Seton-Karr),1864,第 34 页〕。

在这个早期阶段华人和政府的关系似乎多少有点像东南亚大多数地方离散的华人和殖民政府之间的关系。在东南亚,"甲必丹制度"(Kapitan System,委任社群中的有力人士出任该社群领袖,即甲必丹——译者注)让华人和政府彼此联系起来。依照这样的安排,从华人社区选出一位社区和殖民当局都认为合适的中间人来处理当局和华人之间所有的交流活动。通常这个人要负责行政事务,如从社区收取税款,还有婚姻、出生和死亡的登记工作。因此,选出来的这个代表不仅要能够代表华人的利益,还要熟悉当局的语言和文化,这样才能向华人传达他们的意愿(斯金纳,1968)。

相似地,在加尔各答也有尝试找一个人能起到与东南亚的甲必丹类似的作用。警方 1788 年的一份备忘录中陈述:"大量华人现已在加尔各答定居,尽管总体而言他们比较冷静和勤奋,但仍然会有酒醉造成彼此间发生暴力冲突的时候。由于很难找到一名口译人员,所以几乎不可能确定是谁有过失……我们低调地提议从华人最受尊敬的人中选一人担任总指挥,他对其他人也有着一定的权威……一个叫做阿木的人在索伯先生经营的朗姆酒厂当总管……并且他还说英语,似乎是最合适的人选"〔辛哈(Sinha),1978,第

52 页〕。

尽管这份参考资料及其他材料能够证明加尔各答的华人社区历史最早确实可追溯到 18 世纪 80 年代，但是在整个的 19 世纪总人数仍偏低。就像许多海外华人社区的早期发展一样，这个社区也主要由与当地女性结婚或同居的男性组成。

在 1837 年加尔各答警方的人口普查中，华人人数为 362 人（辛哈，1978，第 43 页），在 1858 年《加尔各答评论》（*Calcutta Review*）的一篇文章中，估算华人有 500 人左右〔阿尔巴斯特（Alabaster），1975，第 136 页〕。在这篇文章中，作者略微提及了由于缺少华人女性，因此华人男性与印度女性或英裔印度的（Anglo-Indian）女性同居（阿尔巴斯特，1975，第 143~144 页）。读者可能会推断这些妇女是英裔印度人或者可能是皈依基督教的印度女性，这是由于作者说这些工会的儿子们被"送往罗马天主教学校，他们的母亲也普遍跟他们信同一宗教"（阿尔巴斯特，1975，第 144 页）。

然而，作者的观点也很明确，认为这种婚姻下的后代仍保留了他们的中国特征：尽管他们上的是天主教学校，"他们掌握了一点写作和算术之后，他们的父亲就把他们带回来，如果不能把他们送回中国，也会让他们在家学习儒家文化。"作者又用典型的东方式的风格写道，"因此，正如教父们说言，即使他们在学校是冷漠的基督教徒，但当他们的大师的著作摆在面前时，他们又回到了异教上"（阿尔巴斯特，1975，第 149 页）。

因此，这些混合的群体并没有产生一个确认自己有一半中国血统（half-Chinese）的阶层。在那个时期，混合性的结合通常包括一个华人男士和非华人女士，小孩被当作中国人来抚养。由于在华人社会当中，按照惯例婚姻是父系的，女人嫁入丈夫家中，在这样的婚姻下，小孩的成长更有可能带有父亲的文化特性，因为他们身边的亲戚都是华人。这种模式在其他海外华人社区建立的早期也有记载，在绝大多数移民都是男性的情况中也是如此〔见帕特森（Patterson），1975 及罗温，1971〕。目前，华人与非华人之间的婚姻在加尔各答特别罕见。如果有的话，那么孩子的种族身份仍然由父亲的决定（由于印度当地的亲属体系大多也是父系的，华人女性和印度男性结合下的孩子有可能也会呈现他们父亲的文化特征，这是因为他们在印度环境中被抚养）。在加尔各答华人中，没有一个群体的人像混血儿（mestizos），即中国人和菲律宾人通婚的后代（奥莫亨德罗，1981）。

社区的成长与女性人口的增长

截至 1876 年,加尔各答的华人总数已增加到 805 人〔《加尔各答城镇人口统计报告》(Report on the Census of the Town of Calcutta),1876,第 22 页〕。① 但是根据 1876 年的人口报告,社区中的华人女性很少,只有 64 人,并且由于华人女性的人口比例太小,大多数华人男性继续与欧亚混血(Eurasian)的女性结婚。

直到 20 世纪的前几十年华人人口的性别比例才发生改变。加尔各答的华人总人口数量从 1901 年的 1640 稳步增长到 1931 年的 3542〔《印度人口普查》(Census of India),1931、1933,第 6 卷,第 112 页〕,然而其中男性和女性所占的比例发生了重大的转变。的确,1911~1931 年加尔各答男性和女性的比例已从 8∶1 变成了 4∶1,并且在接下来的几十年这些比例急剧下降。②

华人女性人口的增长在一定程度上是由于社区内部的生育,还可以这么来解释:华人男性移民开始在经济方面取得成功,他们就会回国去参加包办婚姻,然后带上他们的新娘回到印度。的确,在 20 世纪 30 年代之前,和当地女性结婚和同居的事情还比较少。

印度经济浪潮的高涨再加上中国国内形势日益严峻促使 20 世纪 30~40 年代不间断地有中国移民涌入印度。截止到 1951 年的人口统计,印度华人的总数已增至 9214 人(《印度人口普查》,1951、1953,第 1 卷,第 18 页)。在中印冲突爆发之前,印度华人数量已上升至 14607 人,其中差不多有 6000 人为女性〔《印度人口普查》,1961、1964,第 1 卷,第 2 部分(ii),第 149 页〕。这些华人大部分仍住在加尔各答,但是大约有 2000 人搬

---

① 在这份人口报告中也记录了大多数华人住在城市的三个地区——Burrabazar,Colootola 和 Bowbazar(现在 Bowbazar 以加尔各答的老唐人街为人们所熟知)。现在很少有华人居住在这个地区。然而,这里仍然保留着社区当年存在的痕迹,包括几座华人寺庙、地区联合总部和华人学校。Colootola 现为穆斯林区,有加尔各答两家原皮市场之一,华人制革商在那里购买原皮。

② 根据 1911 年对比哈尔、孟加拉、奥里萨邦和锡金的人口统计,在这些地区(大多数集中在加尔各答)的华人男性远超过华人女性,比例达到 8∶1 (《印度人口统计》,1911、1913,第 5 卷,第 1 部分,第 174 页)。10 年之后,在 1921 年加尔各答的人口统计中,比率已经发生变化,男性超过女性,比率只有 5∶1(《印度人口统计》,1921、1923,第 6 卷,第 21 页)。到 1931 年的人口统计时,男性与女性的比率又进一步降低,到了 4∶1(《印度人口统计》,1931,第 6 卷,第 94 页)。

到了孟买，开始从事餐饮、制鞋和干洗行业。

1962年的中印冲突彻底改变了印度华人人口持续增长的趋势。数千华人要么被驱逐出境要么自愿回国。到60年代末，他们开始向欧洲、澳大利亚和北美移民，这种趋势一直持续到现在。华人人口从1961年的14000多人降到了1971年的不足11000人。[1]

目前，加尔各答的华人可以分为几个次民族群体：客家人、广东人和湖北人。尽管这项人口统计从未区分这些次群体，但对华人有所了解的外来人和华人自己都知道客家人在数量上占主导。由于客家人占优势，许多广东人和湖北人学习说客家话以此来更有效地和这个群体进行交流。加尔各答华人声称广东社区在过去相当大，但他们说在1962年冲突之后，广东人从印度移居出去的速度超过客家人。

职业专长的出现

这三个印度次群体长期以来和特定的职业联系在一起。客家人集中在制鞋和制革业；广东人主要从事木匠；最小群体的湖北人从事牙医工作。此外，广东人和客家人都经营餐馆，客家人开美容院，直到20世纪50年代早期，制革区的华人妇女从事非法酒类生意。最后，直到1962年冲突之时，广东人作为优秀的轮船装配工而出名。（由于他们在处于战略性地位的河港区域工作，被认为具有安全风险，所以他们被禁止在那里工作。）

这些职业很早就出现了。正如前文所注明的，在1784年《加尔各答公报》的广告中提及的一位华人——汤姆·法特据说除了其他资产之外，还有一家橱柜厂和一家朗姆酒厂。在1857年《加尔各答评论》中的一篇文章中，作者提到木工和制鞋是加尔各答华人居民的主要职业："他们默默地前进，已经把所有的竞争对手赶出这个领域；现在他们作为鞋匠、造船木工和制造商无人能及"（阿尔巴斯特，1975，第136页）。作者也指明正是客家人从事与制鞋相关的工作（阿尔巴斯特，1975，第139页），并且广东人做的是木匠活（阿尔巴斯特，1975，第150页）。因此，现今华人社区内部的主要职业分化的框架到19世纪时已经形成：广东人做木工，客家人从事皮革业。

---

[1] 这些人口中有7873人（其中3504人为女性）居住在西孟加拉邦，多数居住在加尔各答〔《印度人口普查》，1971、1975，系列1，第2部分C（ii），第70页〕。

第三章 | 企业社区的出现：历史和社会机制

制革区的起源

尽管客家人与制革业的联系可以追溯到差不多 150 年前，塔坝的制革社区的起源却是在最近。在 1910 年左右，第一批制革商来到塔坝这个位于市东郊的沼泽地区。这些制革商是鞋匠，很可能他们认为能够生产皮革为制鞋所用。然而由于制革的盈利性，它不久便占据了领先地位。

早期的这些年间，华人通过植物鞣制的方法生产皮革——该过程利用在各种植物性物质中，如在新枝或树皮中发现的"鞣酸"（tannin）作为制革中的有效原料。起初他们和印度恰马尔种姓的村庄制革商大体一样，没有机器设备。

第一次世界大战为当时尚未超过十家的制革商提供了购买设备的机会。战争之后，数家欧洲商行清算并把他们的资本转移到英国，使得华人能够低价买到他们的设备〔《全印度皮革指南》（AILD），1965－1966，第 7 页〕。接下来还为华人进一步提供了机会：1920～1921 年多家欧洲制革厂倒闭，欧洲交易发生浮动；1922～1926 年几家印度制革公司倒闭〔德（De），1972，第 237 页〕。因此，制革厂的所有权"从欧洲和印度人转到了华人手中"（德，1972，第 237 页）。在此期间，华人制革厂的数量增加到了 30 家。毋庸置疑，华人居住在工厂、利用家庭劳动力并且不间断地开动机器，这些都有助于他们节省开支，使得他们比印度和欧洲制革商更具有优势。华人制革商也转向了铬鞣法，这个过程比植物鞣法更快、技术上更先进。如今大多数塔坝华人仍旧沿用此方法。

二战期间，依据印度保护条例，印度多家大型的有组织的制革厂都在政府的掌控下。这些制革厂只允许向政府进行销售，所生产的皮革几乎所有都用来满足东区司令部（the Eastern Command）军队的需要。大型制革厂有义务为军用提供皮革使得小型的和作坊式的制革厂，包括一些华人制革厂有可能占领国内市场（德，1972，第 239 页）。这些小型制革厂收到了来自英国的上等制鞋皮革的大量订单，而大型制革厂却无法提供。

战争使得对皮革的需求巨大，这导致了华人制革厂数量的快速膨胀，仅战争期间就增加到了 70 家（德，1972，第 240 页）。曾住在加尔各答做其他行业的华人和从中国来的新移民加入到了制革的行列。到 20 世纪 60 年代中期，超过 82 家制革厂建立了几乎 300 家商行；许多商行由数个制革商共有，有些从制革厂老板那里租用机器设备（《全印度皮革指南》，1965-1966，第 26 页）。

1980~1982 年期间，在我居住于塔坝进行最初的田野调查时，大约有与 20 世纪 60 年代数量相同的企业，准确地说有 297 家。但是，在 20 世纪 60 年代之后数量并未持续增长，与 20 世纪 60 年代中期的 82 家相比，那个时期有超过 176 家独立的厂房。在这两个时期之间，许多制革商建造了自己的工厂，那些租用工厂来做生意的人的比例也减少了。此外，许多企业得到了拓展并提高了生产率。

因此，该社区经历了三种类型的业务拓展。第一次发生在迁移时期，它起源于一战之前一直到 20 世纪 60 年代中期，来自加尔各答其他地区的移民和那些生于中国的人搬到了塔坝来尝试从事制革业。随后，这种迁移在相当大的程度上有所减少，一些社区成员甚至开始离开塔坝迁到海外。该社区经历的第二次增长是在企业规模的拓展和生产效率提高的时期，这是由于制革商们的事业成功，从承租人的身份上升到了企业主的地位。最后一点（我下文会描述），个人企业在子孙后代之间进一步划分，使得社区企业的数量增加。

在第五章和第七章我将详细讨论这些过程。在此，强调这一点非常重要：制革社区始于华人手工制造皮革的小型居住地，到二战时已经充分发展并得到了很好的巩固。

中印冲突的影响

如果不考察 1962 年冲突所造成的深远影响，那么任何对于华人制革商的研究都将是不完整的。它不仅影响了家庭和生意策略，也影响了社区生活及华人与其主流社会的关系。

在东南亚国家，华人在各国总人口中形成了一个数量可观的少数民族群体，与此不同的是，印度的华人较为自主，1962 年冲突之前在印度较少与东道主之间发生政治冲突。与世界其他地区的海外华人社区一样，中国国内的革命在社区中产生了反响。国民党和共产党都有自己的拥护者，每个党派都开设自己的中文学校和创办报纸。他们之间的冲突公开化，很少有人害怕对某一团体表示任何言论上的支持。

事实上，1959 年中印之间的关系良好，与共产党联系在一起比起国民党更为人们所接受。许多倾向于共产党的学校教师来自中国，一些在印度国内的华人企业得到了中国银行的贷款。印度和中国人通常引用前印度总理尼赫鲁的著名评论，"Hindi Chini Bhai Bhai（印度人和中国人是兄弟）"，这让我对于当时中印关系的性质有所了解。

许多印度华人成为了中华人民共和国的公民。这个身份很容易获得，只需去一趟中国领事馆申报中国公民身份。的确，印度政府对那些拿出中国护照的人很亲切〔甘桂里（Ganguli），1973〕。根据冷少川和杰罗姆·柯恩（Jerome Cohen，中文名为孔杰荣，美国著名的中国及东亚法律专家——译者注），那些没有成为中国公民的人通常被认为是"无国籍的"（1972，第270页）。

一些华人被认为无国籍，其他一些有中国国籍，还有另外900人左右申请并被授予印度公民身份或只被认为是本国公民，这是因为他们于1950年宪法生效之后出生于印度本土。

1959年的边界争端标志着印度官方对中国血统的居民在态度上开始发生变化。中央政府命令所有在印华人进行登记注册。1959~1962年间许多华人（根据大陆的原始资料，大约有200人）被遣散回国；被遣散人员包括倾向共产党的华人学校教师、华人报社员工及被认为同情中国政府的商人与店主（冷和科恩，1972，第272页）。

许多华人感觉有些心酸，依据当时中印之间的友好关系之前被认为是值得称赞的行为现在却被当作被驱逐出印度的理由。在那些兄弟般的日子里，诸如在机场迎接中国代表团的行为不仅亲华也亲印。突然间，很令他们吃惊的是，曾经参与这些活动的华人有可能被认为具有安全风险。

1962年中印之间武装冲突的大规模爆发使得在印华人的处境更加恶化。尽管华人说他们很少遭遇印度普通大众的一些敌对的言语，但他们都强调这个时期对于他们来说非常困难。除非有登记部门的书面批准，华人侨民不允许离开他们的城市、村庄或注册的地址超过24小时。此外，如果没有通行证，即使他们是印度公民，也不允许住在特定的限制性的地区，如阿萨姆邦（冷和科恩，1972，第274页）。

由于塔坝的制革区邻接加尔各答地区，这些行动上的限制意味着每天当华人离开制革区前往加尔各答的生皮市场时，如果没有申请通行证，那他们将违反这项法规，这是因为严格按照事实而言，许多制革厂在24巴格纳斯地区，而不在加尔各答官方的城市界线之内。华人说在冲突期间及以后，每个人经过通往制革区道路的大门时，都需进行检查。

当然，冲突时期一些华人是印度公民。为了把他们涵盖在之前所提到的限制范围之内，管理部门发现有必要拓宽外国人的定义，包括"任何人，或其父母亲、祖父母任何一方是曾经与印度有过战争或实施了外部侵略的国家的公民或国民"〔《议会法案》（Acts of Parliament），1962、1963，第231~232页〕。由于极少能找到至少没有祖父母不是中国公民的华人，现在中国又和印度之间有战争，这项规定的作用实际上是否定所有印度华人的公民身份。

这项规定也用来作为1962年9月3日颁布的《外国人拘留条例》（Foreigners Internment Order）的依据。它导致了超过2000名印度华人被拘留在印度拉贾斯坦邦的集中营，许多人在那里待了好几年。① 这项条例"授予对于任何有理由怀疑'已经实施、正在实施或即将采取行动打算协助某国与印度发起战争或进行外部侵略的人或对公共安全或建筑、设备持有偏见态度的人，可未经批准对其进行逮捕和拘留'"（冷和科恩，1972，第275页）。

因此，曾对中国大陆表达过友好态度的许多华人或持有中华人民共和国护照的人要么被送往拉贾斯坦邦的拘留营，要么被关押，或者被通知"离开印度"。此外，一些受雇于工厂的华人失去了他们的工作。许多广东籍华人是轮船装配工，他们遭受的打击尤其大，正如之前所记录的，他们被认为是战略性河港地区的一个安全隐患。

最终，在遭到中国抗议及两国之间进行协商之后，就此达成了一致：那些愿意回到中国的华人可以被遣返回国从而离开拘留营。1963年春，中国派出船只前往马德拉斯，几乎2400名印度华人被遣返〔《印度时报》（The Times of India），1963a、1963b、1963c〕。

逮捕、驱逐出境和拘留极大地破坏了众多加尔各答华人家庭的生活。例如，我在加尔各答的女房东修丽兰见到她的父亲被捕并遣散回国，而除了她最大的姐姐之外，她的母亲和兄弟姐妹的名字都在"离开印度"的通知上。她的家庭故事对于中国和印度而言充满了悲剧性的讽刺，代表了许多加尔各答华人所面临的问题，这些都无法自己掌控，他们成为了两个国家事件的牺牲者。

最初丽兰的父亲移居到印度时，他继续寄钱回中国，认为自己最终还是会退休回国。后来这些资金被充公，尽管如此，她父亲还是作为一名中华人

---

① 当二战期间日裔美国人被关押在集中营时，美国人察觉到印度政府的态度与其本国政府所采取行动之间的类似性。直到1990年美国政府才正式为违反公民权利道歉。有很多关于这段历史的作品，其中有彼得·伊龙斯（Peter Irons）的《战争中的正义》（Justice at War，1983）一书。

第三章 | 企业社区的出现：历史和社会机制

民共和国突出的支持者而出名，他把所有的孩子都送到大陆华人所开办的学校。在20世纪50年代丽兰的一名哥哥自愿回国。的确，就在中印敌对行动爆发之前，他即将被任命为中国驻加尔各答总领事，这在很多加尔各答华人看来是一项极大的荣誉。

当1962年爆发战争时，正是这些曾经被看成是值得骄傲的与中国的密切关系使得她的家庭成为了敌国的合作者。只有两名已婚者——丽兰和她最大的姐姐未被强迫离开印度。20世纪60年代后期他们回国仅几年之后，"文化大革命"逐步展开，这个家庭继续过着不幸的日子。她父亲在印度不受欢迎，很快同样也在国内遭遇了非难。作为一名海外回国商人，他被划入了受社会歧视的前资本家的范畴。

丽兰的大多数兄弟姐妹，还有她的父母最终在20世纪70年代后期成功从中国内地移居到香港。但她们曾在两个不同的国家经历了近20年的困扰，这两个国家本该都是他们的"家"。

来自印度政府的压力对于加尔各答华人社区内部的派别之争也有一定的影响：有些人去当局有关部门谴责他们的反对者。如今很多华人认为有些民族独立主义者（the Nationalist）认定他们是社区中突出的倾共产主义分子，因而导致他们被捕并且/或者被遣散。他们说有一种情况是：商业对手之间的竞争使得一方确认另一方同情共产主义者，导致其被拘留。

冲突的影响让华人社区内部的分化和斗争发生了改变。此后多年，无论是个人还是组织，公开地表明认同共产主义的中国的情况完全消失。最近印中关系的融解多少缓和了社区的气氛。我在塔坝时，中国足球队被邀参加一场宴会，这是超过25年来第一次受到招待的华人代表团。然而，尽管印度未与台湾地区建立正式外交关系，国民党继续控制华人社区所有突出的组织——包括主要的报社、救济协会（the Welfare Association）、海外华人协会（the Overseas Chinese Association）及中文学校。

尽管中印关系已经改善，但印度华人的政治地位仍未解决。按照目前的状况，那些在1950年1月宪法生效之后出生的印度华人，自动被认为是印度公民。但那些在1950年之前出生的人虽然生于印度，也不得不申请公民身份。没能获得印度公民身份的印度华人被颁发一张身份证明，实质上是无国籍的人。尽管这些无国籍的人不再需要每次离开居住的小镇时去警察局登记，他们仍需每年去外国人登记部门（the Foreigners Registration Office）进行注册,来获取批准在印度再居住 12 个月。

大多数在印度的华人认为获得印度公民身份能极大地减少麻烦和困扰。一旦获得了公民身份,每年就不再需要进行注册。此外,只有一张身份证明的印度华人去其他国家有一定困难,因为这张身份证明并未得到广泛的认可。

印度华人承认印度公民身份有用,但他们抱怨很难得到。正如之前所注明,他们坚称富足的华人能贿赂官员,更有可能比那些路子少的人获得公民身份。此外,他们说甚至连最微不足道的原因都会被引用作为不予同意公民身份申请的理由。例如,他们声称如果参加了有中国队参加的运动会后被注意到,之后这就被用来作为不同意申请者进行申请的理由。或者他们声称否决公民身份的要求,是由于申请者不会写印度语,尽管许多印度人自己也是文盲。

如果人们考虑到了印度宪法的条款,那么如今这样对待华人当然是反常的。根据宪法的第 5 条,绝大多数于 1950 年居住在印度的华人也应该是公民,因为这项条款的表述是:在宪法之初居住在印度且出生在印度的任何人,或曾经是印度居民达五年以上的都被认为是印度公民。① 然而这些人却必须申请公民身份,并且还总是不予批准。

1962 年的经历——拘留、逮捕、遣散及公民身份遭否认,还有其后效,已经促使了与东道国的距离感,但这些当然不是唯一的原因。正如我之前所表明的,加尔各答的种族和经济结构使得华人和其他群体的界线得以维持,塔坝华人又由于其污染性的职业进一步加剧了他们的边缘化。

更进一步说,印度华人群体的内部结构制度深化了华人与其他种族群体及三个华人次群体的分化。这些制度在调节和支持经济行为、定义与加强道德和社会准则方面扮演了关键角色。在把社会行为的问题严格局限于华人社区成员的范围内,它们对于定义和维持种族与次种族群体的界线发挥了重要作用。现在我将转向分析这些结构制度。

华人社区的组织结构

在加尔各答华人之间,语言群体、来源地和姓氏使得社区内部发生了重

---

① 1955 年的公民法案的目的是把在宪法生效之后出生的人包括在内。它"为通过出生(在 1950 年 1 月及之后生于印度)、血统、注册、迁移和领土的合并提供公民身份"(冷和科恩,1972,第 270 页)。

要的分化。的确,这些范畴提供了华人社会组织的结构。

基于语言的区分非常关键。自从客家人把自己与广东人及其他华人次群体在指称上明确区分开来,那么加尔各答的三个华人次群体——客家人、广东人和湖北人仅有一些制度是一致的就不足为奇了。一所与中国大陆有紧密联系的学校于1962年的冲突之后关闭。该校的教职工来自中国,用普通话进行授课,学生们来自所有三个语言群体。

目前,仅有海外华人协会和两大中文报社的其中之一拥有跨语言群体的客户或会员。海外华人协会有广东人和客家人的办公人员,更大的那家报社拥有来自所有三个语言群体的华人读者。(那家小型报纸是由于客家制革协会的分化而建立的,所以只有客家人的读者。)

为不同语言群体的需要服务的机构偶尔彼此之间会有合作。如今在加尔各答有三所用普通话授课的华语学校,与社区的倾民族独立主义派别有紧密联系,该派别还掌控着海外华人协会。尽管两所学校的学生是客家人,另一所学校的学生是广东人,这些学校偶尔会聚集在一起庆祝如"双十节"(Double Ten Day)之类的节日,在这一天人们纪念"中华民国"的诞生。还有另外一所由天主教堂开办的华语学校,授课同样也是用普通话;尽管客家人占主导,学生们来自客家人和广东人两个社区。然而,我在之前一章指出过这些华语学校的重要性在减退;由于华人之间日益兴起的英语媒介教育,这些学校注册的学生人数也减少了。

因此,对于客家社区的大多数个人而言,主要的社会交往发生在语言群体范围之内。不同语言群体之间的联姻非常罕见,以至于广东人与客家人之间联姻的例子屈指可数。类似地,客家华人与印度人之间的联姻也几乎未曾发生过。在客家人主要的社交集会中,如婚礼,参与人员仅有几个不是客家人。毫无疑问的是,三个群体间的职业分化有助于维持社会分工。塔坝只有一家制革企业由一个广东家庭经营,有趣的是他们的儿子娶了客家女子,她和孩子们说客家话。

正如在第二章讨论过的,几位理论家尤其是劳伦斯·克利斯曼(1967)已经注意到了海外华人社区的各部分结构,指出尽管与外人进行交易时他们联合起来,但基于语言、出生地和姓氏他们日渐划分为各个次分支。就加尔各答华人的例子而言,他们的组织与此分裂性的结构略微有所不同。每个语言群体不是在语言、出生地和姓氏上进行分化,仅其中一个依据就可进行内部区分。

对于广东人社区而言，本地协会形成了主要的次分区，他们没有与姓氏群体会员身份相对应的组织。本地协会与广东移民来自广东省的不同地区相一致。

另一方面，湖北人仅有一个协会，即湖北人协会。他们缺乏内部分化，一个原因可能是其人数相对较少。此外，许多湖北人的职业是牙医，他们的住所布局在所有这些华人次群体中也最不集中。他们不仅居住于加尔各答的许多地区，还广泛分布在印度众多其他城市。因此，他们的协会对于这么一个相当分散的社区而言发挥了聚集地的作用。

客家人的组织

由于加尔各答的客家人均从广东梅县移居过来，所以出生地就不能构成他们之间区分的一个重要准则。而且他们人数众多，尽管许多客家人迁移到了印度的其他地区，制革区和鞋店区仍是客家华人的集中居住社区。因此，客家华人社区内部最重要的划分是基于姓氏群体。

通常加尔各答华人使用的姓氏超过 15 个。除了不常用的之外，每一个姓氏都与一个群体相关，群体内部会选举官员、筹集资金、调解会员间的纠纷、通过被选举的官员（几乎都是最年长的一代）进行社会管理，并且在主要的生活事件、节日和年度礼仪中承担一定的责任。例如，如果我的姓氏群体中有人即将结婚，至少我的直系家庭中会有一人参加婚礼。同样的，这也适用于葬礼、生日和乔迁之喜。此外，一些姓氏群体中的成员将在这样的场合自愿帮忙做需要完成的各种任务。

每一个姓氏群体自己的姓氏协会是有预算的。资金通过捐献、有偿贷款、出售制革化学药品及循环信贷协会（在第五章进行讨论）的运营进行筹集。这些姓氏协会遍布印度。也就是说，不考虑他们是否住在制革社区、加尔各答的其他地区或印度的其他城市，他们的会员包括所有属于同一姓氏群体的客家人。甚至已经移居海外但回到印度暂住的人也经常对他们的姓氏协会贡献一分力。

因此，有些募集的资金做宗教活动之用。例如，在春季和秋季祭祀祖先仪式之际，人们不仅来到祖先的坟上，而且姓氏群体也会聚集在其会员的坟前祭拜。更大、更富有的姓氏协会举行这些仪式时也给他们的会员办一场宴会。姓氏协会也会提供贷款，例如，他们借一小笔钱来帮助成员开始做生意或者当他们移居海外时给他们付机票费。

姓氏协会也行使社会管理的职能,其中许多都对经济活动有影响。在家庭纠纷的调解中,姓氏群体中年长者的调停经常非常关键。例如,当几兄弟划分财产时,通常是在姓氏群体代表在场的情况下最终形成。兄弟们不能达成友好协议时,这样的调停就变得尤其有意义(见第七章的讨论)。

姓氏群体代表进行调停的另一个领域是婚姻问题。在塔坝社区,如果男人虐待妻子,那么她就会把这件事情带到他的姓氏协会。会员们会轮流施压,威胁要孤立他——例如,禁止他参与重要的姓氏群体集会,或者拒绝参加他的集会。这样的社会孤立极难忍受,甚至通常用这样的策略来威胁冒犯者被拒绝参与重要的社会事件——如婚礼——会被看作是对整个家庭的侮辱。在社区中,社交集会中的客人数量对于爱说长道短的小工厂而言是重要的谈论素材,出席的人数少会使人在公众眼中失去面子和尊重。的确,孔先生在加拿大的女儿面临的问题之一是当她开始出现婚姻问题时,她没有像在加尔各答所期待的一样可以向权威机构求助。

姓氏群体的长辈不仅试图解决纠纷,他们还试着用更活跃的方式发挥社会控制力,避免个人违反他们所认为的已建立的社区规范。例如,他们会施压使想再婚的寡妇气馁,因为再婚至今仍不寻常。他们会提醒寡妇如果再婚,将放弃对儿子的抚养权及儿子以后对她的赡养。在我知道的至少一种情况是,姓氏群体的长辈与一位正和一个男子保持断断续续关系的寡妇明确表明她目前的行为进展比起与他结婚来更可取。再婚意味着公开地解散与她前夫姓氏群体的社会和经济关系,这样会把她排除在他们的社交庆祝活动和可能的经济帮助之外。深思熟虑之后,这名女子判定长辈们对她处境的评估是准确的。她决定不再婚,尽管这个社区比较保守,而且基本上不赞同婚外关系。她时常表明自己享受加入到丈夫的家庭活动,虽然她意识到目前自己成为议论的话题,但比起与丈夫的姓氏群体断绝关系,这样更可取,因为前者将更多地涉及在公众场合丢面子。

姓氏群体的领导们对其成员的活动感兴趣不仅因为这些活动能在很大程度上影响做这些事的人的声誉,而且反过来还能衬托出他们这些领导者。如果有人的行为方式不被长辈们赞同,那么人们会评论说这名冒犯者"刮掉了他们的胡子"(shave off their beard),换言之就是群体领导不能够对偏离正道的人施加影响,失去了尊严。

当然，通常发生的情况是姓氏群体领导不管偏离正道的事，从而避免接下来丢面子的事情发生。一个特别声名狼藉的例子是关于一名女子成功说服丈夫把年迈的婆婆送回中国，这位老太太的小儿子在中国居住。在这个案例中，媳妇的理由是通过摆脱婆婆，她能更容易地和丈夫孩子移居到美国。实际上，她把婆婆踢出了这所房子，也愚弄了丈夫。社区成员认为她的行为令人憎恶，她的形象也进一步降低，人们认为她婆婆的饮食和生活水平在中国会下降，这种变化对于任何人而言都会很难受，尤其对一名82岁的老太太来说。尽管这位丈夫的姓氏协会的长辈们讨论了这种情况，但这个家庭在印度继续生活的这几年间，他们最终什么也没做（即使符合移民美国的资格，大多数家庭还必须排上几年的队）。知道了这名女子的品格和她的家庭状况，也就了解到她最终离开社区必定与她忽视道德准则有关系，在这个案例中，姓氏长辈们得出结论说没有什么压力会打消她的积极性。因此，既然他们的努力无效，为什么要去担当丢面子的风险呢，而且还不可避免？

在一些情况中，姓氏群体已经尽到了最大努力时，制革区中大家还有另外一个选择；他们可以向两家制革协会中的一家寻求帮助。尽管有一些私人的事情，如婆婆和媳妇之间的争端通常都不在其范围之内，但当姓氏协会不能提出解决方法时，他们会调解兄弟间的财产纠纷。两家制革协会也处理制革老板与其印度员工间的协商问题。

但即使在此，也能感觉到姓氏协会的影响。最近刚成立的制革协会的领导属于一个特别强大且人数众多的姓氏群体，他的协会包括了几乎那个群体的所有人。他还出版了中文报纸，只有协会的成员才能订阅。同样的，与之竞争的姓氏群体有同样多的所有会员属于另一个制革协会（并阅读另一家报纸）。

在过去，两家制革协会及与之相连系的两大姓氏群体之间的竞争相当激烈。20世纪60年代，两大群体对于塔坝的华人学校的控制权有所争论。这些争论由于政治分化而加剧。最终取得控制权的群体是坚定的倾国民党和台湾派。[①] 另一竞争群体已经分化，组建了一个新制革协会和一家报纸，它更

[①] 对于大陆和台湾的态度出现的政治两极分化现象在全世界的海外华人社区中很普遍。针对美国唐人街的这种两极现象的描述，见伯纳德·王（Bernard Wong, 1982）。同时，大陆过去十年的改革和台湾新一代的逐渐掌权有助于缓解其意识形态之争的紧张程度，降低了两派拥护者的热情。

中立一些，尽管它并不认同大陆的政治趋势。长期以来，与这些制革协会相连的两大姓氏群体的成员很少联姻，他们也不在报纸上登与另一群体相关的家庭事件的公告。

然而，随着时间的流逝，20世纪60年代开始掌权的这一代社区领导人已经变老，这个时期的政治紧张程度开始缓和，这些分化已变得越来越不重要。报纸上仍然会登一些礼节性的活动通告，如姓氏群体的婚庆活动，但如今婚姻、友谊和经济合作已跨越了这两个之前对立的派别的界线。

姓氏和制革协会不仅在社会和经济生活之外为各个客家家庭提供组织性的规则，在减少非华人对其生活的干预方面也扮演着重要角色。广东人和湖北人的协会功能相同，三个次群体共有的一些机构也一样，例如，我在加尔各答的那段时间，几个经营一家广东木器公司的兄弟彼此之间打了很长时间的官司，诉讼费还不便宜。我交谈过的大部分客家人认为他们的行为极度愚蠢。大家对我说：所有的兄弟最终都会吵架，但为什么要让外人（在该情况中，指的是印度的法律体系）来插手？

毫无疑问，本章所讨论的组织机构在调解和影响大多数客家制革商的经济生活中发挥了重要的作用，但从家庭本身内部我们才能最好地理解客家企业的发展，并且正是家庭成员——过去、现在和未来——才是这场企业戏剧预料中的受益者。在接下来的几章中，我将更紧密地关注特定客家家庭的历史和地理分布。但首先，我必须考察支撑他们进行企业努力的思想意识，这是因为它比第一眼看上去要更复杂，其内部更具争议性。

婚礼前夜，朋友和亲戚在新郎家打麻将

第四章

盈、亏与命运：赌博行为与企业道德

    加尔各答的一位华人居民曾给我讲过一个故事："此前在国内的时候，乔潭明的母亲与陈国章的母亲原本是两姐妹。后来她们去了一个有小孩出售的集市。在集市，她们看到有个男人用竹竿前后各挑一个竹篮，每个竹篮里面各有一个小男孩。陈国章的母亲立马抓住了一个相貌好看的，所以乔的母亲就没有选择了。但此后当这两个小孩都长大成人之时，他们都移民去了印度，并且最终发达的却是那个看起来相貌平平而又体弱多病的男孩。"乔潭明就是这个故事中讲到的相貌平平却最终成功的那个人，他成为了塔坝成功、身份和美德的象征。他后来家财万贯，死后企业在两个儿子的管理下仍是当地制革社区规模最大的产业之一。

    甚至现在当人们谈论潭明如何获取财富时，他们总会提及他受欣赏的一些品质。据说他工作极其努力——用一句在塔坝经常引用的话就是，他"付出了心、汗和血。"此外，塔坝的居民赞扬潭明是值得信任和可靠的，他们常提到有一天，潭明冒着暴雨去还一位生皮商人的货款，他的守时、坚持让这位商人印象深刻，所以后来他总提供给潭明优质的原皮材料，给他一些条件优惠的信贷。在大家看来，潭明也很精明、有远见，他是第一个认识到某些机器价值的制革商，而这些机器现已在塔坝得到了广泛应用。

    潭明取得了许多财富为人们所钦佩，在于他保留了客家华人制革商最为盛行的价值观。毋庸置疑的是在他们社区，地位主要由财富所决定。其他一些个人的品格，如潭明的坚持不懈和聪明才智值得重视主要由于在企业的发展中发挥作用。同时，如果把潭明的努力解读为仅仅尝试获取个人地位，那就错了。在本章我的观点明确：客家制革商的企业目标也适用于更大的家庭策略，这种策略甚至会延续到后代。

本章中，我将分析制革社区的价值观，并把它们和印度国内其他非印度群体的价值观进行对比。尽管我关注客家制革商强大的企业道德精神，但也考察其局限性。与所有的群体相同，塔坝客家人的价值观和行为的范畴并非整齐划一。此外，企业道德本身也包含了相互矛盾的规则。最后一节，我从赌博这项流行活动的角度来看待这个问题，并试图解释赌博在表达和加强社区主流企业道德体系内部矛盾方面的复杂方式。

地位、财富和商业

与其他非印度的少数民族群体相对比，或许对于所有的印度华人来说，最令人吃惊的是这个种姓体系对其观念或组织结构发挥的影响之小。在印度，大多数非印度的少数民族群体很大程度上受到种姓体系的影响。例如，许多印度次大陆的部落群体已与周边的社区合并在一起成为各个种姓。他们试图通过模仿高级种姓的风俗，如禁吃牛肉来提升自己的地位，而不是拒绝印度的一些风俗习惯。他们这么做表明他们接受了种姓体系的各项基本前提〔斯利尼瓦斯（Srinivas），1966，第6页〕。此外，人们可能会认为印度的基督徒和穆斯林因其观念习俗产生的差异与种姓没有关系，可是在他们内部也有类似种姓的划分（杜蒙特，1970，第206~207页，第211页）。甚至从其他国家移民到印度的一些群体（例如帕尔西人和犹太人）逐渐在他们自己群体结构内部开始复制一些种姓要素。①

---

① 帕尔西人不仅采用了关于共生的种姓观念，也吸收了纯净和污染的印度观念。例如，1903年一名帕尔西的法官表示如果未首先"让他们放弃不洁的职业"，他反对帕尔西牧师准许低级种姓的印度人加入帕尔西社区〔费舍尔（Fischer），1973，第94页〕。

在印度犹太人的一些群体中，也存在类似种姓的模式（我在此用过去时是因为现在大多印度犹太人已移居到以色列和其他国家）。例如，南印度的喀拉拉邦（Kerala）的科钦（Cochin）犹太人内部划分与种姓分类相似，也禁止联姻〔曼德尔鲍姆（Mandelbaum），1939，第424页〕和进入对方的寺庙〔施特里左维（Strizower），1962，第112~113页〕。集中在孟买的犹太社区——以色列之子（Bene Israel）有可以进行同族通婚的次群体，有一个次群体被认为特别不洁，因为在他们当中共生和内部联姻都是禁止的（施特里左维，1962，第30页）。

尽管种姓体系有囊括一切的性质，但加尔各答没有一个华人次群体可以划入此处所描述的模式。他们明确拒绝种姓意识观念，赞同仅基于财富的地位体系。就在住进丽兰家不久的一天，我更清楚地理解了这个事实。那天她侄子带我去拜访并认识塔坝的一些家庭。回家的路上，他告诉我在一般的情况下他都不会和我们刚见过的家庭交谈。"或许他们是由于我父亲而认识我，"他说道，"因为我父亲在华语学校教了这么多年。但他们都是有钱人，今天和我说话是因为我带了你过来。"

尽管客家制革商在外人面前联合起来，且与印度中层相比几乎所有人都很富足，但他们内部仍有鲜明的财富差异。从社会角度而言，这些区分意义重大。一位社区成员用完全社会性的术语对我解释："我们没有种姓，你的血缘也关系不大，我们有等级，重要的是你赚多少钱。"依据财富的取得来作为地位的衡量标准确定优先重要的事在世界其他地方的海外华人社区并非不典型。

威廉·斯金纳（G. William Skinner）曾探讨过东南亚海外华人社区中财富的重要性，它既是领导才能的标准，也用来衡量地位（1968）。正如他所指出的，财富成为这些社区衡量地位的主要标准的一个原因是多数华人移居外国是为了改善自身的经济地位。"与犹太人不同，"斯金纳说，"华人出国明确的首要目的是赚钱，这不同于离散的犹太人，也异于把传统精英排挤出祖国的华人。因此，海外华人的地位差不多是财富的一个直接风向标。"（1968，第195页）

由于加尔各答华人社区的身份地位几乎仅建立在财富基础之上，而在种姓意识观念中一定的职业或社会群体只能从相对纯净和不净的角度来进行对比就毫无意义。没有任何的道理说社会地位能被继承，它也不依赖于个人目前的社会境况。（种姓意识从相对纯净和污染的角度给多数同族通婚的群体划分等级。此外，人们继承自身的种姓：无论一个人会怎么改变自己的生活状况，都不能改变种姓。）的确，从加尔各答华人的角度来看，任何工作只要是有利可图的收入来源，都是有价值的。然而在种姓观念意识中却把制革列为污染性的职业，只有某一特定的贱民种姓从事这项工作。可塔坝华人认为它这么赚钱，是一个好的行业。[①] 华人也相信制革远比白领的书案工作高

[①] 我在加尔各答皮革研究所（Leather Research Institute）进行采访时，有一个接受种姓体系前提的人对我阐明了加尔各答华人观念和地位的不同。这个机构的官员指出尽管（转下页注）

级，因为白领的工资仅为中等成功的制革企业所得的一小部分。

事实上，加尔各答客家人认为在任何可能的行业经营自己的生意是理想的经济活动，除非环境因素完全不可能，否则比工资性质的工作更上等。他们不仅认为做生意比挣工资的工作能获得更多收入，而且他们感觉自己做生意能更好地控制自己的生活。生意意味着家庭企业，这个观念如此根深蒂固以至于它很少被讨论。事实上，1982年塔坝的297家制革企业中只有两家的合伙人是无血缘关系的。

高度重视企业精神并把它作为一种生活方式是我了解到的最频繁、最详细的主题之一。例如，我的一个好友——周先生也是很配合调查的一个人，他总是对我为什么想回到美国教书感到困惑。一天，讨论做生意比挣工资的工作的优势时，他问我："如果你想创业，你会做什么？"

"嗯，借钱来投资，"我答道。

"这下你懂了，你做了这么久的研究，可对于做生意确切地要做些什么你还是知道的。"他耸耸肩，又说，"为别人工作你永远都做不好！"

的确，对于周先生而言，很难理解如果有选择为什么人们还要去工作而不去做生意。在他看来，工资固定而有限，而做生意却可以通过自身的努力使资源有可能呈指数增长。他最喜欢的谚语由四个四字的短语组成，指的是四种人：第一，害人害己（伤害自己和他人的人）；第二，害人利己（帮助自己伤害他人的人）；第三，利人害己（伤害自己帮助他人的人）；第四，利人利己（帮助自己也帮助他人的人）。① 周先生直接引用亚当·斯密（Adam Smith）和杰瑞米·边沁（Jeremy Bentham）的话，他进一步详细解释第四类的明显优势——那些帮助自己从而使他人受益的人。他补充说，这个快乐的结局通过自己做生意就能轻易达到。

（接上页注①）皮革技术研究所为恰尔玛这个传统以来与皮革工作相关的贱民种姓保留了一定比例的职位，并且在这样一个研究所完成一项工作意味着这是大型皮革厂家的高薪工作，但这个种姓中很少成员申请加入研究所。

恰尔玛人由于他们传统以来从事的污染性的行业，名声不好，那些要申请高等教育研究所职位的人不可能申请在他们遭受污名的领域供职。华人并未由于接受了研究所的培训就涉及制革领域。这些做法明确了对制革业进行评价的不同之处：在种姓体系中被认为是污染性的、名声不好的行业，在体系之外被看作是潜在的赢利性的职业。

① 在日常的汉语口语及书面语中使用这样的四字短语很普遍。它们用于许多不同的目的，包括问候、祝贺、命令或描述可识别的特征或状况。通常在翻译中会丧失这些表达的紧凑性和经济性。

偏好做生意这个推论建立在这样的假设之上：没有一个有聪明才智的人会在老板的光环下长久苦干。"你永远都不会有一个好领班，"一名工厂主告诉我，"如果他很不错的话，那么他就会自己创业。"

显而易见，对于周先生和塔坝社区的其他成员，这样的商业活动的一个目标是提高自己和家庭的物质生活水平。不仅追求更舒适的生活使得财富在塔坝令人向往，而且还有随之而来的地位、影响力及受到他人尊敬。

在客家社区，在很多方面能够感受到财富的重要性。谈到一个人或家庭时，通常是否很有钱或没有钱是第一个提到的话题。处于中间层次的人很少能引起讨论。富裕的人担任社区领导；比如说他们领导商业协会。此外，社区的社交生活主要围绕一些生活中重要仪式的典礼和庆祝活动展开，为有钱人提供了大量公开证实他们经济成功的机会。富裕的家庭比其他家庭举行更豪华、更大规模的婚礼和生日庆祝活动。举办之前及之后的几天，接待的酒桌数量（十人一桌）会成为镇上人们谈论的话题（通常超过50桌会引起人们更多议论）。同样的，与不那么富裕的人相比，更多人参加有钱人的葬礼，尽管本应决定谁参加这样集会的标准是恒定的。

的确，财富对于地位如此具有决定性，我得快速改变自己相对节俭和简单的研究生生活方式。例如，我刚搬到修丽兰家的时候，每天早晨常常走路去学校。丽兰和一些其他的熟人就一直督促我坐人力车或买自行车、小轮摩托车。令他们很欣慰的是，我最终买了一辆自行车，他们担心因为我步行去学校，人们会认为我没钱，别人就会瞧不起我。之后，我父母来加尔各答看我，丽兰一直提醒我要让大家知道他们住在加尔各答最好的旅馆。

强调财富并未排除为社区中的家庭或个人获得地位的其他特征（见下一节的讨论）。它也不意味着有钱人就能在各个场合真正受到尊重。例如，如果社区成员认为有人通过欺骗或一些其他不公正的方式获得财富，那么他们会在背后称其为"奸贼"；但一个不富裕的人却能忠诚地为家庭工作，也能获得一定程度的尊重。然而，没人否认取得财富这个最终目标的重要性。许多其他的品格同样受到重视，它们在促使家庭走向富足的过程中发挥着不同的作用。

企业家的理想品质

在向富足努力的过程中，最受尊敬的品质是勤奋、坚持和刻苦。社区中有许多成功人士的故事，他们雇佣了大量劳工。许多人被问到各自的过去时，喜欢引用格言"刻苦耐劳"。① 塔坝制革商引以为傲的不仅是他们花在工作上的时间，还有他们乐意也能够完成许多人认为不愉悦的任务。他们解释说尽管雇佣了印度工人，他们自己也毫不犹豫地在工厂做一些累人的工作。制革厂的建筑设计促使他们参与到艰苦的工厂劳动中。几乎没有制革厂有正规的办公室。多数华人制革商不是穿着职业装远远地监督，而是通常穿着宽松的长裤、破旧的T恤和印度员工一起投入到工作中。的确，塔坝客家人喜欢讲一些海外买家产生惊奇反应的故事，因为他们总是混淆制革厂主和制革工人。

除了努力工作外，节俭也极受推崇。节约资源也经常用来作为一个人事业成功的理由。人们会说有些家庭这些年来破产的原因是接连几代人的浪费行为。与重视节约密切相关的是强调能够做好计划，有智慧地利用资源。实际上，在除夕之夜人们喜欢在火炉上悬挂三种蔬菜，它们与智慧、勤奋和制订好计划的能力谐音（葱菜、圈菜和酸菜）。

然而，强调聪明才智也意味着限制了节约和高强度的体力活这两者的重要性。许多人对我解释说最终的目标是有足够的钱，可以毫无顾忌地花。一位朋友评论我搭拥挤的班车而不打的的习惯时指出尽管我的节约令人钦佩，倘若我能琢磨出赚更多钱的方法，那生活就能更富裕了。

当工厂主们更富裕，能从外面雇佣更多的劳工时，他们也想退出高强度的体力劳动。这样一来，塔坝的制革商与台湾的农民和小企业家相似。例如，当斯蒂文·哈瑞尔（Stevan Harrell）问台湾犁头村的居民什么是"好命"时，他们几乎都这么回答，"有很多钱，不用干体力活"（1985，第209页）。正如贾斯汀·尼霍夫（Justin Niehoff）所发现的，台湾的家庭制造企业的目标是"到达这样的程度——雇佣的劳力能补充并最终替代家庭成员

---

① 这个短语有一个更字面化、不那么优雅的翻译是"努力工作、忍受辛苦。""刻苦"也经常被翻译为"忍耐艰辛。"但这个英语单词"endure"有些消极，中文词"刻苦"暗示的不是仅仅忍受什么事情，而是真正地努力工作。同样的，"耐"通常暗示耐心。因此，一个人不仅要努力工作，还要忍受在没有抱怨的条件下努力工作。

的劳动力"(1987,第279页)。

最后两个品格是老实和可靠,这两者也被认为能促进生意兴隆。与节约和强调高强度的体力活不同,一旦取得了成功,这些品格就不被认为是不可或缺的。如果不能向社区成员证实自己可信任,那很可能你永远都不能从他们那里获得贷款和经济帮助。如果没有向供货商和买家展示这些品格,他们会终止与你做生意。在讨论生意成功所需的重要品格时,经常会讲到乔潭明冒着暴风雨付款给供货商的故事。

因此,许多最后自己开始做制革生意并建了自己的制革厂的人强调为取得商业成功,拥有良好的私人关系和可信任的名声的重要性。这样的强调并非仅针对加尔各答的华人。的确,在许多关于海外华人生意的文献资料中都有这方面的讨论。例如,唐纳德·德格楼普(Donald DeGlopper)在其对一个台湾小镇商业活动的考察中从多方面讨论信任的重要性(1972,第315页)。

与爱德华·瑞恩在20世纪60年代早期研究的爪哇华人相似的是,"一种特别有价值的品格综合了正直、聪慧、勇气和技能"〔奥尔森(Olsen),1972,第262页〕。虽然如此,倘若尽到了一切努力,最终的结果仍是失败,那么拥有所有这些最有价值的企业特性——勤奋、聪慧、可靠和节约,反倒不太可能受到大家的称赞。在极其糟糕的情况中,人们会暗示说过去的一些不良行为是现今运气不好的原因。比如说,一个人早些年虐待小孩、兄弟姐妹或配偶,那他现在的艰辛就是之前轻率行为的报应。这从人们谈论一个家境相对一般的人的方式上可以得到解释。好几年前他的未婚妻由于车祸残疾,他撕毁了婚约,随后与另一名女子结婚。讲到他没能成功的原因时通常都会提到这种相当没有同情心的处理方式。难道抛弃未婚妻不是完全不公正的行为吗?他现在不利的处境不正是如此恶劣的行为所应带来的命运吗?

宗教和企业观

良好的行为和明智的投资对于一个人的未来有重要的影响这个观念甚至可以延续到后代的仪式习俗和观念中。

加尔各答的客家华人的礼仪生活从两方面重申了经济成功和繁荣的重要性。首先,金钱和物品所象征的意义对于表达神灵、已逝的灵魂和人类的关系极具决定性。其次,仪式的奢华被认为是参与人员目前生活繁荣与否的一个指标。因此,就像唐纳德·诺尼尼(Donald Nonini,1979)所研究的马来西亚小镇做生意的华人一样,加尔各答华人既为将来的富足投资,又通过宗教习俗展现目前的成功。

利用金钱的象征意义并非是塔坝华人独有的。在中国大众的宗教中,金钱和金钱关系的隐喻是一个很普遍的概念,尤其是在灵魂及投胎关系的表述上。在佛教传入中国之后,人们相信死后一个人的灵魂会附着在另一个人身上,这个信仰已经灌输到了大众的宗教思想中。但在中国的佛教变体中,转世的信仰呈现出了令人吃惊的金钱表述——仅有灵魂不会投胎,需要资金才能做到。

希尔·盖茨(Hill Gates)考察了中国大众宗教中金钱隐喻的灌输。在她进行田野调查的台北某一街区,被调查者解释说在投胎途中的灵魂从上天的宝藏中借了一大笔钱。这些钱"用来购买投胎的肉身,剩余的用来支付个人特别命运的费用,而命运在出生之前就会决定。一些付出一大笔钱的人将得到财富、高地位和生命中的其他恩惠,而那些给得少的人必定过着相对窘迫的生活"(1987,第268页)。

结果,人们一生中不断尝试付清这些债务。给神灵烧纸钱就是方法之一,甚至他死后,亲戚也会烧大量的冥币,这正如盖茨所解释的那样,人们需要"付清账……如果要让灵魂没有负担地进入一个新的而且可能更有福气的肉身中"(1987,第268页)。

在塔坝,这样的金钱象征论在宗教生活中很普遍。投胎的整个过程用相当具体的术语进行概念化:一次偶然的天堂之旅需要大量的金钱和物品。事实上,通常现代生活中的衣着饰品会突出地展现出来,既有一些用来烧给已故先人的纸质复制品,也有关于神冥世界的描述。

"设想你现在住在印度,但死后你的来世变成了非洲人,"一天我的第一位女房东对我解释。"那你怎么去非洲呢?坐船?最好的方式就是坐飞机,但那样机票就很贵了,你需要钱。"

明智地做决定和仔细地做计划的企业观也蕴含在与天堂生活相关的故事中。例如,许多人强调说付清原来的债务还不够;通过明智的投资和聪慧的远见来建立信用更好。有几个人对我说,如果在有生之年拿出了足够的冥币当祭品,那他就能够偿还现世投胎的债务,还能开始为下一轮回积累资金。

第四章 | 盈、亏与命运：赌博行为与企业道德

一家遭劫的制革厂烧纸制的保险箱来祭神。据说这样的祭品将为他们在天堂建立信用，甚至还可能有助于他们在今生预防此后的金融危机

在此我应该指出：在塔坝，也真正地在所有加尔各答华人中，我们称之为大众华人宗教的事物是一整套受到佛教、道教和儒家价值观及象征意义的仪式活动，它是占主导地位的精神导向形式。但塔坝的华人并不认为宗教导向或确认是排外性的事情。例如，许多青年人把自己看成是基督徒的目的是为了能进入一所传教式的英语媒介学校，人们认为这些学校质量高，而且华人也相信基督徒更容易进入这些学校。事实上，有时社区成员对于印度人社会身份的宗教取向发表毁谤性的言论，说他们不能理解为什么宗教身份的不同竟会激起敌意，甚至暴乱。在塔坝，某一个特定家庭的每位成员描述自己的宗教身份都不同——一些把自己看成是清教徒，一些是天主教徒，还有其他一些是佛教徒。

尽管如此，出于实际目的华人皈依基督教主要是为了能进入到某些学校，在塔坝只有少数几个人在基督教堂结婚，也从未进行过基督教式的葬礼。

的确，在华人大众宗教中不常见的宗教形象通常与我所描述的金钱和物质的祭品所供奉的神灵混在一起。例如，在一个祭拜印度教女神卡莉（Kali）——加尔各答的保护神的孟加拉节日期间，我认识的一位年纪稍长的华人妇女用大头针钉了一幅卡莉的画放在供奉中国神灵的祭坛上。然后她接着烧纸钱、放鞭炮来祭拜卡莉。这样的做法让她家里的年轻人突然大笑起来，因为按照传统印度教徒都是用水果和鲜花来祭拜神灵。

当然，塔坝居民也发现很难想象没有舒适的现代消费品和地位象征品的精神生活。我见过的最难忘的供品是一个与实物相同大小的立体菲亚特汽车的纸质复制品，它有着明亮的玻璃纸窗户和一位纸质司机在驾驶汽车，这些也是立体的且和实物大小相同。车内整齐地堆着一沓沓的纸钱——用来付司机的工资和油费。

这样精致的设计是为一位在制革业较成功的老年男士葬礼所用。他的两个儿子继承了他的产业，五个女儿都已嫁入富裕的家庭，他们在父亲去世之后的前七个星期每周都举办仪式。这段时期（终游）包含了一个人从死亡到灵魂投胎到另一肉体的时间。在此期间，灵魂还在漫游，人们都希望灵魂能投胎到可能最高等的形体中，所以这段时期人们会供奉大量祭品。该家庭在此过程的第四个星期举办了一场特别讲究的典礼，邀请佛教牧师来制革厂做法事，法事的最后一项就是烧掉菲亚特和所有其他的供品来祭拜他们的父亲。

第四章│盈、亏与命运：赌博行为与企业道德

一个与实物相同大小的纸制的立体菲亚特汽车内有一名司机和付给他的纸钱，这是给一位最近去世的亲戚在其葬礼几周后的祭品

邻居们都注意到了这个家庭举办的活动。此后的好几天人们谈论这辆纸车、典礼，最重要的是整个过程的花费。的确，这样的事件阐明了社区仪式生活强调和支持建立在财富基础之上的地位体系的风俗。塔坝的仪式生活是公开表明一个家庭经济富足的重要舞台。委托技工做一个精致的纸质供品如菲亚特汽车，花费不菲。但塔坝居民通常无奈一笑，公开表明说这是"竞争"的全部。

对于一名愤世嫉俗的西方外来者而言，这样公开的承认似乎否认了做事者的诚意，甚至贬低了典礼的意义。但对于塔坝居民，这样精致的展演不仅未遭到反对而且还被认为完全有必要。以葬礼为例，重要的是典礼的确是表示对已逝老人的尊敬。人们会认为小型、花费少的典礼是对老者的不孝顺和不尊敬。我所描述的庆典是怀念一位最近去世的父亲，它的奢华与孝顺这个文化需求完美呼应。它创造了一个"双赢"的情境，其中的展示个人财富还有随后确认自己富足家庭的地位都是适当的社会行为，其标准是对老人的孝顺和尊敬。

积累财富本身被看成是孝顺的行为，它让一个人不仅在今生能照顾父母,而且能保证他们来世生活富足。只要做事者的行为适应他们的社会角色,那么他们的意图在类似的情况中都不重要,在此情况中就是对父母尽孝。正如苏拉米斯·海因茨·波特(Sulamith Heins Potter)在最近对于中国文化环境下的情感进行的考察中表明,只要一个人的行为方式适合关系的发展,而且这样的行为是做事情而非简单表达情感,那么情绪的实际内容尽管对于个人很重要,但在社会上并非意义重大。一名华人村民告诉她,"我们中国人在工作中展示对彼此的情感,而不是用语言"(波特,1988,第205页)。波特继续推断,"华人不断把注意力放到工作和工作的回报中。但谈到工作,他们用知道的最基本的术语来谈及社会关联和关系的肯定"(1988,第206页)。

从这个角度来看,在塔坝,企业观、家庭观和宗教观互相巩固。蕴藏在企业道德观中的努力工作、节约和仔细计划也是今生和来世履行对家人责任的途径。来世不仅用金钱隐喻来理解,而且它的实质迫使人们今生追求富足,以此为自己和直系祖先创造更好的转世和来生。最后,所有这些当中重要的是一个人做了什么,而不仅仅是他的感觉。的确,正是谈到劳动和牺牲或缺乏这些品质时,家庭成员彼此之间的关系才最富有情感地传达出来。

例如,在我采访期间,常常有富裕的中年制革厂主饱含热泪地描述母亲为了他们做出牺牲。母亲卖掉自己结婚时的珠宝,或者做一些食物和酒再拿去卖,就是为了儿子能上学或创业,这都是在类似的故事中频繁提到的主题。同样的,我听过的一名成员描述的最痛苦的有这么一件事,他的一个兄弟没有付母亲葬礼的那份开销,这就危及了其他兄弟适当地在葬礼上展示孝顺的能力。

波特通过提及美国张贴在汽车保险杠上的小标语"今天你拥抱孩子了吗?"(1988,第182页)来对中国人的态度和美国人进行对比。当然,从塔坝华人的观点来看,这么问合适得多,"你为家人做了什么来确保他们今生和来世生活富足?"

赌博和企业道德

尽管强调努力工作和明智投资,但在塔坝有多种赌博形式,最流行的是麻将。赌博者出现在婚礼、生日、朋友和家庭聚会上、印度教节日工人休假期间,甚至罢工时期。在这些场合看到紧张的赌博者,听到麻将牌碰撞的清脆声是司空见惯的事,他们毫不迟疑地出牌,当赌注提高时他们能坐上好几个小时。不仅玩麻将,而且还玩牌类游戏、彩票、去加尔各答参加赛马,并对几乎任何体育赛事的结果下赌注决出赢家人选。

赌注的金额并不小。有一个下午游戏特别激烈,成千上万的卢比摆满了整个桌子。这个分布广泛的活动和对于多种赌博形式的接受如何能与具备本章所描述的习俗和态度的社区相符?要回答这个问题,我必须首先描述赌博发生的社会环境。

首先而且最重要的是,赌博是大型庆典的主要活动,它标志着个人、家庭地位和角色的变化。例如,婚礼当晚有一整夜的麻将,在婚庆前一天及后一天还会继续。在此环境中,赌博主要是男人的活动,应注意的是他们和同代的人一起玩。新郎的男性朋友和家人聚在新郎家赌博,输光了一大笔钱,而这些钱在其他时候会被明智地进行投资和小心节约地使用。类似的场景也会发生在庆祝乔迁之喜和老人做寿期间——这些场合会邀请几百位客人,大规模地展示主人的好客。的确,在这些场合进行的赌博活动只是大氛围下不可或缺的一部分,展示而非保留财富是当天暂时性的规则。所有这些事件之前和之后都会有一天一夜的赌博活动,主要是打麻将。

但是人们也不必等到重要庆典时才赌博。家里的赌博,包括打麻将和打牌,是常见的活动。在此情况下女人和男人一样活跃。与男性一样,女性也喜欢和同龄人赌博。"妇女会(sisterhood)",由年龄相仿的 5~10 名女子组成,她们在神灵面前结为姐妹关系,常常一起赌博。例如,一群女子自称为"十姐妹",她们午餐聚会之前和之后都会玩几小时的麻将和牌。当然,男人也会在家赌博,但没有女人那么频繁。这也有两个例外:一是制革厂工人罢工时,似乎大家都打麻将来消磨时间;二是春节的那个星期。

在庆贺春节的一个星期,家里的男男女女在一起赌博而不是与同辈和同性别的人。但在这个星期,对金钱的控制和放任是并存的。新年当天禁止赌博,只能吃素食(吃素被认为能使人净化,许多人这天都会去当地一座客家社区建造的佛教寺庙)。另一方面,除夕之夜及初二、初四和初六这些天允许赌博,也可以吃肉。

新年期间可以赌博,但限制在特定的日子,这一点有助于解释它如何能在一个通常强调对钱持再生态度的社区存在。与庆祝新年一起，赌博通常发生在有规则和受约束的场景中——这不仅是从时间和空间的角度而言，还涉及玩伴。

赌博受到社会场景的约束局限与我们定义的强制性的或不受控制的赌博之间的区别类似于华人在其他场合对酒的消费。正如斯蒂文·哈瑞尔在一篇关于台湾乡村饮酒的文章中指出，酒可以被大量消费，如果其消费局限于某些特定的社会场合就没有问题。他陈述说，"饮酒本身不是问题，但错误地饮酒就是问题了"（1981，第50页）。

毫无疑问，如果赌博过度或它从这些特定的社会场合进入到生活的其他领域，加尔各答华人会对这种行为进行谴责。比如说赌博成瘾的人被看成是最不令人满意的结婚对象，通常暗指一个人懒惰会说他打麻将消遣时间。一位成功的企业家极少会被说成爱好赌博，而总能在失败的企业家身上发现赌博的不良嗜好。

尽管那些赌博的人永远都无法获得净利润，而能有所控制的人当然能够做到。控制赌博本身就是一种企业精神，加尔各答华人不会忽视这样的机会。从彩票（许多都是小规模的，由几名家庭成员作为股东进行操作）中获得的利润能为家庭增加一笔不小的收入。[①]

但像麻将这样的游戏提供了社交的场所，彩票对于那些操作的人有利可图，相比而言赌博意义更重大。赌博可以被理解为生活的一部分，相对于个人的控制及权力，更多地和命运的概念联系在一起。

尽管塔坝华人明确赞同这个观念：通过良好的行为和明智的投资，人们能够对未来甚至来世发挥相当大的影响。但他们也在自己的世界观中留有余地，承认即使有时付出了最大的努力也会导致失败。因此，一个人已经做了所有对的事情——努力工作、明智投资、节约用钱及行为恰当——也仍不能成功。在这样的情况下，个人所处的环境可以仅仅解释为糟糕"命运"的结果。

斯蒂文·哈瑞尔已经分析了利用命运这个概念来解释商业上的失败的情况，他注意到中国民间观念中经常会用到"事后合理化，这是其他人失败

[①] 赌博本身就是做生意这一点不仅在加尔各答华人中的例子中有相关性。例如，在对非洲裔美国人社区的数字赌博的研究中，伊万·莱特（Ivan Light, 1977）发现数字赌博银行不仅是收入的来源，也是储蓄的工具。

第四章 | 盈、亏与命运：赌博行为与企业道德

时的一个涵盖面很广的解释，也用来承认即使品行最端正和最勤奋的人也不一定就能保证他们生活上的成功"（1987，第101页）。

因此，显而易见，塔坝的客家人在其企业观中还留有余地，他们承认即使是付出了最大的努力也会失败，完全控制结果是不可能的，并且在赌博中，技能和努力工作没有在做生意中那么具有决定性。如果命运会破坏一个人在企业中付出的最大努力，那么有高超技巧的玩麻将者更有可能在一个高赌注的下午场结束时被清扫出局。

的确，塔坝华人通常用赌博来证实命运和商业成功之间的关系。奚台国是社区最富有的人之一，他曾给我讲述了他的一些人生故事。台国最后建了塔坝最大的企业之一，它是一家拥有150名员工的大型出口企业。但尽管从父亲手中继承了一家制革厂，他仍然经历了一段长期的失败才获得现今的成功。由于无法继续维持生意，他不得不租出制革厂，然后每天靠参加赛马和打麻将获得收入——这简直不是吃苦耐劳和战胜逆境的故事！

尽管如此，台国告诉我肯定有什么东西是对的。因为那年他打麻将的运气相当好，几乎每次玩都能赢钱；甚至参加赛马逗留的那几天也给他带来了商业上的转机，因为他和一个在国家贸易公司（State Trading Corporation）工作的旁遮普人成了朋友，这个人告诉他手套的皮革制作是出口的热点。由于这趟出行，台国有能力借钱并再开始创业，他所创办的企业最终取得了成功，这份成功超乎了当时自己的想象。

虽然台国的故事也包括了突然性的努力工作和学习，但毫无疑问的是他相信运气在自己的成功中是一个重要因素，他描述赌博中的运气是商业运气的前兆。因此，生意上的命运就像在赌博中的一样在人们的最终控制之外。商业上的成功可以解释为努力工作和良好行为的结合，还需有一点运气；赌博中风险的因素不能排除。

冒险对于取得收获的必要性，以及赌博再次制造的危险和利润之间紧张关系的方式，在我与朋友周先生关于赌博的讨论中明显地展示了出来。"人们为什么赌博？"我问。周先生耸耸肩回答，"他们只是赌博；没有原因。"但他又补充了对赌博者性格的一个重要评价。"你认为他们不聪明吗？"他反问道。"不，正是聪明人才会赌博。笨人会采取什么行动吗？不，他们不会！"

"但难道赌博不危险吗？"我坚持着。

"那是运气。"周先生继续说。"什么是运气？只有先做事情才会获得运

气。你不知道自己是否有运气直到你去做了。这就像做生意。"

"但做生意也需要技巧，"我进一步说。

"这与赌博是一回事，"周先生坚持着。"是技巧与运气的问题；他们是一样的。"

当然，即使赌博是生活的一部分，它允许放任并承认结果中命运的作用，但当经济资源受到威胁时，人们通常被告诫不要参加赌博活动。多数人都期待能把赌博限定——而且成功地限定——在特定的时间和地点。此外，强迫性的赌博者，即遭受重大损失之后还不能戒赌的人，将会受到严厉的批评。赌博是"游戏"这个事实使其与商业活动相区别。

周先生在我们关于赌博的对话中表述商业和赌博都涉及运气和技巧。但他很快补充说，"你必须做生意才能生活。做生意非常关键。你不能依靠赌博，但得靠生意。"

的确，当加尔各答华人移居到北美城市如多伦多时，他们很快就改掉了赌博的习惯适应新的金融环境。在多伦多，多数加尔各答华人的工作是流水线工人。他们在重要的庆典上仍然会赌博，但赌注急剧下降。在印度，麻将桌上最低的面额是100卢比的纸币（相当于10美元，但在印度麻将桌上的纸币面额比得上100美元）。在多伦多穷困的环境中，加尔各答华人下的赌注为1美元甚至更小的面额。

最后，记住这一点很重要：即使节约和明智投资被看好，它们本身不是价值观而是用来改善家庭包括祖先和子孙后代在内的工具。那就是为什么人们认为积累匮乏的资金远比不上拥有足够的钱来花费，包括在赌博桌上能花的钱。

从加尔各答华人制革商的角度来看，赌博和经营企业都是与命运相关的活动。那些知道如何最大限度地减少损失并增加收入的人才能在两个领域都取得成功。但我在下一节将解释，收获在这两个领域不能以同样的方式来定义。

广义上的加尔各答华人赌博

之前的讨论已经明确表达了这个观点：加尔各答华人对经济合理性的信赖远不完全，他们认为赌博复制了目的性和命运之间复杂的相互作用，并塑造了它们影响经济结果的能力。我已经表明了赌博不同于经营企业之处主要在于牵制程度。当赌博冲破了惯常受限的范围、不受限制时，它代表的就不是命运与控制之间的相互关系而是完全的失败和无纪律。因此，经济上无产出或者财富减少的人通常被描述为强迫性的赌博者。

爱德华·德弗罗（Edward Devereux）在20世纪40年代后期写了一篇未发表的关于美国赌博的博士论文，他的作品与此有所关联。德弗罗指出资本主义充满了矛盾的价值观，比如，"节俭对消费"和"审慎对冒险"〔道恩斯等（Downes et al），1976，第23页〕。德弗罗声称赌博在社会上和空间上都受到隔离，那么浪费和冒险会受到谴责而没有明确地暗示整个经济体系的批评（道恩斯等，1976，第24页）。然而德弗罗的作品并没有解释为什么赌博会迎合企业家们的爱好。的确，这样会引导人们得出结论：赌博是既受到谴责，空间上又被隔离的活动，那些主要参加资本主义运作活动的人不会参加。实际上，德弗罗感到赌博在那些不受"中产阶级生活"限制束缚的人之间更普遍（道恩斯等，1976，第27页）。

这样的结论非常符合唐纳德·诺尼尼的调查数据，他研究了马来西亚的伯甘特步小镇（Pekan Tebu）华人的赌博情况。诺尼尼发现该镇的工薪阶层华人更偏好匿名式的赌博，他坚称彩票颇受这个群体的欢迎，因为"在邻居和熟人都贫穷的社区，其他形式的赌博对现有的社会关系造成了威胁：一个人的成功暗示了另一个人的损失，减少了资源匮乏的基础并危及人们之间的互动"，但彩票"不在本社区操作，因此没有威胁到其社会和道德根基"（1979，第705页）。

令人奇怪的是，与加尔各答华人商人不同，诺尼尼研究的马来西亚小镇的华商阶层很少打麻将，只会偶尔买彩票。诺尼尼通过考察企业观，解释了这个镇上的工薪阶层的买彩票者和不赌博的商人阶层之间的区别。诺尼尼解释说马来西亚的华人商人害怕赌博是因为他们认为资本必须循环，担心通过赌博会失去资本及贷款信用（1979，第706页）。然而，同一个镇的华人工薪阶层居民认为股票是他们唯一可能赚取额外收入的方式。

诺尼尼然后指出工薪阶层和商人阶层的华人对赌博不同的态度在宗教仪式上有所体现。工薪阶层华人通过精神的方式要求神帮助投中彩票号码。但这些仅仅是请求，不会有任何的供品，是强制神做出答复。另一方面，商人参加"引人注目的公开的"典礼来纪念神；"通过物质上的供奉和祭祀，这些人，所有或绝大多数商人把神摆在一个施予他们恩惠的位置"（1979，第708页）。华人商人认为与在麻将桌或彩票上失去的钱不同，花在这样公共仪式上的资金会产生更大的回报，不会有浪费。的确，诺尼尼调查的一名工薪阶层人士说"华人商人相信自己甚至能贿赂神"（1979，第708页）。

诺尼尼把赌博、宗教信仰和企业价值观联系起来，他的研究与我做的有很大关联。但与诺尼尼研究的小镇反对赌博的商人不同，加尔各答华人企业家赌博成癖。怎么解释这种不同呢？

一个答案是这两种相异的例子中偏好的赌博种类不同。诺尼尼案例中的工薪阶层华人赌博者偏好彩票正是由于其匿名性，因为赢并不直接暗示同一社区另一成员会输，进而危及社会关系的互动。

另一方面，尽管彩票存在于加尔各答华人社区，麻将是目前为止最主流的赌博形式。徐诚斌（Francis Hsu）所做的观察报告与此相关。在对美国和中国文化进行对比中，徐问在中国文化的情境下赌博和经营企业是否有关联。但有趣的是，徐拒绝有联系的这个见解，他说，美国人"从体育到总统选举几乎任何事情都会打赌，而中国人则更喜欢熟悉的、明确限定的场合如麻将……美国人赌博通常都是个人去想、参加……而且，美国有组织性的赌博高度非私人化，在陌生人之间开展，也没有设备"（1981，第317页）。徐继续对中国和美国的赌博进行对比，"中国的赌博游戏无一例外地都有一定的工具；参与者也都坐在特定的位置，彼此了解并有规律性地碰面"（1981，第317页）。

徐总结说中国人赌博玩的是一些技巧性的游戏而美国人在体育赛事和其他自己无法控制的事情上下赌注，因此中国式的赌博更具"竞争性"，此外，中国人通常和认识的人玩，因此比美国式的赌博更具社交性，从而涉及与面子相关的事情。

令人遗憾的是，徐所做的区分并不能运用到所有的中国情境中。他们与华人社区中众多流行的赌博形式并不相关。① 例如，赌马、掷骰子和彩票在当代中国环境中都很受欢迎，也是匿名性的，比起大家围成一桌玩的游戏如麻将也不那么具有"竞争性"。另一方面，由于加尔各答华人之间最普遍的赌博形式在熟人、朋友和亲戚之间展开，所以徐的观察报告可以有效地运用于对加尔各答华人赌博的分析中。因此，就像徐所描绘的最具中国特色的赌博形式一样，从一个人的社会关系、声誉和面子角度而言，它也的确会产生

---

① 更多进一步的细节详见从历史和不同海外社区的角度对华人社区赌博多样性的讨论（巴苏，1991a）。

一些后果。

但接着还有一个问题：为什么这些企业家偏好这种更具竞争性、非匿名的赌博形式？请记住：该社区的社会地位几乎直接由财富决定。在这种环境下只要高赌注的赌博仍在控制之内没有影响到人们赚钱的能力，仍可以表明一个人的成功，展示有足够的钱，即使输掉了大笔的钱也不会有明显的影响。例如，周先生经常声称与富人赌博能增加赢的机会，因为富人们对钱并不非常谨慎。

当然，社区成员描述打麻将的场景时，并非是小额的单调交易，而是一遍又一遍的大笔的赢与输。例如，当我问到周先生关于赌博的事时，他立即开始叙述过年期间与社区三个最富有的企业家赌博的情况。"我们都以2万卢比（大约100美元）开局，还有另外2万卢比备用，"他说道。当我做出不相信的回复时，他表示在庆贺新年期间的社区活动中，这些数量并不极端，他坚称新年假日期间许多人的输赢能达到"10万"（one lakh）卢比。①

因此，可以不计较损失地公开展示财富是麻将吸引加尔各答华人企业家的特点之一。这与诺尼尼研究的工薪阶层华人赌博者的动机完全不同，他们的输赢数额很小。诺尼尼表述道，"伯甘特步小镇的工薪阶层赌博……如此频繁，充满热情，因为只有通过赢得彩票这样的魔法他们才能够积累资本"（1979，第705页）。加尔各答的华人企业家与许多其他海外华人企业社区一样，利用一系列策略来收集金融资本——包括循环信贷协会和从其他社区成员处借贷。因此，如果赌博为他们呈现了任何积累"资本"的真正可能性，这样的收获应当被认为是"符号资本"（见布迪厄，1977）的范围而非物质资产。②

但我们也必须记住这样的符号收获与真正的经济权力有着本质上和基本的联系。正如布迪厄在《区隔》（*Distinction*）一书中所提醒的，"经济权力首先而且最重要的是把经济的必要性控制在可及的范围之内。那就是为什么它广泛宣称自己破坏财富、显著的消费、挥霍和任何形式的无端奢侈"（1984，第55页）。

然而，把赌博描述成显著消费的反向形式不能完全解释其对加尔各答华

---

① 计量单位 one lakh 相当于数量10万，在印度很常用。
② 布迪厄表明，我们必须在分析中"拓展经济估算到所有的货物，不区分物质和符号，使他们呈现为稀有的并在特定的社会构造中值得去寻求——这可能会是'公正的词汇'或微笑、握手或耸肩、恭维或注意、挑战或侮辱、尊敬或荣誉、权力或快乐，等等。"（1977，第178页）。

人的吸引力。为什么是这种特定的消费形式而不是其他的？为什么尤其被赌博所吸引？我们应当记住与布迪厄描述的法国资本家的许多部分不同，加尔各答华人的财富不是基于接受教育学到技能，也没有足够的财富传给下几代。作为贱民企业社区，加尔各答华人仅通过企业活动在一些有限的范围谋生。他们的好运也依赖于在自己家庭公司连续工作，在本章之前也注意到了，他们的核心民族精神强调商业成功和赢利的态度。因此，赌博对于他们而言不仅仅是一种显著消费的形式，它也制定了真实企业活动的主要圈套和风险。要确切地理解这是如何发生的，我们需要转到欧文·高夫曼（Erving Goffman，宾夕法尼亚州立大学教授——译者注）称之为"决定性的行动"（fateful action）的观点。

尽管高夫曼对于社会活动的分析直指西方工业社会，且通常不会认为这对于汉学家有多大的用处，但令人吃惊的是他们与此情况相关。在高夫曼看来，决定性的行动有三个特征。首先，它是"有问题的"（1967，第164页），也就是说，它指的是那些"未决定但即将发生的"活动（1967，第152页）。通过这一点，高夫曼的意思是如果结果在行动期内决定，那么行动是有问题的。当然，许多有问题的行动也会有长期的多年之后实现的结果。但只有长期结果的行动在此定义中没有问题。除了有问题之外，决定性的行动必须"有结果"。对高夫曼而言，这意味着这样的行动必须"扩展到接下来的生活并产生效果"（1967，第162页）。最后，用高夫曼的话来说，行动必须"由于其自身的缘故来进行"（1967，第185页）。高夫曼说，"决定性的行动……从社会意义上定义为个人在无义务继续追求的情况下的活动……没有外来的因素会强迫他首先面对命运；没有外来的目的为其继续参加提供权宜之计的理由"（1967，第185页）。

无疑赌博就在高夫曼构建的决定性的行动的模式之下。的确，根据高夫曼，"赌博是行动的原型"（1967，第186页），因为它是"一种赞美自主的活动"（1967，第214页）。另一方面，谋生在此模式下并未使其具有行动的资格。尽管它确实能引发重要后果，它也并非"有问题"。活动的结果几年甚至几十年都不明显。另一方面，特别是在游戏和竞赛中，"结果的决定和回报都是在同一经验的广度之内"（1967，第156页）。

高夫曼说，这样的竞赛对于展示性格也是极好的机会，因为人们有足够的机会来证实如何"在突然的压力面前"表现（1967，第217页）。的确，高夫曼用术语"性格竞赛"（character contest，1967，第 246 页）来描述类似的决定性行动，他坚称"每个人都为建立自身的定义提供证据，以为他人所留下的东西为代价"（1967，第 241 页）。

暂时回到周先生对于赌博的评论，我们发现很明显高夫曼的观察具有普遍性。例如，周先生的论点——人们赌博"没有理由"，就与高夫曼把行动定义为由其自身缘由相符合。当周先生断言说只有"聪明"人才参加赌博，因为只有他们才会采取行动时，他并没有把赌博定义为恶习，而是一种自由选择的行动并用来展示参与者冒一些能带来回报的风险的能力和意愿。

有趣的是，高夫曼关于性格竞赛的见解与柯利弗德·格尔兹（Clifford Geertz）的"深层游戏"（deep play）有显著的相似之处并受此影响，格尔兹用这个术语来描述"更多的是风险而非物质收获，即，赞誉、荣誉、尊严、尊敬——简言之——地位"（1973，第 435 页）。① 但在此应该指出加尔各答华人赌博与高夫曼的性格竞赛和格尔兹的深层游戏如此相像的方面在成年男性之间的赌博中表现非常突出，与两性均有的家庭成员之间或女性之间的赌博相反。② 这是因为成年男性之间赌博的赌注才有可能达到最高，风险也最大。正是在这些游戏中潜在的回报和风险危机才能产生共鸣。

的确，社区的赌博组织机制——成年男性同龄人参与最高赌注、最具风险的游戏——类似于日常企业活动的性别之分。在第六章我将更全面地探讨工作的性别之分，但在此我只需提到社区中男性和女性家庭成员都积极经营自己的企业，男性家庭主要人员参加社区成员称之为最具风险的商业活动——购买加工皮革所需的原皮。下这个决定最关键而且最危险，这是因为如果原皮质量差，那么无论经过多少加工都不能从中造出一块好皮。如果原皮商人对制革商收费过高，在制造过程中再怎么削减原料也不会产生利润。

---

① 很明显，格尔兹在写巴厘岛斗鸡的论文之前读过高夫曼的作品，还援引并利用了高夫曼的术语"集中聚集"（focused gathering）来描绘斗鸡。（此术语的定义见第 94 页的注释①）。然而，他并未援引高夫曼后来的书《互动礼仪》（Interaction Ritual），在这本书中高夫曼才发展了性格竞赛的概念。我推测高夫曼影响格尔兹深层游戏概念的发展是基于它与性格竞赛的相似之处，及高夫曼曾对赌博及其他游戏做过广泛的分析，这些对于巴厘岛斗鸡完全必要，后者包含了赌博因素和竞争因素。
② 此处与格尔兹对于巴厘岛斗鸡的描述有明显的相似之处，"最深度"的竞赛发生在社会地位突出的男人之间，而不会在社会地位不突出的女人、小孩或男人之间进行（1973，第 435 页）。

但无论我们选择把加尔各答华人之间的高赌注赌博看成是深层游戏还是性格竞赛,前文所提到的观察结果仍留给我们一个很难解决的自相矛盾的观点。在本章前面的内容中,我表明只有当赌博被控制并局限于特定的时间和地点时,它才没有问题。然而正是游戏者的财富和拿大笔钱冒险的机会——这些是反映或影响实际社会生活的特征——使得某些赌博竞赛如此具有吸引力。

赌博如何能存在于日常生活的范围之外,但本质上仍与之相连?明显社交性的事物是如何潜回这个游戏的?如果赌博被分离开,为什么它如此富有意义地刻画了社区特性的核心矛盾?就此而言,为什么赌博者的社会身份对于证明竞赛刺激有所影响?高夫曼的回答是尽管游戏会"掩饰……社会上重大的问题交汇相遇"(1961,第73页),可它们永远都不能阻止那种交汇。显而易见的是,"必须介绍更宽广的世界,但以约束的掩饰的方式。"高夫曼补充道,"个人能面对面地与彼此打交道,因为他们准备好了遵守不关联的规则,但似乎这些规则的存在是要让困难的事情和缓地表达出来,正如把它完全排除这个场景"(1961,第77页)。①

因此,加尔各答华人之间的赌博不能真正脱离社会生活而存在。但它会排除或颠倒社会现实也会反映现实。因而它是多面的,它模拟并再制定企业活动的风险和可能的收获,这样做也是在时间和空间限定的范围之内。它使得人们面对面,充分意识到自己在由财富所决定的社会地位的阶梯上的相对位置。然而赢得或失去一场特定的赌博游戏不是由一个人在社会阶层中的地位决定的。

再进一步说,与实际决定投资某一企业不同,赌博——就像高夫曼讨论的命运的行动——破坏了决定和结果的时刻。人们无需等上多年才得知最终的结果。不同于真正投资希望的结果只会有经济上的收获,赌博允许玩家在更多样化的方式上受益。当然,人们可以赢钱,但也可以通过展示财富和/或品格获得声誉——在某种程度上通过表现对损失大笔金钱的不屑。

我们容易把加尔各答华人的赌博仅看成是日常商业需求之外的不正当的冒险性的消遣。当然,它出现于人生重大变迁的仪式中——婚礼、葬礼、为

---

① 高夫曼描绘游戏包括赌博游戏的特征为集中聚集(focused gathering)。这个术语的意思是参与者有"单一的视觉和注意的认知焦点"的事件(1961,第18页)。高夫曼声称在这样的游戏期间,参与者遵循"不关联的规则"(1961,第19页),在这些规则中某些"情况的属性被认为不相关,在制度之外,或者没有发生。要遵守这些规则就是要玩得公正。不会伴随有不相关的可见的事件;不相关的私人关心的事将不被考虑"(1961,第25页)。

老人做寿，等等，强调了它作为消遣的角色，连续被安插于这些仪式中，而这些仪式标志着人生中严肃且必要的转折点。

尽管没人会否认赌博具有吸引力一定程度上是由于它能为寻找刺激提供场合，但它的作用不仅如此。加尔各答华人社区的赌博能同时模拟和反抗、加强和破坏他们在日常生活中需处理的市场强制力。或许最好把赌博看成是对企业精神内在矛盾的表达，承认命运和技能是企业成功的要素及理解谨慎和冒险的作用的定位。它是期望，给那些拥有最多财富的人地位，但从而也承认当家庭财富变化时地位体系调整的可能性。最后，当社区的精神强调谨慎、节约和明智投资时，它也承认最终的目的远不止是需求、赚足够的钱享受豪华生活和不用担心节省开支。赌博至少在它被期待的时间范围内免除了节约，反映了这方面的社区精神。

但我们必须谨记加尔各答华人日常生活中对待企业的严苛态度可以把这样矛盾的表达归为一个首要的目标——赚取利润、创造更成功和发展的企业。（我在第八章将解释这个目标通常是完成家庭责任的途径，但有时也会与其相冲突。）下一章我将考察家族历史，在其中个人竭力要满足、有时要实现他们的企业目标。

第五章

非瞬间的成功：第一代

"我花了20年，20年的时间来建这个制革厂。我不是一夜之间就把它做好的。"马洪章是一位50多岁的成功制革厂主人，正跟我讲他的人生故事。他慢慢地说这几句话还带着强调的语气，确保我没有漏掉它们。参观现在许多带有豪华住宅区的制革厂，人们很容易忘掉马先生话中揭示的简单事实——多数加尔各答华人经历了好几年甚至数十年的艰苦工作才达到了现今经济成功的水平。其他人根本就未成功，离开了制革区前往印度的其他地区或不同国家。

本章我聚焦建立塔坝第一代制革企业的人的经历。有一些也是印度第一批居民；即，他们从中国移居过来。其他人出生于印度但没有在制革企业的前辈。我的叙述主要涉及18位成功创办制革企业并最终建造或购置了自己工厂的人的经历。我采访了其中的11位，其他7位在我做田野调查之时已经去世，但在编制各家谱的过程中我收集了他们的信息。这些第一代制革商的经商历史概括在表5-1中。除了利用这18个人的信息，我也从田野调查时收集到的33个家谱中来提取资料。这些家谱包含了88家塔坝现存企业的历史，占了总数的1/3。

此章我的关注点是男性企业家的经历，当我指第一代制革商时，我的意思是男人。但读者必须牢记这个术语仅是"建立第一代制革企业的人"的一个方便的简略表达。当涉及分析与成功企业的实际工作时，我们必须考虑到女性在劳动及收入上的巨大贡献。女性在塔坝制革企业中的关键角色是下一章的主题。

表 5-1 成为老板的第一代制革商的人生历程和商业发展

姓　名	出生地	到达印度的年龄/年份	当制革厂工人的年数	从事非制革工作的年数	当承租人的年数	买/建制革厂，年份	合伙/自己买或建制革厂	后代企业的数量
袁其德（1975年去世）	中国	14/1897	0	16	0	建,1913	自己	5
魏光荣（1962年去世）	中国	16/1906	0	35	0	建,1941	自己	4
孔田华	中国	19/1922	0	8	0	建,1930	合伙(兄弟)	8
周先锋（1954年去世）	中国	25/1925	0	25	4	买,1948	自己	2
奚飞元（1966年去世）	中国	16/1928	0	2	8	建,1938	自己	1
庞志坚	中国	18/1930	6	0	4	建,1940	自己	3
钱伟刚（1981年去世）	中国	15/1932	0	16	32	建,1980	合伙(儿子)*	2
毛一胜（1989年去世）	中国	22/1936	0	3	10	买,1949	合伙(非亲属)*	1
严宝夏	中国	19/1937	0	5	31	建,1973	自己	2
费胜产	中国	17/1938	10	0	19	建,1967	自己	1
乔潭明（1967年去世）	中国	18/1939	9	0	2	建,1951	自己	1
谭其云	中国	17/1937	3	20	11	买,1971/建,1974	自己	1
袁东泰	中国	23/1947	0	0	20	建,1967	自己	1
宋义福	中国	20/1949	2	20	0	建,1971	自己	1
马洪章	印度	—	0	0	15	建,1970	合伙(小舅子)*	1
甘前进	印度	—	7	0	28	买,1970	合伙(非亲属)	1
江永志	印度	—	3	1	20	买,1966	合伙(兄弟)(非亲属)*	2
薛有才	印度	—	0	10	10	买,1968/建,1971	与合伙人买下(非亲属)*，与兄弟建	1

注：* 代表合伙人有单独的企业。

父亲（居中）、女儿、女婿、外孙、外孙女和其他亲戚在制革厂一起享用新年大餐

到达

一天，我做田野调查后灰心丧气地回到家，贾太太——我在塔坝的第一位女房东让我坐下来。我试图采访某个家庭的几个成员关于他们在塔坝的企业史。但实际上，除了微不足道的细节之外，我并未充分了解他们。

"你想知道人们是如何来到塔坝的？"她问。"好吧，我来跟你讲讲我的丈夫。"她开始描述他艰苦的童年。贾文之出生于梅县，八岁时就成为了孤儿，被送去一位叔叔家。很明显这位叔叔和他的妻子虐待了这个小男孩，因为他心中有着强烈的愿望寻找任何机会逃出这个家。接着，贾太太说，"一天，有个华人从印度回到村庄——他有三件当时村里任何人都没有的东西：皮鞋、西式夹克和领带、一个煤气罩灯。大家都印象非常深刻。"

这位从印度回国的海外华人的露面对文之有明显的影响。16岁时，他就与一位来往于香港、印度和中国的商人做买卖。这位商人同意以3000卢比的价钱护送他去印度。当然，用贾太太的话来说，3000卢比"在那个时期是一大笔钱"。但文之借到了钱，很快就前往加尔各答。

第五章 非瞬间的成功：第一代

这名年轻的移民一到加尔各答，就暂住在姓氏协会总部，姓氏群体的长辈给他在鞋店找了个临时的工作，但他做这份工作并不快乐。贾太太告诉我，"他很压抑，说不想做这种工作，而是想在皮革制造厂工作。所以他来到了塔坝。那年是 1935 年。三年间，他真的不辞辛劳地工作！没有工资，只包食宿。早晨 4 点起床，一直工作到中午，那个时候印度工人都离开了，但午饭之后他又继续工作到晚上 8 点！"

据贾太太所言，几年后她丈夫并未赚得工资，在此后更多几年"辛苦的劳动"和小心翼翼的节约之后，他在另一位制革商的工厂当承租人，成功建立了一家小型制革企业。早年的辛苦工作让他付出了大代价。20 世纪 70 年代贾太太的丈夫死于胃病，贾太太说，这样的结果是由于工作日程排得太紧，从未有时间好好吃东西、消化食物。

虽然我们会考虑到表述的故事性，但贾太太讲述她丈夫的故事所包含的主题在我收集到的关于其他建立制革企业人的故事中能产生共鸣。尽管他们于不同时期来到印度，然而建立第一批制革企业的这些人有着许多共同之处。他们中的绝大多数人出生在中国。和贾太太的丈夫一样，许多人早年都是孤儿或是出自单亲家庭。这些事情造成的经济上的贫困无疑是他们决定移居外国的一个原因。

即使移民未曾遭受类似的个人损失，仍是中国国内的家庭经济环境迫使他们寻求谋生的新方式。孔田华是那位爱多话的孔先生的父亲，他来自一个教师家庭，经历过艰难的日子。田华被迫参加强制性的体力劳动，即把船系在绳子上通过内河，他渴望逃离出去。1918 年当他 15 岁时，他从一名鸦片商人那里对印度有所了解。他有一位哥哥与这名鸦片商人同行先移民过去，做了几年的走私生意之后才安定下来在加尔各答做木鞋模型（鞋楦）的工作。几年之后田华也加入了哥哥的工作，在鞋店做了几年后两兄弟在塔坝一起开始制革。1982 年的一天我采访了孔田华，他告诉我，"那个时候（1928 年）几乎没有制革商，也没有电。我们搭了几个小屋，用的是 40 马力的蒸汽机，二战期间才有电。"

如同贾太太的丈夫和孔氏兄弟一样，几乎所有的男性移民的年龄都在十几二十几岁，年轻而且单身，其中有许多是跟随流动性的商人来到印度，这些商人来往于这几个国家之间进行合法或非法的货物买卖。正如贾太太丈夫的这个例子，通常年轻的移民需付给这些商人护送费作为回报。

（所有早期的移民都强调那个时期通过边境有多么容易。进出任何一个国家，没有人申请护照或许可证。）他们只有在成功创办制革企业或得到其他高收入的工作之后才会考虑结婚一事。那时的男子会回国结婚，因此记住这一点很重要：与男性移民不同的是中国女性通常是以新娘的身份移居到印度。

相似的家庭历程通常对于年轻人决定来到塔坝起到了一定的作用，无论他是作为一名中国移民来到制革区或是在印度出生并被抚养。这两个例子中，这些行动可以看成是个人分散和家庭经济多样化的过程。正如麦伦·科恩（Myron Cohen）所做的记录，当这些过程被强加于贫困的家庭时是"残酷的必需品"（1970，第32页），当由富裕家庭承担时是拓展经济活动范围的一种精明的方式。

对于多数塔坝新来者，之前提到的"残酷的必需品"常常更接近事实。我在第一章也陈述过，所有中国移民都来自广东省的梅县，其中许多是农村地区。20世纪30～40年代这个时期当地许多人移民到了印度，这个县在广东省的所有地区中人口与土地的比例最大（科恩，1968，第25页）。即使是那些出生于印度的人如居算敬，由于家庭贫困的经济状况通常也会搬到制革区。

偶尔，来到塔坝的年轻人也使繁荣的家庭经济多样化。薛有才的父亲和他的兄弟们在加尔各答最时尚的购物区成功经营了两家鞋店。有才感觉到制革是一个新兴的产业，将更有利可图，他来到塔坝创办了一家小型制革企业，由家里给他提供资金租厂房。

许多来到加尔各答的第一代客家男性移民利用私人关系获得准许进入印度这个移民国家，尤其是制革社区。这些移民中有许多人的亲戚或同村人已经住在印度。如同贾文之的情况，至少他们得到了姓氏协会提供的帮助。有些情况是他们的熟人雇佣他们来当制革厂工人，这样的经历给了他们有价值的技术和商业知识。

其他一些情况是男性移民的家庭成员与在印度的华人的婚姻已经确定，他们会追随家庭成员或在他们之前来到印度。譬如，费胜产来到印度投奔他妹妹未来的公公。他妹妹与这个人的儿子的婚事多年前就定下来了，那个时候两家都在中国，孩子们都还小。随后，她未婚夫一家移民到了印度开始做制革生意。几年之后胜产也跟着他们来到印度，被他们雇佣当了一名工人。

他工作了 8 年，后来娶了老板的女儿（即他妹妹的小姑子）。两年之后他在同一家制革厂承租了厂房，建立了自己的企业。然而，又过了 19 年他才建立了属于自己的制革厂。

有时，一些移民会投奔已在制革业有立足之处的兄弟，孔田华的情况就是如此。该过程甚至还延续到今天。我在塔坝之时，这样的情况就发生在两个与兴旺的制革企业相关的不同家庭。其中一个例子是从中国来的一位移民带着妻子和孩子投奔已联合开了一家企业的两兄弟。另一个例子是这位已经结婚、有两个十几岁孩子的新来者，但他在塔坝的四个兄弟每人经营一家企业，其中三个共有同一厂房。他的兄弟们坚持认为一旦新来的兄弟学会了做生意，他必须自己承租工厂，开办企业。

并非所有的第一代男性移民一到加尔各答就来到了制革区。一些在市中心从事其他行业。譬如，毛一胜到加尔各答之后当了一名裁缝，三年后他搬到了制革区。有些人在其他行业工作了多年才转行从事制革业。魏光荣当了 35 年的制鞋匠才卖掉了鞋店，来到塔坝开办了制革企业。

甚至到了制革区之后也不是每个人从一开始就从事制革业。田七云到印度之后当了 3 年的制革工人，但他向其他制革工出售制革的化学制品的工作做了 20 年，之后才又回到这一行当了承租人。另一名移民，钱伟刚从事制革业之前，在加尔各答的一家鞋店工作了 10 年，然后又在塔坝做了 6 年的酒类生意。

注意到这一点很重要：早期男性移民来回于印度和中国之间——比如，在印度工作几年然后回到中国结婚，接着带新娘回到印度。的确，孔田华在 20 世纪 40 年代后期回到了中国，那个时候他已结婚多年，在印度生活也超过了 20 年。1953 年当他回到印度时，他的妻子和已成年的儿子们惊奇地发现他又娶了一位妻子，我在下一章也会解释当进行家庭财产分割时，这一系列的事件将有着重要影响。

然而，后来的一些历史紧急事件妨碍了塔坝华人与梅县的亲戚在经济和其他方面保持联系。在 1962 年之后的社会环境下，中印关系的恶化使公开与国内的亲戚维持联系变得非常困难。但最近随着中印关系的缓和再加上中国经济政策的自由化，大量塔坝华人开始与梅县的亲戚重新取得了联系。他们日益富裕也使得他们能够给家人提供经济援助，富裕的塔坝华人也已经开始给老家捐钱用于公共目的，如建桥梁和学校。

建立制革企业

建立自己的制革企业之前，多数塔坝华人以在他人工厂当承租人起家。〔承租人（tenants）是他们的用语；外人用术语合同经营者（contract operator）来描述这种关系。〕这种承租体系及较不常用的租赁体系沿用至今。我需简要地概述两者排列组合的细节来解释这些体系是如何使得人们开办新企业的。

承租人每生产一块皮革就付给制革厂老板一定的费用。他们雇佣自己的员工，作为报酬他们允许使用制革厂老板的机器。如果承租人在一家大的制革厂承租，那他就可以自己支配任何一种用来生产皮革的机器。但在有好几个承租人的制革厂，他们得轮流使用机器。1982年塔坝的承租人少于制革厂老板，297家企业中有87家由承租人经营。记住这一点很重要：多数第一代最终成功建立了制革厂的制革商都是靠当承租人开始制革业。的确，我在第三章也提到，塔坝的厂房数量在20世纪60年代和80年代急剧增长，一定程度上是因为许多承租的制革商建立了自己的工厂。

承租人的租金与他们的生产效率相一致，与此不同的是，租赁制革厂的人每月缴纳固定的费用，与其产量无关。但作为交换，租赁者可以无限制地使用老板的机器和工厂空间。这样每月缴纳的费用相对贵一些。但如果制革商的产量高，租赁制革厂实际上就比当承租人能省下更多钱，这是因为高生产率并不意味着他需付更多的租金。因此，如果企业的生产效率高而又还没有准备建立自己的制革厂，租赁制革厂是一个合理有效的投资，这项事业要求筹集到大量的资本。

承租和租赁的体系给双方人员提供了一些利益。从承租人的角度来看，承租为开办企业提供了一条途径，无需建造或购买工厂的费用。承租也有利于工厂老板，它不仅增补了收入，还是吸收额外生产力的一种有效方式。另一方面，租赁对于需要收入而又不能自己经营企业的制革厂老板也是较好的安排。譬如，有一个病重的塔坝人无法经营自己的企业，而且他的儿子们都已经移居到了加拿大，所以目前他把制革厂租给了他的侄子。此外，租赁者是按月而非所生产的每块皮革来付费，制革厂老板的收入就不取决于租赁者生产的皮革量。即使这个侄子在某一个特定的月份没有产量，他的叔叔也能确保有收入。最后，租赁对于那些拥有制革厂而收益不佳的企业较为可行。在这些情况下，他们会把制革厂隔开，租一半给其他制革工。

那么需要多少资金才能成为一名承租人呢？尽管这些年来卢比面额的变化使得实际的数额有很大不同，但所需资金对应的承付款项仍保持得相当一致。① 基本而言，要当一名承租人开始经营制革业，就需要有足够的钱来购买化学制剂、一批批的生皮，还要付给工人数月的工资。之后，如果做得成功，他就可以通过对收益进行不间断的再投资来继续这项事业。和一些生皮商人保持良好关系也至关重要，这是因为他们会延长优惠的贷款期限，坚持只在卖完成皮之后再付一批生皮的款项。

之前也提到这一点：以工人身份起家有助于第一代制革商熟知制革过程中的许多技术层面的知识。但建立对于贷款担保有必要的信任和能力的名声也是一种有用的方式。例如，居算敬来到塔坝时家里的鞋业生意破产，也没有亲戚在制革行业，当考虑到要着手从事制革业时他向老板寻求帮助。算敬已经表明了自己具备相关知识而且有能力，所以老板也乐意预贷给他一批生皮。在老板的制革工作已经完成之际，算敬就用这些生皮来自己制造皮革。

但即使一个人有老板乐意支持他，或者亲戚愿意借钱给他，通常这对于要开办一家制革企业还不够。其他筹集资金的方式也很必要。最常用的办法就是大陆和海外华人都用的信贷循环协会。为了利用信贷循环协会，个人必须找到一群人愿意每月把钱存入基金管理机构。每月基金里所有的钱借给一位不同的成员。那些没有借钱的人从他们每月的报酬中扣除一定比例的钱，而那些已经借了钱的付全额。这样一来，那些等待到循环结束时筹集钱的人收到的比他们投入的更多。那些立即需要钱的人得到的总数额比他们最终投入的更少，但他们能够快速获得一大笔的数额。

在中文里面，组织信贷协会的过程用的是"起会"，字面意思是"启动协会"。在第四章也讨论了，可靠和老实对于所有企业家都是重要的品质。一位准企业家没有这些品质的名声很可能无法召集足够多的成员来让一家信贷循环协会切实可行。

---

① 20世纪30年代，一个人投资700卢比能成为承租人，但到了80年代早期，就需要至少2万卢比（那个时候相当于1700美元左右）。

通过合伙这另一项安排，有抱负的制革工把必要的资金聚集到一起投入企业中。有一些情况是，当了几年工人的年轻华人集资，一起合伙创业。以毛一胜为例，他在加尔各答当了三年的裁缝之后，把积蓄拿出来与其他两名刚来的移民集资。然而，合伙经营很少能持续长久；一旦合伙人站稳了脚跟，他们通常会分开去组成自己的企业。如今在塔坝，只有一家企业，就是甘前进的企业中两个互不相干的合伙人一起工作、分配利润，而且他们的这种状态已经超过了26年。

兄弟之间出于开办企业的目标也会建立合伙关系。在我收集的家庭历史当中，我发现有两个例子是之前分开工作的两个或更多的兄弟拿出积蓄集资，一起开办了企业。但即使是兄弟间的合伙最终也会解散，尽管他们相比那些非亲戚合伙的企业持续更长久一些。

孔田华的情况为此类兄弟间的合伙关系提供了一个好的例子。他们用积蓄集资开办制革企业，合伙关系持续了8年，在此之后继续各自的制革业。江永志和他的兄弟们之间是一个暂时性的合伙关系。他们的父亲曾是一名商人，在1939年他们还都很小的时候就去世了。长达几年的时间江和兄弟们被迫打零工来维持生计。1946年，江与一个弟弟把积蓄凑在一块，当了承租人开始做生意。1966年，他们俩与一位独自经营企业的朋友联合，最后成功购买了一家制革厂。但那之后不久，1969年他们开始各自独立经营企业。与此相对比的是，另一位江姓兄弟并未加入兄弟们的企业，而是与一位没有任何亲属关系的人进行合伙。

另一种筹集资金的方式是合伙关系模式的变体。在此安排中，一个有制革知识、但资金少的工人与一个有资金但技术知识少的人合作。我已经提过薛有才这个人，他成长于加尔各答一个兴旺的制鞋家庭，却决定要做制革业。尽管家庭资助了他的企业，他仍缺乏技术知识。这个问题通过建立合伙关系得到了解决，合伙人缺乏资金但能教他皮革制造技术方面的知识。

在1962年中印冲突之前，一些人利用了另一个经济来源：他们从中国银行得到贷款，一直到那时在加尔各答都还有该行的分部。马洪章和乔潭明在决定承租制革企业之时都获得了贷款。

最后一点，女性在资金筹集的过程中也做出了贡献。早期，一些塔坝的女性在违规的酒类企业中谋生。人们声称这通常是女性而非男性从事的行业，这是因为他们相信警察对这个行业的女性会比男性更宽大处理。此外，制造酒类产品通常是寡妇养活自己和孩子的唯一途径。在我所汇编的家族史的 10 个例子中,女性从事酒类生意如此赚钱以至于老板们最终都给自己儿子们的制革企业买保险。然而,尽管大家相信女性受到法律的制裁没有那么严厉,仍然有她们遭遇严惩的例子。20 世纪 40 年代,一名征税的警官进行突袭,用武力打开社区一位正在造酒的妇女的家门,把她给击毙了。(第六章对女性在塔坝制革业的角色有详细的讨论。)

成功与失败

记住这一点很关键:尽管许多人都成功开办了制革厂,但还有许多尝试靠当承租人来创业的人并未成功。很多没有成功的塔坝华人离开了制革区。一些在印度的其他地方开餐馆,另一些则移民到了外国。还有一些留在塔坝换了工作。譬如,有一个人当了餐馆老板和酒席承办人,他的生意特别受华人欢迎。他承办婚庆和其他大型场合的宴席,通常要准备多达 500 人的食物。另一个例子是,一位失败的制革工用他的艺术天赋来做仪式活动的工艺品——华人祭神烧的代表实际生活物品的纸制品。这个蒸蒸日上的事业由他的儿子继续从事;它如此赚钱以至于塔坝居民抱怨说,"如果你想买一把真雨伞,要花 20 卢比。但纸质的伞却需 50 卢比。"

有时人们第一次尝试建立制革企业失败了,但接着在下一次尝试中取得成功。比如说,居算敬当了 8 年的制革厂工人才尝试建立自己的企业。他失败了,又当了 12 年的普通制革厂工人之后在第二次的尝试中获得了成功。钱伟刚在自己新开的制革企业倒闭后做了 6 年的酒类生意。然后他又回到了制革业,并成功当了承租人建立企业。多年之后他与已经营一家独立企业的大儿子合作建了一家制革厂。那之后不久钱伟刚去世,他的制革厂现由两个儿子共有,他们经营着各自的企业。

最后,历史环境的偶然性,尤其是战争的影响,对于许多第一代制革商的成功发挥了一定的作用。我在第三章曾提到:二战导致了皮革需求的增长及制革厂数量的剧增。的确,几位制革商自己也提到了这一点,说二战极大地促进了皮革需求的增长,因为军靴和其他军用物资对于皮革的使用有很大需求。"我们过去常常每天工作到晚上 10 点,"孔田华在一次采访时(讨论二战的影响)说。"皮革商人就站在制革厂门外,等着立即取走皮革。"其他制革商把印度和巴基斯坦之间的战争（在1965年和1971年）作为战争促进销量的又一实例。乔潭明的儿子给我讲了一个关于朝鲜战争带来的商业机会的颇具讽刺的故事。潭明曾冒着暴雨付款给生皮商人，是值得信任的制革商，在战争时期还得到了中国银行的额外经济援助。这些贷款特别有助于帮助他拓展企业，销售皮革给美国人，而美国人那时却用皮革制造军靴在朝鲜与中国人作战！（当然，就加尔各答华人所知，1962年的中印冲突是这类偶然性战争的例外情况。）

从承租人到老板

有些人几乎一到印度就能够立即开始承租制革企业（因为他们有现成的资金来源，得到亲戚和姓氏群体成员的帮助），而另一些人不得不一开始花上长达35年的时间从事不同的行业。在我做的18位第一代制革商的样本中，一个人在开始承租制革企业之前的平均工作年数是11年。一旦成为了承租人，制革工需要投入几年时间才开始思考建自己的厂房或购买制革厂。在同一个有关第一代制革厂主的样本中，一个人平均花23年的时间才成功建立或买下属于自己的制革厂。

既然建制革厂比承租企业需要更多费用，那么从承租人到老板的转变及对此进行的思考并非轻而易举。例如，20世纪80年代承租的制革企业开业需要大约2万卢比——这些钱足够购买化学制剂、付工人两到三个月的工资和购买几批生皮。另一方面，建制革厂则需购买价值持续增长的土地和整套的制革机器设备。此外，厂房必须建得足够的大来提供工厂空间及老板家庭的住处。在20世纪80年代早期，建最小的工厂要花费至少100万卢比（那个时候比10万美元稍微少一些）。类似的大笔数额在信贷循环协会无法筹集，在塔坝过去和现在它用来筹集更小笔的资金。因此，建制革厂涉及借大量的钱，通常是从其他社区成员那里以高额利息借取，再加上自己的积蓄。根据我在20世纪80年代早期采访的多数人，建一座厂房，一个人手头需要至少1/3到一半的资金。鉴于制革业的高赢利性和人们能赚到的利润多样性，他们能够接近这些数额也不是不可能的。但这些数额都不是能轻易或很快就能筹集到。

要建一座厂房，这个人必须比想当承租人时有更牢固的生意信誉。因为在此情况中涉及更大的经济风险，潜在的出借人决定给谁贷款时会更小心。人们也可以使用与合伙人筹集资金的策略。在此安排中，几个合伙人——有时是兄弟们，有时是无关联的个人，筹集资金和贷款然后共同建立一家制革厂。每个人拥有工厂的股份但在厂里独自经营企业。一旦建好了工厂，制革工就选择做进一步的财政安排来加快偿还贷款。例如，他可以利用从承租人缴纳的费用中所赚得的资金来增加收入并帮助偿付贷款和利息。或者他可以租出一半的制革厂直到付清债务。

那些不能建制革厂的人可以购买现有的制革厂或其一部分，该手续便宜得多。偶尔人们会首先买制革厂的股份，几年之后再建自己的制革厂。

有几个例子将阐释成为制革厂老板的时间选择如何在不同人的生命历程中存在差异。严宝夏于1937年来到印度，那年他19岁。一开始他骑自行车跑遍加尔各答，挨家挨户卖东西。"我很穷，人们都瞧不起我，"他回忆说。之后，严在加尔各答港口当了一名轮船装配工，这个工作他做了5年才投奔一个已经在塔坝当承租人的哥哥。三年之后严结婚了。1949年，一个刚从中国移民过来的弟弟来投奔他们。1950年，大哥回到了香港。这两个留下来的小兄弟继续一起做生意，当了10年的承租人。1960年，也是他的大儿子结婚后的一年，严宝夏和弟弟分开做生意。在三个儿子的帮助下，他经营自己的企业，又当了14年的承租人才于1973年第二个儿子结婚不久，建了自己的制革厂。

由于他在塔坝居住了这么久而且他的儿子们也都被其他人认为很能干，严能够获得必要的资金来建制革厂。大家知道，即使他退休了，他的儿子们自身有经验也值得信任，能够继续做生意。实际上，宝夏在建厂的一年时间之内就退出了企业的主要活动。通过出租，他确保了自己和家人有持续的收入，他也曾计划建一座较大的制革厂。他退休之后，四个承租的家庭继续租用制革厂的住宅区和机器。这些收入来源有助于严宝夏成功偿还贷款。

严几乎花了一生的时间才建成了自己的制革厂。在他的情况中，从承租到拥有制革厂的转变类似于核心家庭到联合家庭的演变。他的大儿子结婚多年才建起了自己的制革厂，而二儿子在制革厂建成不久就结婚了。

严将吸收承租人作为产生额外资金的方式来偿还贷款和利息，而马洪章采用的是合伙和租赁的方式。他与妻子的兄弟合伙建了一家制革厂。他们一开始的打算就是在同一家制革厂内部独自经营企业。因此，他们建的制革厂分为两部分。在制革厂建成的头五年，他们共用一半的制革厂，把另一半出租给了一位富裕的印度制革工。这位制革工提前付给他们一整年的租金，所以他们能够用这笔资金偿付贷款。五年之后，这位印度制革工建了自己的工厂，制革厂的两部分就在马先生和他的小舅子之间进行划分。

江永志与弟弟及一个非亲属的人合伙。他们集资购买了一家制革厂，比他们自己建制革厂花费更少。两兄弟比第三方投入企业的资金更多，所以他们拥有整个制革厂3/4的股份。在此特定的案例中，两兄弟共同经营一家企业，这是他们共同做了近20年承租人的延续。但两年之后他们开始在工厂经营独自的企业。

最后一个是田七云的例子，他当了11年承租人之后买下了一家制革厂的股份。三年之后他大儿子结婚之时，他开始经营一家新制革厂。

一般模式下的例外

在一些例子中，个人并不都是遵循通常的从承租人到老板的顺序。例如，袁其德来到塔坝时是1913年，是第一批制革商之一，那时在其他人的工厂没有可能当承租人。此外，在此期间建制革厂并未涉及建造永久性的建筑物。在早些年，制革商只是搭竹棚，纯粹通过体力劳动来做多数制革工作。仅仅几年之后，华人制革商就转向了铬鞣生产（chrome tanning），接着就有必要去获取一些基础性的机器。

也有一个例子是关于一个人没有经历承租人的阶段就建了自己的制革厂。这个例子比较独特是因为我们讨论的这个人宋义福与塔坝两大制革协会之一的领导人有着紧密的联系，这位领导人在制革社区的一个派别内极有影响力、很有权势。然而，有趣的是宋义福的例子阐述了为什么承租制度在多数环境下有必要。尽管他有良好的关系，也因此能够获得必要的资金来建一家新制革厂，宋最终在商业上还是没能成功。他被迫出租一半的制革厂给他人，而且甚至在他的那一半工厂，还招了个承租人。此外，由于无法偿还贷款，他还考虑把出租的那部分制革厂销售出去。倘若宋义福曾经历过承租阶段，人们会断定他是否值得担这个风险。另外，在建自己的工厂之前，他本有机会了解制革过程的要点并获得决定性的在职经历。

第五章 | 非瞬间的成功：第一代

印度制革商，一些关键的不同之处

尽管塔坝多数制革厂为客家华人拥有、经营，但有一些企业是由印度人来经营。1982年，印度人拥有全部七家制革厂，另七名制革商租得部分华人制革厂。印度制革商属于几个种族群体。多数是旁遮普印度教人（Punjabi Hindus），一些是旁遮普穆斯林（Punjabi Muslims），及小部分的高级种姓的孟加拉人（Bengalis）。旁遮普人与制革起初的联系是通过皮革生意人——成品的买者。旁遮普人中的皮革商众多，但只有一些投资到制革行业中。而孟加拉的制革商选了一条不同的路线；他们在西孟加拉邦的皮革技术学院（College of Leather Technology）学习制革。

显然，制革作为污染性的职业似乎不是高级种姓的孟加拉人自然而然的选择，所以在此需有一些说明。高级种姓的孟加拉人在加尔各答从事脑力劳动和白领工作的人占了多数，他们倾向于有中等到高等教育水平需求的职业。但许多令人满意的职业，如医务工作极其难获得；考试非常具有竞争性，只有一小部分有抱负的人获得成功。鉴于这些事实，一些学生选择申请就读于技术学院，其中之一就是皮革技术学院。进入这些机构远远没有选择医学或工程项目竞争那么激烈，却能保证以后有一份好工作。比如，许多就读于皮革技术学院的人后来受雇于印度皮革产业的组织部门，在大型的皮革公司如巴塔（Bata）从事技术方面的工作。然而，一些人选择自己创业，在塔坝建立小企业。因此，这些印度制革商的生活历程与华人截然不同，华人进入制革行业时没有经过正式的学习或涉及皮革贸易。

此外，印度制革企业本身与华人的企业在很多方面有较大不同。华人的制革厂既是工厂又是家。印度制革商的家庭住址远离制革区。这个住宅和工厂之间关系的区别暗示华人妇女通常在她们家庭制革企业的运作中发挥重要作用，而印度制革厂所属家庭的妇女并不涉及制革厂的经营。她们与制革区距离上的分开意味着经营制革厂完全不是她们日常生活的一部分。

另一方面，印度制革商的儿子有时参加制革企业日常的运作。但他们父子参与企业活动与中国父子的参与有很大的不同之处。华人制革商在制革厂工作时往往穿着粗陋的衣服，经常做些体力活。多数华人制革厂，除了一些大型的之外，甚至都没有正式的办公室。与此相反，印度制革商往往穿着体面的服装来到工厂，远远地监督制革厂的工作。

最后一点，华人住在制革厂，他们可以夜以继日地让设备不停地运转。相反，印度人的制革厂类似于朝九晚五的模式，在一天的工作时间结束之后停工、锁上门。而一些印度制革厂老板已经把华人系统的某些方面融入他们自己的制革企业中。他们雇佣华人管理者，给他们在制革厂内提供住宿，当老板和工人都已回家时工厂还继续运作。

学徒模式：华人工人独有

尽管目前塔坝绝大多数华人经营自己的制革企业，然而对于所有人而言并非如此。我在本章也表明了这一点，即使那些目前在经营自己企业的人，也是在为他人工作多年之后才有现今的收获。因此，在20世纪80年代早期塔坝的一些华人仍是工厂管理者或普通工人。这些华人工人的角色或地位不应与印度工人相混淆，后者是塔坝工人的主要组成部分。因此，在我们进入更详细的塔坝华人制革企业内部组织的讨论之前，我必须简要地描述这些华人工人与印度工人经济机遇的真正不同之处。

工厂管理者的工作仅存在于塔坝最大型的制革厂，其家庭成员不能承担所有的管理任务。多数华人把这个工作当作跳板，把它看成自己创业之前获取必备的制革知识和经验的机会。一天我在塔坝的一位熟人对我说，"你不能长久地留住一名好的管理人员，"他的设想是一名好的管理者最终会尝试自己创业。如同工厂管理者的职位，对于华人而言，制革厂工人的工作相当于学徒，未来的企业家从中学习制革技术和经营制革企业的纷繁难懂之处。

相反，印度工人毕竟构成了塔坝大部分的劳动力，他们的处境与华人无类似之处。华人制革商不把印度工人看成未来的制革厂主或学徒。华人社区内部帮助华人创业的策略如信贷循环协会，在印度工人之中并没有。印度工人不能利用本村、同姓或亲戚关系来从他们工作的制革厂老板或社区的其他制革厂主那里获得帮助。

多数印度工人是恰马尔（Chamar）种姓的男性移民，这个种姓来自邻邦比哈尔（Bihar），他们一直以来从事制革业。像许多比哈尔移民在加尔各答从事的其他职业一样，如人力车夫，许多人都是独自来到城市，把家庭留在老家，在任何可以的时候汇款给家人。尽管这些比哈尔移民总的来说没有能够超越工人的地位，他们很好地组成了联盟，毫不迟疑地争取高工资和福利。

除了比哈尔人之外，华人还雇佣男性尼泊尔工人，他们没有组成联盟，罢工期间他们还继续为华人工作。这些尼泊尔人在制革厂从事的是最没有技术含量的工作。尽管他们没有和比哈尔工人一起罢工，尼泊尔人还未对联盟的势力造成重要的威胁。他们大多数没有技术，人数也少于比哈尔工人。因此，在罢工期间华人制革厂的生产效率急剧下降，只有当比哈尔工人返厂工作时制革厂才能恢复最大生产能力。尼泊尔工人破坏罢工会让他们产生摩擦，有时冲突加剧，在罢工期间转化成对尼泊尔工人的身体攻击。

有趣的是，居住模式也突出了这两个工人群体——比哈尔人和尼泊尔人相对于华人制革厂主——在职位上的结构差异。比哈尔工人住在制革区外，步行来上班。而许多尼泊尔工人实际上住在制革厂内。华人说他们发现尼泊尔工人更可靠、值得信任，但无疑他们的工作缺乏挑战性，这一点在讨华人老板喜欢上发挥了主要作用。同时，华人承认比哈尔工人在制革业有更多经验，只有他们才能完成一些需要特殊技能的任务。的确，相对而言尼泊尔人是这个产业的新手，在 20 世纪 70 年代才进入到此劳动大军中。另一方面，比哈尔人在制革社区的早期就已受雇于华人。

一些制革厂也雇佣来自印度北部的北方邦和孟加拉邦的穆斯林。北方邦的穆斯林在有出口业务的大型制革厂当包装工人，他们在一家制革厂生产皮包，该厂的业务已从制造皮革拓展到了皮革制品。孟加拉人仅受雇于一些非常大型的制革厂的专业岗位，如会计或皮革技术人员。

然而，最关键的是要记住：对于这些工人的多数人而言，他们没有因种族、亲属关系、姓氏或来自哪个村与华人有所联系，他们几乎没有希望要像许多第一代制革商一样爬上经济阶梯。

第一代：利用姻亲、同族、母系和同乡关系

本章已说明：建立塔坝第一代制革企业的华人在移民早期及尝试建立并拓展企业时利用了各种社会关系。

我们已经看到了兄弟姐妹追随彼此来到印度的例子：孔田华在哥哥移民

到了印度几年之后也到了印度；费胜产跟着妹妹来到印度，然后利用和妹妹的关系在她公公的制革厂工作。有时也会通过来自中国同一个村的关系建立联系，这既非血统也不是婚姻关系。

从父系、父居的亲属体系中，我们遇到了兄弟们一起创业的情况。但我们也看到了在有些例子中姻亲关系在制革企业的形成和经营中很关键。马洪章和妻子的兄弟们一起做生意。很多人常常成为其姻亲制革厂的承租人。钱伟刚在他第一次尝试创办制革企业时失败了，但最终成功当了一名承租人建立了制革企业，在建立自己的工厂之前他大多在他女婿的制革厂当承租人。我的另一名熟人从他舅舅那里租了一家制革厂。最后一点：合伙关系也建立在没有任何关联的人之间。

尽管利用了多种社会关系来建立第一代制革企业，继承这些企业几乎未偏离传统的父系模式。也就是说，一旦建立了这些企业，通常它们就在成年儿子之间进行划分。具有讽刺意味的是，许多第一代企业家工作如此努力、等待了这么久来建立自己的工厂，等待这个分割的过程开始却不需要太长时间。到许多第一代制革商建立自己工厂之时，他们通常和几个已婚的儿子支配着几个联合的大家庭。

当然，这样的结果从本章描述的总模式角度而言还是说得通。我们已经看到，普通的第一代制革商在建立自己的制革厂之前花了20年或更长时间，这段时间一般是结婚和养家。不久以后，成年的儿子开始宣称自己的企业主张和个性。在第七、八章，我考察企业划分的过程及其暗含的意义，但首先我必须密切关注这些制革企业日常的运作。因为尽管他们最终由男性继承，没有女性的重要贡献很少有人会取得进展。

第五章 | 非瞬间的成功：第一代

亲戚在婚礼当天规定时间打开了新娘带到新郎家的箱子。里面装有娘家给她的现金、衣服和其他物品

第六章

"妻子的财富":家庭劳动和收入的分配

一天晚上喝茶的时候,丽兰给我讲秦利越的故事。"秦利越不是很聪明,所以到了谈婚论嫁的时候塔坝的华人没有谁想把女儿嫁给他。最终,他家给他安排了与大吉岭一名华人女子的婚事,后来证明她特别能干,工作很努力。很快这个家庭就真正地兴旺起来。所以现在人们称秦的好运气为'妻子的财富'。"秦利越的故事在塔坝并非不寻常。塔坝华人时常举出妇女扮演的角色为他们成功的一个原因,还把它作为华人制革厂与印度人经营的制革厂进行有利对比的途径,在印度人的制革厂女性家庭成员扮演的角色无区别性。在此讨论的社区是客家华人社区,这一点也非常重要;学者们时常从女性在生产任务和经济生活中扮演相对的较重要角色的角度来把客家人和中国其他种族群体进行对比〔见布莱克(Blake),1981,第51~59页〕。

的确,塔坝华人强调家庭中的男性和女性都愿意也能够在他们的企业内完成任务,而上层或中等的印度人认为这让人感到不愉悦。他们解释说尽管他们雇佣印度工人,但他们自己也毫不犹豫地处理即使是工厂最辛苦的工作。

华人制革厂既是家又是工厂,这能对专注于家庭企业内最无趣杂事起到调节的作用。此外,较少制革厂有正式的办公室。即使专心做家务事如做饭,女性也能监督制革厂的运作。多数华人男性不是穿着办公室服装远远地监督工作,而是自己投入工作中,穿着宽松的睡裤和破旧的T恤与他们的印度工人一起埋头苦干。他们酷爱讲述他们的工作方式和服装风格让海外买家造成困惑的事情,因为这些人总是把制革厂主误认为制革厂工人。

第六章 | "妻子的财富"：家庭劳动和收入的分配

但塔坝的男人和女人都参与家庭企业的活动，他们的方式却不同，他们有不同的途径参与活动来帮助获得收入和资产。因此，我描述各个家庭成员付出的努力和从企业获得的酬劳很重要。要做到这一点，我首先考察家庭的劳动分工。然后再转向家庭内部收入和资产的分配，仅关注共享同一家庭经济的家庭。（家庭资产对家庭分配的问题在下一章将进行讨论。）

这一点不足为奇：尽管对自己努力工作感到骄傲，男人随着公司的成长从体力劳动转向管理角色；另一方面，已婚女性完全退出企业活动。我从企业观念和家庭角色相互作用的角度来解释这些模式。

塔坝制革企业中劳动的性格分配

家和工厂的关系

塔坝典型的一天很早就开始了。到了早晨 5 点，客家妇女就挤满了塔坝的华人市场，这个市场每天早晨开放两个小时，猪肉、牛肉、优质的水果和蔬菜货源充足，还有各种中式的调味品。到早晨 6 点半或 7 点，这些妇女（如果她们住在联合家庭中，在姑子或婆婆的帮助下）清晨购物回到家，准备早餐、把孩子们叫醒并为他们做好上学的准备。同时，当华人妇女早晨往返于集市时，塔坝的大街小巷也开始挤满了运货车和堆得高高的装着生皮的手推车。一到达目的地，这些运货车由比哈尔妇女卸货，她们虽没有在制革厂内当皮革工人，但在工厂外卸载物资。到了早晨 8 点半，制革厂工人到工厂开始一天的工作。

然而，大约在早上 9 点半或 10 点，人们会突然看到一行华人男性骑着他们的小轮摩托车驶出塔坝。他们去哪里，为什么要在这个工作时间离开？这些人是要前往生皮市场。在许多已婚家庭中，没有其他的成年男性，他们的离开意味着在这个工作日他们的妻子要监督制革厂内部的运作长达几个小时。

在塔坝尽管家庭和工厂的重叠便于华人妇女参与劳动过程，但这也造成了男性和女性在经济领域的界线划分明显。一般更"公众性"的企业活动——或者更确切地说，涉及长久与无关男性高层打交道的活动——通常由男性承担，而那些更接近家庭范围的活动都可以由男性或女性来做。①

作为代表负责购买生皮就是该原则在家庭企业组织中盛行的很好的例证。在制革企业中，购买生皮是具有决定性的第一步，这是因为没有什么事情能弥补购买不符合标准的生皮或原料花费过高所带来的损失。再者，制革商把其他投入（如通过与工会协商所设置的劳工费、电费）看成是自己几乎没有控制权的因素。另一方面，在通过与生皮商人讨价还价定下的生皮费用上，制革商能够发挥一定的影响。

由于这些原因，购买生皮就被认为是经营一家成功制革企业的关键因素。生皮购买者必须每天早晨在生皮市场花上几个小时，即使那天他们不打算买，这是因为他们得追随市场的趋势。从而，生皮的采购被认为如此重要以至于采购者通常为一家之主（长辈中最年长的男性）或其继承者，他是代表企业中最有技巧和经验的人。尽管由于特定的庆典和社交目的，寡妇也被认为是一家之主，但她们不允许担当这么关键的企业角色。如果寡妇的儿子太小而不能独立管理企业，那么她必须依靠一名男性亲属为她购买生皮，倘若这一点也做不到的话，她将不得不卖掉企业。

为什么在皮革加工过程的各个不同阶段女性参与许多其他活动——这一点本章将谈到，而却禁止她们购买皮革呢？或许一个原因是与生皮市场的地点有关。因为生皮商人主要是北印度的穆斯林，所以生皮在加尔各答的两个穆斯林地区销售。在生皮市场附近的区域，人们很少在街上能见到女性，当然也就见不到脸上完全用面纱遮住的人。

但在任何情况下华人女性也不可能参加这个阶段的企业活动，因为购买皮革需要一个人出来到一个核心的讨价还价的和商业关系的公开环境中。尽管华人妇女彼此结伴去购物，但已婚女性花大量时间离开家也被认为不妥，特别是一些她们长期接触男性的活动。在这个社区，一旦离开学校，异性之间就很少混在一起。在婚礼和其他社交场合，男性和女性也不混坐，宴席餐桌往往分性别。大多数婚姻仍是父母之命，女性脱离既定的规则与男性自由

---

① 我有些不放心用"家务的"（domestic）和"公众的"（public）这两个词，因为最近的学术研究表明女性常常形成她们自己强有力的社区，关系已拓展并超越了家庭界线〔如见卢格霍德（Abu Lughod），1985；霍尼格（Honig），1985〕。因而，此情况中我用这些术语只指经济活动。此外，该情境中"公众的"暗示需要与男性外人长期打交道的活动，"家务的"暗指最接近家庭的活动。

交谈会被别人讨厌、说三道四,认为他们"出风头"。

以斯帖·博塞拉普(Esther Boserup)指出:"女性的家庭产业通常坐落在使她们完全远离其他有利可图的活动的地区。社会禁止参与其他活动迫使受隔离的女性参与这项唯一的活动,可以赚钱而又不在社区失去社会尊严"(1970,第108页)。当然这个海外华人社区的女性没有被隔离,但仍有一些不能逾越的限制,冒险的话会引来社会处罚。

除了购买生皮,还有其他一些只能由华人男性完成的任务。在下午早些时候,出门去生皮市场的男人们回到家,这时就有旁遮普北印度邦的商人来检查样本,然后协商购买成皮的合同。尽管与这些皮革商人做交易不需要离开家,但它涉及与男性外人不断讨价还价、做交易,就这一点而言,它也是男性工作。此外,出售皮革的人会收到大笔的现金,因此他往往是在管理家庭财政方面发挥重要作用的一家之主或继承人。

即使在寡妇带着年幼孩子的情况下,家庭的财政权由妇女掌管,女性也从不经办皮革的销售,而是依靠男性亲属来做。寡妇有时会替男性亲属做"散工"来解决生皮购买和皮革销售的问题。在这样的安排下,把未加工的原料包括生皮在内供应给制革商,然后制革商再把成品以提前协商好的价格出售给原料供应商。这样就使得成皮制造商无需与生皮商人和私人皮革收购者双方都进行协商。拥有制革厂的寡妇也会与没有自己企业的男性亲属形成生意上的伙伴关系。双方都能从该搭配中获利,她能解决生皮购买和皮革销售的问题,而他不用筹集资金就能得到制革企业的股份。

然而,该搭配的问题是一旦寡妇的儿子长大能够参与企业活动,男性亲属就丧失了他的地位。有这么一个例子:一名寡妇与堂兄合作,他负责购买生皮和销售成皮,两人都监管制革厂的运作。而寡妇的儿子一长大,堂兄就建立了自己独立的企业。另一个例子是寡妇与未婚的弟弟组成商业上的合作关系。

尽管女性既不购买生皮也不销售成品皮,她们仍在实际的制革过程中发挥了积极的作用。在制革厂,一些工作只由印度工人来做,其他一些由印度工人或男性、女性家庭成员来做。在生产过程中,没有职务是专门由男性家庭成员来负责的。女性通常负责监督制革所需化学制剂的准备工作、修剪一块块成品皮、给工人发工资并做好出勤记录;雇佣印度劳工来做许多繁重的体力活。

的确,在一些制革厂女性家庭成员监督整个的制革过程。她们承担重大的商业职责,但也应该注意到她们参与的任务中没有一项要求她们离开家完成。表6-1和表6-2概括了制革过程中涉及的任务及参与其中的人。它们表明就家庭参与生产活动而言，一个完全男性的领域和工厂生产的内部范围之间存在间隔，前者处理生皮市场和皮革买者之间的外部世界，后者是男性和女性家庭成员都参加的生产活动。这些表也证实了那些直接影响商业利润的职责——购买生皮、测量成皮（由于测量中的错误会导致多付的款项或缴费不足）及出售成品——几乎都是由男性家庭成员代表来做。尽管女性偶尔的确也测量皮革，她们几乎从未购买过生皮或出售过成品。简而言之，相对公开的家庭商业活动范围和允许一个人与家庭范围保持密切关联的商业活动是这些家庭企业劳动的性别分工最突出的特征。

表6-1 皮革生产中的劳动分工

过程	工 人 类 别
购买生皮	华人（通常是户主）
加工皮革①	印度工人、华人家中的男性或女性
制成皮革②	华人男性、印度工人（华人女性只参与包装）
支付工人工资	华人家庭成员（男性或女性）、所雇的华人管理者或印度职员
出售成皮	华人男性（通常是户主或继承人）

注：①表6-2中的第2~10步。②表6-2中的第19~22步。

表6-2 皮革生产中的步骤次序和劳动分工

步骤	过 程	完 成 者
1	购买生皮	华人家庭之主或继承人（通常为男性）
2	浸泡、施用石灰、除毛	印度工人
3	刮肉	印度工人
4	调配制革的化学制剂	华人家庭成员（男性或女性）、所雇的华人管理者或印度工头
5~7	制革、烘干、削刮	印度工人
8	片皮	印度工人（只在大型制革厂能找到片皮机）
9	准备涂油	华人家庭成员（男性或女性）、所雇的华人管理者或印度工头
10	涂油	印度工人
11	定型	印度工人（只在大型制革厂能找到定型机）
12	打钉	印度工人
13	第一次修边	华人家庭成员（男性或女性）或印度工人
14	准备"干燥处理"（磨光）	华人家庭成员（男性或女性）、所雇的华人管理者或印度工头
15	进行干燥处理	印度工人
16~18	刮软、擦磨	印度工人
19	第二次修边	华人家庭成员（通常是男性）或印度工人

续表

步骤	过程	完成者
20	挑选成皮	华人家庭成员(一直是男性,通常为户主)或所雇的华人管理者(在很大型的制革厂)
21	测量	华人家庭成员(通常是男性、户主)或印度工人(在有测量仪器的制革厂)
22	包装	华人家庭成员(男性或女性)或印度工人(比哈尔贱民、北印度穆斯林或孟加拉人)
23	支付工人工资	华人家庭成员(男性或女性)、所雇的华人管理者或印度职员
24	出售成皮	华人户主或继承人(一直是男性)

劳动分工中的性别变化

尽管我们可以得出这样的结论：女性往往参与更内部的、不那么公开性的经济活动，但从某种程度上而言这绝没有暗示说整个社区的女性参与家庭企业的方式都一样。例如，奚台国的制革厂是塔坝最大的厂之一，去那参观一趟就会发现他三个兄弟的妻子没有一个参与制革企业的任何活动。然而，再走五分钟的路程到了严宝夏的制革厂，你会发现他的两个儿媳妇都在忙着修剪一块块的成皮。这样的差异是任意性的，还是有何解释呢？

首先，应该指出的是已婚的女儿很少花时间做制革厂的工作。与香港和台湾的工薪家庭和中低阶层的家庭不同（见格林哈格，1985b；孔，1984；萨拉夫，1981），该社区的已婚女性对她们出生的家庭既不投入劳动也不投入资金。年轻女性在完成学业之后结婚之前工作几年并非不同寻常的事，但她们主要当美发师或在当地华人学校当教师——为了赚取个人零用钱。[①] 或许这些家庭与之前提到的研究中所分析的家庭之间的区别在于制革社区的繁荣本质。除了在最不富足的家庭，这些年轻女性的收入所得对于大量的家庭收入贡献很少。（关于女儿们在创造家庭联系与移民及资产的家庭分配的策略方面所扮演的重要角色的信息，见下一章。）

[①] 有趣的是，华人拥有并管理着加尔各答城市的大部分美容沙龙。与制革的情况一样，种姓体系的影响在此也很重要。由于头发被认为是身体的排泄物，那些和它打交道的人也被认为受到了污染。理发师通常在当地的种姓等级中所排的等级相当低。因此，华人开美容沙龙会偶然发现这个职业尽管对于他们有利可图，却在移民国的阶层体系中地位低下。

但在所有的情况中已婚妇女不参与家庭企业活动的程度相同。1985年夏天我对自己3年前居住的华人制革社区的46个家庭进行调查。我的目的是估量出女性参与家庭公司活动和其他变量之间的联系，包括公司规模（通过计算公司雇佣的非家庭成员的工人数量来测量）、家庭形式（夫妇式家庭、主干式家庭和联合式家庭）和空间的构造。读者可以翻到本章的附录部分来查看对于范畴和尺码的更详细的解释。（更深入的分析见巴苏，1991b。）

我发现女性更不太可能参与到雇佣16个或更多工人的公司中（这个公司规模远超过9个工人的中值，在几乎所有的社区成员看来规模较大）。这46家家庭公司可以进行如下分解：

表6-3　公司规模与女性参与

公司规模	公司数量	
	女性不参与	女性参与
16名或更多工人	7	5
少于16名工人	6	28
合　计	13	33

尽管家庭规模明确影响了女性的参与程度，但我的数据也表明了公司规模和家庭类型的关系，更复杂的家庭与更大的公司相联系：

表6-4　公司规模与家庭类型

公司规模	家庭类型对应的公司数量		
	联合式	主干式	夫妇式
8名或更多工人	10	8	10
少于8名工人	2	3	13
合　计	12	11	23

这个关系也可以通过各家庭类型所属公司的工人中值数来进行表达：

表6-5　家庭类型与工人中值

家庭类型	工人中值	家庭类型	工人中值
联合式	17.5	主干式	10
"复合式"（主干式与联合式）	15	夫妇式	7

第六章 | "妻子的财富":家庭劳动和收入的分配

在制革厂外卸载生皮

印度工人把制成半成品的皮革钉在本板上，把它们晒干

注意到了家庭形式和公司规模相互关系的重要性，人们就可以推论出公司规模对女性角色的影响实际上反映了家庭组织形式上的差异。① 毕竟，随着家庭由夫妇式发展为联合式，曾仅仅由丈夫和妻子承担的责任逐渐分给几个成年儿子。当夫妇式家庭中的丈夫出门去了生皮市场，妻子可能就是留下来的唯一的成年家庭成员。因此，人们可以假定对工厂的工作过程进行监督的任务自然而然由她来做。另一方面，人们会预料在联合家庭中成年儿子可以工作，从而对于女性家庭成员的要求会大大减少。

然而，在我的样本中找不到家庭形式与女性参与之间任何有意义的联系。即使我们用女性参与最具包括性的衡量方式（仅通过对比那些女性参与和未参与的家庭，没有考量参与的强度）。然而，解释为什么家庭组织和公司有所联系仍很重要，这是因为尽管这两个因素与劳动的性别分工没有关

---

① 本章我用联合家庭的范畴来描述已婚的兄弟们共享资产、经济活动和住所的家庭。尽管共住同一住所不总是联合家庭的必要特征，但已婚儿子从塔坝迁移常导致家庭分化（如分割家庭财产）或这些移民不积极参与到家庭经济活动中。

联,但其相互作用的确影响了劳动分工的其他方面,如父亲和儿子之间零星琐事的分工。

鉴于家庭的发展循环在该社区的运作方式,公司规模和家庭形式两者相关的观点比较有道理。只要父亲还健在,兄弟们通常一起留在企业,但父亲去世之后他们会分开。因为兄弟们分割了财产,包括雇佣的工人数量,还隔开了工厂空间,新企业一般比原来的更小。因此,在许多例子中由联合家庭最初分化产生的夫妇式家庭与相对较小的企业有所联系。随着时间的流逝,通常这些企业会进行扩展,但到扩展之时,夫妇式家庭已经演变成了主干式和联合式家庭。

该社区的形成所通过的移民模式也促成了公司规模和家庭类型的相互关联。尽管从二战之前的几年高峰期以来社区的移民数量急剧下降,但一些小型企业仍然与最近迁入社区且经营刚起步企业的移民相关。在第五章讨论的第一代制革商,这些人常常是单身男人,只有当明显看到他们的企业牢固建立之后才会结婚。因此,企业形成的那几年规模仍相对较小,与家庭的形成年份一致,仍是包括丈夫、妻子和小孩的夫妇式家庭。

再者,联合式家庭中几个儿子在一家企业中合作,至少有一名儿子有时间进行创新。例如在费胜产家,他的二儿子负责销售,小儿子监管工厂的运作,而费仍然购买生皮,让大儿子自由管理一家相关的新企业——生产皮包的分部。在袁东泰家,五个儿子中的四个在一家企业中合作,这样就使得二儿子能利用时间来开发新型的加塑皮革。

最后一点,仅少量赢利的小企业不能供养联合家庭的所有成员。在这种情况下,很有可能一个或更多儿子移居或搬到印度的其他城市从事不同的工作。因此,通过迁入或迁出,这样的联合家庭将进行分化,新的夫妇式和主干式家庭形成。莫里斯·弗里德曼(Maurice Freedman)的建议与此相关:富裕和贫穷的家庭内发生不同的循环。他指出在许多贫穷的家庭,不可能有多于一个成年儿子待在家(1966,第 44~45 页)。尽管由于获取与利润相关的准确数据有难度,我没有详细阐述公司规模和财富的相互关系,但明显的是与联合家庭相关联的小公司处于财富轴偏低的一端。与这样的小企业相关的联合家庭内部不稳定,往往会分解。

我注意到我的调查结果与研究华人家庭的多数学者的观察完全相一致。[①] 许多学者把联合家庭和相对财富相连接，虽然所认为的两者的联系和相关联的原因各有差异。譬如，弗里德曼指出联合家庭更有可能兴起于精英阶层，他们的财力使得他们更有能力养活自己，而格林哈格（Greenhalgh）主张家庭循环本身改变了家庭的经济地位，并争辩说人口差异是台湾收入不平等的重要组成要素（1985a）。哈瑞尔（Harrell）采取的是一种中间立场，他表述为在当代台湾，"依靠资本投资"的家庭比赚工资的家庭更有可能联合，因为资本能维持联合家庭，再者家庭的额外劳动力使得他们更有可能产生剩余进行资本投资（哈瑞尔，1982，第159～160页）。

有些人认为家庭形式与财富不相关。例如，麦伦·科恩（Myron Cohen，1976）和伯顿·帕斯捷尔纳克（Burton Pasternak，1972）把联合家庭在台湾乡村地区的普遍性归因为这些家庭更加有效地使用家庭劳力。[②] 然而这些研究多数都把家庭形式和经济物资联系起来。当然我也说过我对家庭规模的测量不同于家庭财富。理论上讲，与大公司相关的联合家庭中的各个成员不会比与小公司相关的夫妇式家庭成员富裕。但关键一点是拥有一家大公司和富足会在一些类似的方式上影响到这些家庭，这是由于两者都能给他们提供重要的资源及弹性。

女性角色及空间结构

多数制革厂中，家庭的空间与工业场所密切交织在一起，而在一些制革厂所有的家庭生活区域都安置在楼上，与工业场所隔开。空间安排上的区别与我在此考虑的其他因素，即家庭类型、公司规模和劳动的性别分工之间有联系吗？

要回答这个问题，我依据空间构造对制革厂进行分类。在一些制革厂，

[①] 汉学家长久以来关注首先由恰亚诺夫（A. V. Chayanov，1966）和之后马歇尔·萨林斯（Marshall Sahlins，1972）在关于家庭循环对于家庭相对财富和劳动结构的关系研究中提出的这类问题。特别是长期以来关于华人家庭的家庭循环的学术研究也问了家庭分工的问题：它为什么会出现？什么时候出现的？它又是如何影响家庭经济的？〔科恩（Cohen），1976；弗里德曼（Freedman），1966；朗（Lang），1946；莱维（Levy），1963〕

[②] 最近对于中国大陆做的研究重新唤起了恰亚诺夫对于家庭循环对家庭相对财富作用的关注。例如，马克·塞尔登（Mark Seldon）已经发现在他研究的务农的乡村中最富足的家庭中，赚取收入的人与所养人口之间的比例是适宜的（1985，第195页）。

居住、就餐和做饭的场所都临近或在生产区内;在另外一些制革厂,居住区设置在不同的楼层,但就餐和做饭区仍并入生产区;还有在其他一些制革厂,家庭生活区完全与生产区隔开。的确,当我在46家公司的样本中把空间构造和公司规模联系起来时,我发现更大型的公司(有14或更多名的工人的那些公司)的生活区明显地与生产区相隔离:

表6-6 公司规模与家庭空间(一)

公司规模	家庭空间与工厂区域的关系(公司数量)		
	完全隔开	紧挨厨房	紧挨厨房和卧室/睡觉区
14名或更多工人	9	4	6
少于14名工人	4	4	19
合计	13	8	25

我也寻找空间结构与家庭类型的关系,发现家庭生活和生产区相隔离与更复杂的家庭相关:

表6-7 公司规模与家庭空间(二)

家庭类型	家庭空间与工厂区域的关系(公司数量)	
	完全隔开	紧挨厨房或厨房与卧室/睡觉区
联合式	7	5
主干式	1	10
夫妇式	5	18
合计	13	33

由于空间构造似乎与家庭形式和公司规模的变化相关,我从理论上推理这些变化也与女性的角色变化有关。我猜想,随着公司的成长,不仅女性的参与没有那么活跃,而且她们地位的变化也反映在家庭生活区和生产区严格的区分上并由其得到促进。遗憾的是,事情结果并非那么简明。当我尝试把女性的参与和空间结构联系起来,即使用了最广泛、最具囊括性的范畴我也没能发现两者之间的重要联系。

因此,看来公司规模对于塔坝华人企业中的女性角色有着主要影响。接下来这一节我将试着解释为什么公司规模的变化与劳动的性别分工和空间的变化有如此紧密的联系。

家庭关系、企业目标和变化的角色

在第一章曾讨论过最近对于华人的民间意识观念的学术研究密切重视中国文化内部的企业思维的影响作用〔盖茨（Gates），1987；哈瑞尔（Harrell），1985，1987；尼霍夫（Niehoff），1987；斯蒂茨（Stites），1985〕。但许多最近的研究主要聚焦的是男性的企业策略。的确，哈瑞尔推测由于未婚女性将出嫁，她们"很少有动力努力工作"（1985，第221页），而已婚女性利用"变化的企业策略"，体力工作由"指挥……儿子们为家庭利益努力工作"所替代（1985，第221页）。

哈瑞尔的观察研究并不能在所有的情况中都成立。举例来说，最近对台湾的研究表明未婚的女儿比兄弟们工作更努力，原因是她们出嫁后，拥有更少的时间来"偿还"父母早期抚养的投入（见格林哈格，1985b）。

即使人们承认未婚女性通过努力工作来帮助娘家实现长期的经济目标所获取的利润少于男性，已婚女性的角色问题仍然存在。这一定就遵循了中国父居和父系的家庭体系吗？在该体系中，已婚女性总是选择不直接参与家庭企业，她们与儿子有着密切的情感纽带，主要依靠她们激励儿子为家庭努力工作。或者是否已婚女性的活动更有可能依据其经济状况各有差异，还是根据她们嫁入的家庭构成而不同？

关于乡村务农环境中的华人家庭的研究表明家庭形式和/或财富的多少在劳动的性别分工上发挥重要作用。因此，在麦伦·科恩（1976）关于台湾客家务农家庭的研究中，他注意到复合家庭性别之间的劳动分工往往比夫妇式家庭更加明显。科恩说，"劳动力更少的情况下，性别之间的隔离对生产效率更为不利，而生产效率是被优先考虑的要素；但随着家庭逐渐有更多的成年人，性别不平等的表达范围也更广"（1976，第148页）。另一方面，克拉克·索伦森（Clark Sorensen）发现朝鲜村民类似中国人，是父居和父系的，受到儒家思想的影响（1981），在他们当中，家庭的相对财富在决定劳动的性别分工上比起家庭结构更重要。他所讨论的村庄中，来自富裕家庭的女性更有可能只参与"内部"工作（1981），而不做需要她们去田地的农活。

第六章 "妻子的财富"：家庭劳动和收入的分配

但这些研究和其他研究都没有考察女性的问题，尤其是已婚女性在都市企业环境中，如加尔各答华人企业，对家庭企业的贡献。我从这个加尔各答华人社区中收集的数据的确证实了尽管多数女性参与家庭企业，但随着公司的成长这种参与也减少了。现在，让我来试着解释为什么是这种情况。

当然，玛杰丽·沃尔夫（Margery Wolf）曾尖锐地论证（1972）华人女性总是利用她们与儿子之间形成的紧密的情感纽带来确保自己的经济富足。这种形成"子宫家庭"（沃尔夫，1972）和操控并激励儿子的策略经常是一种选择。通过训导及照料，女性可以确保她们的儿子长大变得勤奋并有创新性。她们过去的牺牲也能激励儿子们现今努力工作。因此，有一个儿子满含热泪地想起母亲为了他能继续上学卖掉珠宝的事情，他说这样的牺牲解释了他目前致力于企业的原因。

但通过与儿子建立紧密联系并利用这些联系来激励他们为了家庭努力工作的策略并不一定与参与家庭企业相对立，因为在家庭公司中工作实际上是一种与孩子加强关系的方式。在中国社会，"工作"一直是人们谈论和创造牢固关系的主要标志和媒介物。苏拉米斯·海因茨·波特（Sulamith Heins Potter）在一篇有关中国村民的文章中评论道，当这些村民描述一个"广泛多样性的关系时……在任何情况下工作的能力而非感受力才是有意义的"（1988，第203页）。她补充说，"谈到培养孩子，被调查者强调的不是情感关系的重要性，而是通过工作来供养孩子，教他们不要懒惰。只有通过为彼此工作才能巩固父母和孩子之间的关系"（1988，第204页）。

在我认识的成年男子中，多数在对母亲热爱的表达上都很坚定，不觉得害羞。"妻子可以再娶，"我的朋友吴先生说，"但你只有一个母亲！"这种热爱经常在更大的背景中进行阐述——一个把他们的成功归功于努力的工作和他们的母亲曾经做出牺牲的故事。为家庭企业勤勤恳恳苦干的女性被称赞为"刻苦耐劳"和"出汗、血"的人。

她们从家人那里得到的表扬和热爱及在社区声誉的增强无疑是激发女性参与家庭企业强有力的因素。的确，如同在本章开头秦利越妻子的故事，社区成员把某些家庭的财富几乎仅仅归于一些女性家庭成员的功劳。

女性自己把她们的工作看成是家庭和企业需求的一个必要回应。的确，许多女性自豪地谈论她们的贡献，我知道没有一种情况是女性把她们的参与归因于其他家庭成员公然的压力。另一方面，女性明显不想妨碍——或似乎要妨碍——实现一般家庭和社区所抱有的目标。当需要她们帮助的时候,已婚女性认为参与企业是她们自动承担的任务。

鉴于参与企业能确保在社区处于较高地位并获得家庭的忠诚,为什么女性选择不加入更大型的公司?首先,应注意到财富仍是社区地位最关键的衡量标准。富裕家庭中的所有家庭成员都确保有高地位,当然除非他们明目张胆地违背了一些社会规范。其次,再加上其他家务活,家庭企业内的工作是一个负担,如带小孩和做饭仍是女性的责任。多数华人家庭的女性的确也雇佣印度佣人洗衣服,帮忙照看小孩。但多数小孩的看护和所有做饭的活仍主要是女性家庭成员的责任,甚至在最富有的家庭也是如此。(中式菜肴更受欢迎,所以印度佣人不为雇主做饭。同时,也不再有华人贫穷到去找为其他家庭做饭的工作。)

因此,女性可以退出参与家庭企业的活动,而不会被认为没有为家庭工作。与男性的工作不同,她们在企业的工作是附加的责任。在一家小公司,女性家庭成员的帮助仅仅会被看成是必要的,但当她们拥有财富时还有强大的力量牵引她们远离企业活动。的确,来自与更大型公司相关家庭的已婚女性没有参与到企业中时,她们也不一定就失去了在家庭中的权力或影响。在接下来的这节中这一点很明显,我将分析塔坝华人家庭中的收入分配和管理。

家庭收入的分配

在多数传统华人家庭的民族志中,家即家庭的财产被认为是属于整个家庭的集体资产,同时它也由一家之主掌控和管理,如果他没有能力就由一个儿子来管理。例如,费孝通把家描述为"生产和消费的社会基本单位……所有制集体层面的基础"(1939,第61页)。他补充说,"一家之主在与不动产相关的任何交易中有最终决定权。土地和工业产品也是如此。"(1939,第61页)。

基本上华人家庭经济整体的性质总是在这些民族志中得到承认,但也时常指出不是所有人利用资源的程度都相同,也不是所有个人财产都赋予了集体的本质。例如,费说"理论上而言,根据理想的体制,无论何时其他成员从其他途径得到钱,他们必须上交给一家之主;当他们需要东西时,也得叫他买给他们；它是一个非常集中化的经济。但是实际上，赚钱者通常保留整体或部分的收入"（1939，第 62 页）。

麦伦·科恩证实家庭经济具有"囊括性"或"无囊括性"（1976，第 63 页）。通过这样分类，他的意思是不一定所有的家庭成员都参与经济活动（比如，儿子们会移居到城市，做一份领薪水的工作，不给家里投入资金也不收家里的钱）。此外，即使那些参与了的家庭成员，参与的程度也各异。在一份关于清朝（1662~1911）的概述中，约翰·麦克里（John McCreery）陈述，"按照惯例，未再婚的寡妇和未婚的女儿有权保有丈夫或父亲的财产，但通常她们都没有继承的权力"（1976，第 164 页）。同时，他表明人们可以拥有除了家庭之外的个人财产。例如，科恩写到历史现状时，他表明了女性"私房钱"的存在（1976，第 190 页）。在被考察的情况中，这样的资金主要来源于婚礼期间的礼金、一家之主过年期间赠送所得及女性自己的菜地收入。

费也讨论了女性的钱，它可能来源于女性在外面工作储存或收入所得，没有上交给家长（1939，第 62 页）。在费看来，嫁妆也是女性财富的一种形式，但一般而言学者认为女性对于嫁妆的掌控程度有所争论。鲁宾·沃森（Rubin Watson）在一篇有关中国女性与财产的文章中写道，很有可能女性对于嫁妆的控制权"从一个地区到另一个地区，从一个阶层到另一个阶层"存在差异。她进一步说，这种差异，"可以被描述为一个连续体，一端是一些女性牢牢地掌控嫁妆，另一端则完全相反，她们的嫁妆真正是家庭财产或房产"（1984，第 7 页）。

在此应注意到当谈及女性能接触到或对家庭收入及财产有所掌控的程度时，我谈论的主要是已婚女性，这是由于未婚的女儿仍非常有可能被要求把全部或部分的收入让与家庭（见格林哈格，1985；萨拉夫，1981）。然而，甚至该模式也不是完全被复制的；在本章前面的部分也说到，塔坝当美发师或教师的未婚客家女子通常保留自己的收入所得作为零花钱来用。

由于现有关于华人家庭经济结构的文献资料不一定能预知塔坝华人家庭内部的收入分配，现在让我们仔细来看看这个主题。

谁控制收入？

在劳动性别分工的讨论中，我提到购买生皮和出售成皮的那些人所扮演的重要角色。我指出这些任务通常由男性家长完成，如果他退休或去世了则由他的儿子来做。我进一步说到，在购买生皮和出售成皮由不同人来完成的少数几个情况中，出售成品的人最有可能管理家庭的财政——因为他处于大量现金收付的终端。

麦伦·科恩对家庭财政的"再分配者"和家庭的"财政管理者"（1976，第135页）进行了区分，在此很管用。根据科恩，资金转移给再分配者，他有权利分配给其他家庭成员。但这样的人实际上并不管理每天的资金，这是"财政管理者"的职责。

父亲让与企业和家庭的权威分几个阶段进行。首先他会放弃"财政管理者"这个角色，之后当年龄或身体障碍使得他处理日常事务的能力减退时，他就会放弃"再分配者"这个角色。在塔坝，即使他让与了两个角色，外人仍会把这个特别的人叫做家长。但在这一点上，这种认同仅仅是仪式上的。比如，鉴于他是家庭的长辈，邀请家庭参加主要社交场合的请柬仍会发给他。这也适用于年长的寡妇，尽管她没有当"财政管理者"和"再分配者"，但仍保留家长的头衔。

当然，在夫妇式家庭中，管理和再分配的职责由同一人完成，只有在复合式家庭中才有可能分开这些角色。例如，第一代制革商之一的袁东泰现在已经不再扮演家庭企业中的积极角色。尽管利润仍移交给他，家庭的资金循环也通过他，但他不再控制每天的财政决定。由第二个儿子来做这些决定，因为正是这个儿子与买家进行协商；他担当财政管理者的角色。另一方面，大儿子负责购买生皮，这个关键性的任务从家庭资金管理的角度而言不一定具有决定性。

在吴先生的家中，他真诚地谈论自己对母亲的热爱，他的言谈中反映的经济关系表达了她的重要性。在吴先生家，已经守寡多年的母亲是再分配者。资金也是移交给她，她保管着保险箱的钥匙，而且由她来分配钱财。然而，当涉及经营企业时，他的两个已婚的儿子承担全部责任。因此，他们对如何真正使用资金做出决定。吴先生认为他们的安排是保存家庭整体性的策略。用他的话来说，"如果我们两个兄弟中的一个控制资金，必定会有冲突，但如果我母亲持有控制权，家庭就会和睦。"的确，这样的安排运作了好几年。只是到了1989年，我一回到塔坝就发现吴先生和他兄弟之间的关系已经恶化，他们正认真考虑分家的事情。

第六章 "妻子的财富":家庭劳动和收入的分配

然而,年长的父母会放弃再分配和管理的任务。比如,孔田华到1982年时已经80多岁了。他不再对积极参加企业活动感兴趣,他第二任妻子所生的大儿子负责管理和分配所有的家庭资金。现在孔田华和他的第二任妻子每个月都能收到这个儿子给的生活费。(到20世纪50年代时,孔田华第一任妻子所生的孩子已经和父亲的经济活动分开——在下一章我将详细考虑该情况。)

由于年事已高,孔田华让渡了再分配者的角色。的确,只有因为年事已高或身体虚弱,父亲才会放弃这个角色。毫无疑问,父亲几十年来都是一家之主,他的权威是确定无疑的。而一位守寡的母亲比起她的丈夫更有可能让渡再分配者的角色。母亲的权威比起父亲来更因她影响儿子的能力而定。一些寡妇,如吴先生的母亲会对成年的儿子施加相当大的影响力,但并非想当然地认为她们会这么做。

再分配者和财政管理者的区别并不总是这么明确。例如,在费胜产家,费继续购买生皮、签支票,他的大儿子则协商销售事宜并负责大部分的财政管理。费不仅仅是一名消极的观察者,企业以他的名义获得利润且资金再分配也是通过他。尽管不再是企业的主要力量,他仍积极参与企业活动。因此,费和他的大儿子共同承担管理者和再分配者的角色。

此外,在一些华人环境中通常都认为职责的转移涉及从父亲到大儿子的财政管理和再分配任务的移交,当然在塔坝并不总是这种情况。在吴先生的情况中,他守寡的母亲从丈夫那里接管了再分配者的任务。在其他情况中,小儿子可以接管大儿子财政管理者的任务。

在塔坝一个联合家庭,销售的所有利润都汇到公司,而公司仍由担任再分配者的父亲所代表。但第二个儿子负责购买生皮和销售成皮,第三个儿子则负责保管日常的现金,支付日常的运转花费,包括给工人发工资。父亲一去世,再分配者的角色很可能传给二儿子、三儿子或他们的母亲,而不是大儿子。兄弟中的老二已经负责制革过程的两个关键任务,老三已经接受家庭资金管理的培训。吴先生家的情况也是如此,如果母亲担任了再分配者的角色,这样会暂时性地防止兄弟之间发生冲突。大儿子明显缺乏优先负责权,这在一定程度上是由于塔坝华人强调获得经济上的成功。如果一个儿子更具商业敏锐性,则认为他有头脑承担更大的责任。例如,在乔潭明家中,寡妇掌管资金用来家用,而她的小儿子负责销售,控制商业花费。尽管大儿子购买生皮，大家并不认为他比弟弟敏锐。因此社区成员认为弟弟更适合掌管企业。

当然，虽然所有的儿子都有权平分企业股份，但商业头脑和能力最终会使一个儿子处于管理控制家庭企业的显要位置。儿子之间出现的差异最终也会导致他们之间产生冲突及家庭分化，我将在下一章对此话题展开调查。另一方面，兄弟之间能力的差异有时会推迟家庭分化。在兄弟之间极不平衡的情况下，实际上更不具有能力的兄弟会尝试与家庭共存，原因是分家只会使得他的处境更加艰难。

薛有才面临过这样的处境：在塔坝建立制革企业几年之后他便失明了。在那个时候，他请妹夫来帮忙，在妹夫死后薛叫来他在镇上当飞机技工的弟弟回到塔坝帮忙做企业。这个弟弟最终承担了企业最主导性的任务，然而薛抱怨弟弟给予他的待遇，他清楚地意识到如果自己经营企业会更富裕。

因此，在塔坝控制家庭公司的资源比在一些其他海外华人的环境中更加多变。例如，在奥莫亨德罗（Omohundro）关于菲律宾华人家庭公司的研究中，他说，"根据儿子们的出生顺序和能力来分配利润（或补贴）并承担义务。收入和花费由当家长的父亲、寡妇或大儿子认真监管"（1981，第140页）。

尽管塔坝的企业家庭仍与基本的父系、父居的亲属体系相结合，但它们也致力于实现商业成功的理想，把公司的命运和出生顺序的偶然因素结合在一起。的确，我在本章接下来的部分也将表明：再分配者和财政管理者角色的区分不仅在于可能填补这些位置的人选方面，也在于他们实际上能行使多少控制权。

分配资金

人们可能认为在一个家庭中只有再分配者才有完全的自由动用家庭资金。尽管从终极意义而言这是对的，但塔坝家庭在他们经由再分配者分配资源的实际方式上存在差异。

例如，在袁东泰家中，他的四个儿子都在家庭企业中工作，他们的妻子也每个月都得到工资。这些工资用来零用，对如何使用工资几乎不记账。另一方面，主要的花费如孙儿们的学费、旅游和食物都直接来自于袁东泰本人。我们已经提到过，尽管他没有积极参与企业运作，但他仍是再分配者。

另一方面，在费胜产的家中，家庭成员都没有工资。只给三个儿子和他们的妻子每个人一点现金。他们提款时要登记数量。对于谭其云家而言，他退出积极的企业活动导致他完成再分配任务的方式发生变化。谭其云仍是家中的最终权威，但他不再对家庭保险箱和银行账户有唯一的控制权。任何成年家庭成员，包括他的妻子和年老的母亲在内，可以从银行账户中取钱或拥有保险箱的钥匙。但并非所有的家庭都这么宽松。周先生一直不断地给我如何管理企业的建议，他每月给妻子一笔零花钱，但她不可以使用保险箱或他的银行账户。

除了生活费、工资和利用保险箱，家庭成员还能得到并持有其他形式的收入。例如，薛有才失明了不能继续工作，他每月从现在负责企业的弟弟那里领取自己和家庭的生活费。薛还有另一项资金来源。为了支付设备和机器费用，他弟弟为制革厂生产出的每块皮留出一定数额的经费。从这笔资金中留下的钱定期在两兄弟和他们的妹妹之间进行分配，妹妹在丈夫去世之后继续在企业工作。（妹妹的情况很不寻常，因为她在兄弟们的企业中拥有股份，而股份通常仅在儿子之间进行分配，如果分家，将是很有意思的局面。）

但不是所有的款项都转到共同的钱柜，然后分发给家庭成员。比如，严宝夏家中，已婚的儿子管理不同的制革企业，每人从中获取各自的收入，但尚未发生分家之事。尽管儿子们在父亲的制革厂管理自己的企业，制革厂的资产（厂房和资金）仍属于整个家庭，并由严宝夏自己掌控。同样的，吴先生的情况是他的母亲担任再分配者，他和弟弟在同一家庭企业一起工作，哥哥也兼职经营另一家企业，这家企业的收入并不上缴到共同的家庭基金中。

兄弟之间这样的安排很罕见，因为通常其中的一位在另一家企业兼职会使得他参加与其他家庭成员共有企业的活动时间大大减少。这最终会导致冲突和家庭解散，吴先生与哥哥之间的情况也正是如此。

女性的收入和财富

年轻女子除了婚前通常当美发师或在华人学校当教师的收入，最重要的财富来源是黄金首饰和其他婚礼上收到的礼物。前文已表明，在华人社会女性对于婚礼时收到的钱财的掌控程度因历史和地域而异。然而，多数塔坝华人相信结婚礼物，包括黄金在内是女性的财产。例如，如果家庭做生意失败而需要筹集资金再起家，他们就会想卖掉珠宝。但未经妻子允许是不能卖的。在塔坝女子拒绝分配这部分资产的例子至少有一个。

女性结婚时收到的其他礼物包括两个装满衣服、私人物品和现金的红色箱子。现金的数量各异，但通常它是一笔重要的零花钱。而在一些情况中会赠送更大一笔钱，年轻夫妇用来当作创业的本钱。这尤其可能发生在新娘嫁给已经从大家庭分离或不是大家庭一员的男人的情况中。

例如，邓辉林——我将在下一章详细讨论他的情况，他是塔坝一个极其富裕家庭的后裔，资产足够家里三代以上人的花费。他沦落到在另一家庭制革厂找了一份工人的工作。但幸运的是，他和工厂老板的女儿订婚，当他们结婚时，她家在嫁妆中加了足够的现金让他们可以当承租人开始生产皮革。

牢记这点很重要：女性在结婚时收到的礼物没有一件接近即使是一家小制革厂的股份的价值。塔坝最小的制革厂在1982年至少值100万卢比（大约10万美元）。所以在那个时候即使这样一家制革厂的一半股份也要花费50万卢比，这个数额远高于最富裕的家庭赠送给新娘礼物的总价值。

此外，并非塔坝的每个人对女性掌控结婚所收黄金饰品的程度意见一致。比如，多数人相信如果女人离开丈夫（这是塔坝特别罕见的事情，尽管如此它是一种假设的可能性），她只可以带走从娘家所得的黄金首饰。我问过的还有一些人向我说起，女性对于黄金首饰能否卖出的决定权仅是理论上的。"有多少妻子会拒绝丈夫卖掉黄金的请求？"朋友周先生反问道。

婚后，女性通过修剪皮革能接触并控制一些资金。（每张皮由机器修成统一的宽度，然后再手工修剪把边缘弄平。）的确，在我进行劳动分工的研究中所调查的46个家庭，30家给予女性销售这些制革副产品的收益。

通过这些销售所得的收入通常在复合家庭中的婆媳之间进行分配，或由夫妇式家庭中的妻子收取。拥有小规模企业的小型家庭很有可能把这笔收入再投进家庭必需品消费中。然而，在联合家庭中，必需品由再分配者来支付，女性对于这笔钱有更多的使用余地。在拥有大企业的家庭中，销售制革副产品所得资金能达到一笔可观的数量。例如，在1982年，拥有一家大企业的联合家庭中的妻子们每天从该销售中能赚到60~70卢比，每月有1200卢比左右（那时印度的中产阶层工资）。尽管这些钱要在三位妻子之间进行分配，但这笔可观的现金不必立即承担家庭必需品的开销。的确，塔坝的许

第六章 "妻子的财富": 家庭劳动和收入的分配

多女性拿这些资金投入信贷循环协会,通过投资赚取利息。

承租家庭中的女性从制革副产品中赚钱更受限制。修剪好的皮革被认为是工厂承租人的财富,而刮下的皮革则是制革厂老板的财富,因此承租商无权把它们卖掉。在钱伟刚家,刮下和修剪的皮革收入之间的差异用来决定那笔收入如何在儿媳和妻子之间进行分配。钱伟刚去世后,他的两个儿子每人在制革厂内管理各自的企业,各企业皮革修剪的那部分收入由他们的妻子支配。而钱的寡妇从工厂刮下的皮革中取得收入,她利用这笔收入在每星期日的中午款待五个已婚的女儿及其家庭。

我发现女性从出售制革厂副产品获取收入的行为和某一特定类型的家庭结构或劳动分工没有明显的关系。每一种家庭类型的多数家庭,还有多数参加和未加入家庭企业中的女性都有这样的行为。它也并未明确与任何特定范畴的公司规模相联系。

这些发现都很重要,因为它们表明女性接触企业的资金与她们参与企业的程度并未有任何联系。的确,当我们分析其他女性能获取收入或掌控在塔坝财产的途径时,包括出售材料碎片在内,该结论也能得到证实。例如,在讨论家庭中再分配者的角色时也指出,比如吴先生家,年长的寡妇对于家庭资金的支出会行使相当大的控制权。而这些妇女通常不参加家庭企业的日常活动。

即使许多女性获取的一些收入无需上交给家庭中的男性成员,一些女性也会控制由儿子所经营企业的收入分配,但女性没有机会赚取或控制与丈夫或儿子企业完全不相干的收入。因此女性经济上的富足最终与她嫁入的家庭紧密联系在一起。除了一个人通过努力工作获得好名声之外,当然该事实是女性积极参与小型企业的主要动因。从这些企业的成功和扩展中获取的收益形成了她们将来经济安全的基础。同样的,大型企业中的女性更有可能减少参与到家庭企业的活动中。该讨论也表明了其原因是她们获取这些企业所生产的财富并非取决于她们的参与程度。

公司规模对男性角色的影响

那么男性的角色如何?玛杰丽·沃尔夫(1972)指出,已婚的华人妻子已经通过与儿子们形成的情感纽带获得安全感,而她的丈夫则依靠父系—父居的结构获得安全。毕竟，他从小就一直在这个家庭。他也从未感觉自己像外人或不自在。因此，随着儿子们长大，华人男性最关心的是如何维护自己对于儿子的权威，这样的角色要求有一定的情感距离。此权威能确保他保持一家之主的角色，并把家庭凝聚在一起。保持家庭的团结对于家庭企业继续取得成功具有决定性的作用。

尽管与华人女性不同，华人男性在家庭没有另一个可选的活动范围能让他们转移精力，但并不意味着他们不会随着家庭公司的成长转变企业策略。只是他们对于这些变化的反应不同于女性。比如说，随着加尔各答华人社区企业的壮大，被雇非家庭工人（印度人）做的工作往往随之增加。之前仅由家庭成员来完成的技术工作甚至监管职责逐渐委派工人来做。大型制革厂的家庭成员无论是男性还是女性，在皮革的生产中很少有具体的责任。像混合化学制剂的任务，在多数工厂由家庭成员来操作，而在这些较大的企业中授权给熟练的工人完成。

这些大企业中的女性家庭成员在各个方面都很少参与企业，男性成员也仅改变他们参与的方式。在加尔各答华人制革社区的大型企业，男性家庭成员基本上变成了工厂管理者，掌控角色和种族各异的大量劳动力。（除了比哈尔邦的贱民之外，员工还包括尼泊尔工人、孟加拉的会计师、穆斯林的包装工和华人管理者。）这样的制革厂通常都有办公室，买家可以在私密及舒适的环境中与老板协商，而不是在工人工作的场地。

男性也可以选择参加许多家庭以外的政治组织，扩大联系范围以此最终给企业带来利益。我应该强调的是尽管女性较多地参与了家庭及家庭企业并有一定的影响，这仍是一个父系社会，女性被排除出多数由男性担任的政治领导角色。这些角色包括在姓氏及企业协会中的高级职位，并且如同许多东南亚的海外华人社区（见斯金纳，1968），这样的角色主要是富人的领域。

奚家——角色与结构改变的例子

人们可能会争论说在此我的数据实际上并未涉及跨越时间的转变，而只是调查某一特定时刻所发生的各种变化，即共时变化。然而，家庭历史阐述了我在劳动的性别分工、家庭形式、公司规模和空间结构上发现的变化，这些变化不仅存在于一段时间内而且跨越了不同的时间段。奚台国是社区比较

第六章 | "妻子的财富"：家庭劳动和收入的分配

成功的企业家之一，可以利用他的家庭作为例子来解释这种发展。当他的父亲奚飞元建立企业之时，厨房直接设在工人工作的场地，邻近卧室。后来，奚台国把卧室重新设在新搭的第二层，扩大第一层来创造更多的生产空间。之后，他在原工厂小巷对面的一块地又建了生产区，并把厨房搬到了那里。过了几年，在奚的两个兄弟和他们的家庭从国外回来帮助他拓展企业之后，他第三次扩大了制革厂的厂房。他又加了几层楼，把所有的家庭生活区从制革区移到了另一楼层，这一层则变成了家庭住所。

奚的父母是企业的创办人，他们在世时都参与企业，并非常活跃。但奚和两个兄弟并不与妻子共同做制革厂的工作。此外，在企业状况极度不佳的时期，奚的兄弟分散到其他地方，留下奚和他的直系亲属继续维持企业，当企业再次取得成功之时，兄弟们又再联合。因此，空间安排上的变化、家庭构成及劳动的性别分工所有这些都反映了奚的企业的规模和成功方面的变化。

我们在本章也看到了该社区的劳动性别分工明显。但已婚女性对于家庭企业的贡献并不仅限于指挥其他家庭成员努力工作；这些女性多数直接参与家庭企业。此外，该企业社区男性和女性的角色并不是一成不变的，而是随着家庭企业规模的转变发生变化。随着公司的成长，男性从体力活转向管理工作，而已婚女性则完全从商业活动中退出。我已经解释了这些趋势，把它们与适用于男性和女性追求共同企业目标多变的策略联系在一起。

索伦森（1981）和科恩（1976）所做的研究考察了朝鲜和台湾地区务农村庄的劳动性别分工，它们可用来突出我的研究中独特的部分。例如，科恩提出家庭形式在决定台湾乡村家庭的女性角色中极为突出。为什么这和我考察的社区情况不同？我已经讨论过阻止加尔各答客家女性去为较大家庭企业做贡献并激励她们为小型企业工作的文化、思想及经济力量。但注意到科恩研究的乡村农家环境和我研究的城市工业环境的真正不同之处也很重要。

科恩研究中描述的家庭试图通过多用家庭劳动力、尽可能少地雇用外面的工人来削减开支。因此，小型夫妇式家庭被用到了极致，这是因为他们试图尽可能地多雇佣这些领域的家庭成员。同时，对于多数家庭而言，依据有限的土地，所需工人的数量也有一定的限制。联合家庭中的成年家庭成员更多，有足够的男性成员来做所有必要的农活，因而女性成员可以只做家务活。

然而，在客家华人公司的工业环境下，内在的拓展范围更小。如果企业运行很好，老板将做任何可能的事情来维持并增加收益。通过在工厂多建楼层或购买空地来增加场地，在我进行田野调查之时空地在加尔各答这片未经开发的沼泽之地仍可利用。再者，随着企业增加收益，会增加更多的设备并雇佣更多工人——这些构成了投资，而不是消耗家庭资源。因此在该环境中，是企业而非家庭规模决定女性家庭成员是否参加企业活动。

把加尔各答的客家人与索伦森研究的朝鲜村民进行对比也能有所启发。他所研究的父系的、父居的、父权的和具有儒家思想导向的朝鲜村民把空间和劳动划分为"内部"（女性）和"外部"（男性）领域。此外，贫穷的乡村女性比有钱人的妻子更可能参加田间农活和其他"外面"的工作。但在这些村民当中，增长的财富加剧了夫妻间的差距，不仅在劳动分工上，还在于他们在家庭中的相对权力。较富裕的人往往到外面走动，而他们的妻子则越来越多地局限于"里面"的工作，最终对于家庭决定的影响力不及活跃的穷人妻子（索伦森，1981）。

客家女性的境况与索伦森研究的村民类似，当她们家庭经营较大公司时，在收益性活动中扮演的角色更小。但我的数据表明她们在家的权力和影响力并未随之变小。① 例如，我已经表明，女性控制财产与她们参与家庭公司没有必然的联系。因此，至少从接触和控制物质资源的角度而言，未参与家庭企业的女性并不一定处于劣势。这种状况的一个原因或许是通过形成"子宫家庭"及在家庭范围内工作，女性继续获得家庭成员的忠诚和尊敬。如同沃尔夫（1972）调查的台湾人，"子宫家庭"仍是非正式权力的一个重要来源。

此外，尽管没有参与企业，较大企业中的女性仍与小型企业中的女性参加同样的婚礼、葬礼和其他社交集会。的确，她们在社区中的地位与其他家庭成员一起提升，这是因为在该社区中家庭的总体地位与其财富紧密相连。因而，生意上的成功并不一定扩大或改变了夫妻之间差异的性质。

自相矛盾的是，参与企业能有助于加强那些经营小型公司的家庭中女性的家庭权力和社区地位。我已表明了在中国文化中努力工作是情感联系中的

---

① 显而易见，如何衡量和定义家庭中的权力是一个复杂的问题。出于这样的目的，我接受米歇尔·罗萨尔多（Michelle Rosaldo）借鉴史密斯（M. G. Smith）的定义："权力……是对人或事物有效行使的能力，来做出或确保有利的决定"（罗萨尔多，1980，第21页）。

习惯用语，它是家庭成员用来创建彼此纽带的一种方式，并用它来确保随后的忠诚和帮助。另外，社区重视努力工作，为家庭公司"刻苦耐劳"的女性从社区和自己的家庭中获得尊敬。毕竟，整个社区共有并赞同他们的目标——实现繁荣和经济安全。

因此，加尔各答的客家华人女性对多数社区成员共有的一系列至关重要的目标做出了许多不同的回应。她们不是家庭企业活动的消极旁观者，而是利用多种直接与间接的策略来增加家庭的经济财富。

附录：表格中测量的基本原理

女性的参与和公司规模相联系

从一开始就有必要在我的调查中找到一种合适的方式对女性参与家庭公司进行分类。我是通过计算每位妇女在家中负责的任务的具体数量开始的，但当我开始寻找相互联系时，其具体程度证明有点难以操作。所以我放弃了，用了一个更一般的测量标准：我仅仅把女性参与的企业和那些未参与的企业进行对比。

我选定企业中雇佣的非家庭成员的工人数量作为公司规模的一个测量标准，其原因已在第二章讨论过。而要确立公司规模的种类证明很困难。样本中的公司多种多样，从只有 4 名非家人工人的小公司到有 150 名工人的大公司（中等的公司有 9 名非家人工人）。最后我决定寻找"临界"（threshold）数值——浏览数据并弄清楚在何处画线有意义。换言之，我试图确定某些公司规模是否与劳动性别分工的一定模式有关联。

的确，当我将雇佣 16 名或更多工人的公司与那些少于 16 名工人的公司进行对比时，发现了有意义的临界数值。这两类与女性参与相关的公司之间的区别大于我选择的其他任何规模种类之间的区别。在有 16 名或更多工人的公司，女性更不太可能参与企业工作。

把家庭形式与公司规模相联系

在此我使用在第一章中描述的家庭种类，即夫妇式、主干式和联合式家庭，再加上这一条——联合式家庭须有两个或更多的已婚兄弟（如果健在，还有一方或双方父母）共有住所和资产。尽管住在一起不总是联合家庭的特点，但出于分类的目的我决定在样本中把它当作一项要求。当已移居的儿子尚未占有家庭资产的份额时，他们通常没有对家庭做出任何的经济贡献，更重要的是，他们不能参与到劳动中。

该情况中，我发现了"8"这个临界值：雇佣非家庭成员工人少于8名的公司与那些有8名或更多工人的公司在家庭形式上差异明显，较大的公司与更大、更"复杂"的家庭联系在一起。

把场地结构与公司规模和家庭形式相联系

关于场地的结构，在我对雇佣14名或更多工人的公司与少于这个数量的公司进行对比时，发现了这个临界值。一般而言，公司越大则家用场地和生产场地隔开的距离越大。

只有通过把空间的布置分成两个范畴——生活区完全与生产区隔开的制革厂和生产区靠近居住区或吃饭及做饭区域的制革厂，我才发现了家庭形式和空间结构之间的明显联系。复合家庭的生活区与生产区之间的隔离更严格。

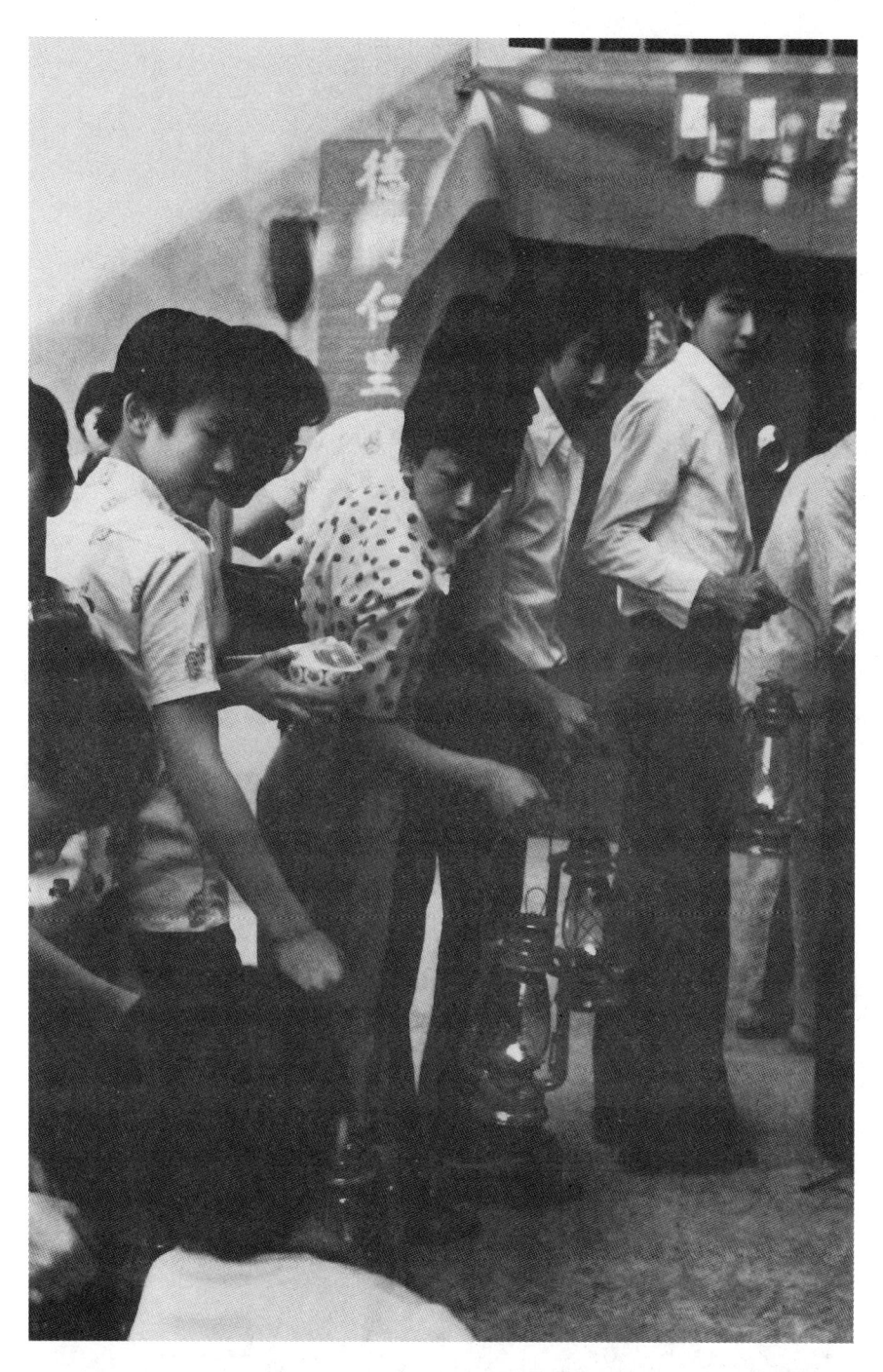

第六章 | "妻子的财富"：家庭劳动和收入的分配

在庆祝新制革厂建成的典礼上，厂主的男性后代拿着红灯笼，排队依次走进新厂

第七章

"树的分支":第二代和第三代的家庭与公司

这一天是周先生生命中重要的一天。1982年6月的一天清晨,一行几人离开他的制革厂。周先生最小的弟弟,周洪民后面跟着三个年幼的孩子走出了两兄弟和他们两家之前共有的住所和工厂。他们出发前往最近已竣工的新制革厂和新家,这天他们将在那里正式庆祝乔迁之喜。早晨6点整,随着鞭炮声响起,洪民和他的三个孩子每人提着一个象征着他们属于同一血统的红灯笼。他们跨过入口处的门槛进入制革厂,接着走到了主厂房,他们把灯笼挂在摆满了肉、水果、糖果和酒的桌子上方。

在新制革厂建成的当天,家庭成员合影留念

第七章 "树的分支"：第二代和第三代的家庭与公司

洪民的妻子不属于同一血统，她没有加入早晨的仪式队伍。但那天早晨她到新工厂更早，为当天的事情做好准备。在上午接下来的时间中，洪民、孩子们和妻子给祖先及守护制革厂大门和设备之神、财神与本地之神土地公奉上供品。同时，周先生最后进行了一些自己的仪式来确保弟弟离开时没有把财气也带走！

同一天的中午正是庆贺之时。新制革厂的主厂房经过清理之后能摆下40张桌子（400位客人）。在客人就座、鞭炮再次响起表明宴席开始后，周先生敬第一杯酒。他祝愿弟弟的家庭和新制革厂好运，说话的语气听起来宽宏大度。他还引用了分家合约中时常写到的谚语，承认说他们搬走是家庭成长及最终分裂的自然过程的一部分："树大分枝，子大分住。"

这样的乔迁典礼和庆祝活动，还有多达参加一场典型的塔坝婚礼数量的客人，标志着周氏两兄弟关系史中重要的转折及其企业发展的里程碑。两兄弟现在每人都拥有自己的制革厂，这一天也证实了他们共同取得了成功。但这样一个开心的结局仅在周先生、最小的弟弟和两个哥哥（后来移居到了加拿大）经历了两段激烈的分家时期之后才到来。

本章我考察第二代和第三代塔坝华人家庭的发展。除非一家企业由两个或更多的兄弟建立并随后被他们划分——这是第五章描述的发生在一些第一代制革商身上的一系列事件，那么就可以假定塔坝的分家有上一代制革商的存在的原因，因为它涉及制革商的儿子们划分企业。（很明显，如果只有一个儿子，他就继承该企业。）因此，塔坝家庭的分家产生的各种影响可以充当一个镜头，通过它来分析第二代和第三代家庭及企业的历程。该故事至关重要的一个方面是移民。今天的许多塔坝华人必须在留在加尔各答、搬到印度其他城市或移居到另一个国家之间做出艰难的抉择。很少有家庭的所有成员都留在印度。

的确，塔坝制革家庭经历的道路是朝着几个方向的。在许多例子中，比如说周氏兄弟分开，各自创办企业建立新工厂。然而，有时家庭分化的结果仅仅是一家企业分成了几个小额股份。移居是一个复杂的因素，因为它不止以一种方式在家庭分化中发挥作用。兄弟们在分家之后会离开塔坝，以现金或贵重物品对他们在家庭企业中的股份进行补偿。或者他们移居国外之前没有经历分家的手续，这样如果他们对国外的经历不满意，就可以选择回国和兄弟们继续做生意。当然，在这段间隔期间他们并非自动有资格从现今制革企业中获得收入,尽管两边的兄弟在彼此都认为必要的时候会互相帮助。

一般的模式

第一章讨论到家不仅通过血缘和亲属关系联合,它们还共有预算或财产。因此,分家指的是这些共有的资产在更小的组成单位之间进行划分,通常是在每个儿子之间,最典型的是在老一代中的一个或多个成员去世之后。新家庭单位建立单独的厨房是分家的一个普遍特征。但分家远比这复杂,因为它涉及众多资产的分配。在塔坝,兄弟们不仅需要在资金分配上,还要在设备和工厂场地的分配上达成一致。承租制革企业而非拥有工厂的家庭中分家涉及的内容略少一些,他们分现金资产和家庭物品,然后每位兄弟及其家庭自己去租住所和设备,而不是和一位或更多兄弟一起租。

尽管一般的模式听起来简单直接,但这常常是充满争执、引起情绪激动的体验。有时兄弟们之间能友善地达成分家条款,但有些条款达成之前会有激烈的争执。在这样的情况下,发生争执的几方所属的姓氏群体或两大华人制革协会之一的代表们必须介入并裁定出一个解决方案。由于加尔各答华人对印度社区有所怀疑,他们从不找印度律师(没有华人律师)来处理这些问题。更确切地说,华人社区的非正式机构差不多总是他们最后求助的组织(见第三章)。此外,尽管女儿通常不是家庭财产的股东,但她们在分家和移居外国的决定中都有发言权,我将在本章说明这一点。

理解塔坝的分家动态最好的方法是考虑一些特定的例子。在接下来的篇幅中,我将描述塔坝几个家庭分家所产生的影响。在我收集的家庭历史中,每个家庭都是我所找到的一种独特模式的范例。

减少股份

1974年,当吴先生的妹妹爱芳到了适婚年龄时,家里就开始断断续续派一些人到社区打探。但爱芳坚持说她已经知道想嫁给谁了。这名华人小伙子叫邓辉林,在他们的制革厂当工人。吴先生、他的母亲和弟弟都很惊讶。我们能把你嫁到更有钱的家庭,为什么单单要嫁给一名工人?然而,经过进

第七章 | "树的分支":第二代和第三代的家庭与公司

一步的考虑,他们开始欣赏邓的好品格,特别是他能坚持努力工作。他们不仅同意这门婚事,还在两个红箱子里放了足够的现金。按照惯例新娘把这两个箱子带到丈夫家,新婚夫妇可以用来开始承租制革企业。对邓辉林而言,这个机会可以用来逆转三代以来急剧下滑的家庭经济。

这种情况是怎么发生的?邓辉林的祖父邓文志是在塔坝建立第一批制革厂的厂主之一。但文志有两个妻子,每个妻子各有五个儿子。文志去世时,儿子们决定划分资产,必须把制革厂分为 10 份,因为每个儿子都有资格分到 1 份。

由于该制革厂的一份资产太少,在皮革生产中起不到什么作用,邓家把整个制革厂出租给另一名制革商,每月的租金收入在这些股东中进行分配。尽管每月租金有些作用,但把它们作为股东或他们家庭唯一的经济来源当然还远远不够。因此为了谋生,许多家庭成员迁到印度的其他地区或移居海外。现在文志的六个儿子拥有并经营着中式餐馆,其中三个在印度,两个在美国,还有一个在孟加拉。另一个儿子移居到了台湾地区(见图 7-1)。

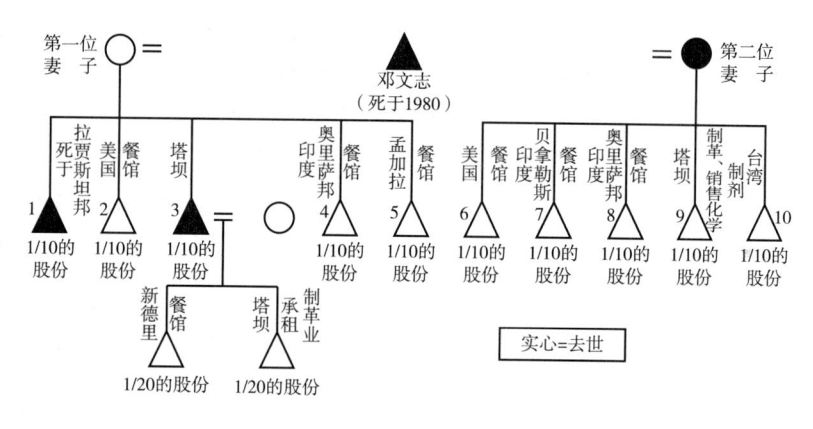

图 7-1 邓文志制革厂的资产分配

邓家三代以来财富的减少使人想起中国乡村地区存在的一种模式:经过几代之后维持家庭财富总是受到分割式继承(partible inherent)内在逻辑性的挑战〔波特(J. Potter),1970,第 129 页〕。家庭土地在所有儿子之间平分意味着随着时间的流逝家庭财富必然会减少,除非他们可以获得更多土地。在这样一个体系之下,同一块土地继续在随后的几代中进行划分,而同时还得养活越来越多的人。

而在邓辉林的例子中，分家的逻辑性只是他经济窘迫状况的一个因素。毕竟，他的几个叔叔都移居到新的地方并最终取得了成功，尽管他们不可能依靠制革厂获得的收入为生。另一方面，辉林的父亲嗜酒成性，任何工作都做不长久，依靠制革厂的租金份额来维持生存。因此辉林被迫在年轻的时候就找工作当一名普通的制革厂工人。他连续在制革厂工作了14年，最终在吴先生的制革厂获得了一份工作。

但通常塔坝的分家比起邓辉林家的情况，结果要好得多。在许多例子中，兄弟们划分正在发展中的企业，一名或多名兄弟买下其他兄弟的股份，然后掌管整个工厂。同时，那些已经出售股份的兄弟把这笔得到的资金用来建立或购买一座全新的工厂。这就是周先生家分家的最终结果，我将在本章后面的部分考虑这个情况。

通常移居国外能缓和部分性继承的影响。至少移居能让一个或多个儿子在塔坝之外找到新的收入来源。在许多例子中（尽管邓家不是这样），它也意味着留下的儿子们有可供支配的可行的生产单位。偶尔，那些留在塔坝的人买下移民的股份。在其他例子中，分家事宜悬而未决。例如，斯蒂芬·孔是一名居住在多伦多的移民（见第一章），他还没有经历与留在塔坝的兄弟们分家的过程。而斯蒂芬在外地，并在加拿大有自己的工作，这明显减少了在印度的兄弟们的经济压力，因为他们的企业需供养的人就更少一些。依据麦伦·科恩的说法，像斯蒂芬这样的情况，移居可以看成是移居者使家庭经济多样化、减少留下的人负担的过程的一部分。在此情况中，在两个不同国家的兄弟独自谋生，既没有经历分家也没有把资金当成共有财富，这可以理解为麦伦·科恩所谓的"非包含性的"经济和"分散"的家的组合（1970，第27~28页）。

下一节我将更详细地考虑移居和分家与第二代和第三代塔坝华人经济、政治策略相互作用的方式。

"三兄弟一起真倒霉"：决定移居

对于严宝夏最小的儿子严 K.C. 来说，移居的决定很明确。首先，他家情况比较特殊。两个哥哥已经结婚了，住在父亲的制革厂而且经营各自的企业。K.C. 1986 年在多伦多的采访中说，"三兄弟都做同一件事情真倒霉。

第七章 "树的分支"：第二代和第三代的家庭与公司

假设制革业走下坡路，我们都会遭殃。如果我做自己的生意，我能帮到他们……如果我有问题，哥哥可以帮助我。"其次，当时印度的情况也比较特殊。K.C. 说，"印度的环境不是很稳定……在战争之后（1962 年中印冲突），华人的处境不太好。"

尽管 K.C. 所做的决定着眼于他家的全局，但并没有立即得到大家一致同意。事实上，K.C. 的父亲对此极力反对。谈到父亲的态度，K.C. 解释说，"即使现在他也想让我回去。他说，'我有这么大的制革厂，别说三兄弟，就算十个兄弟也能一起在这儿工作。'"的确，K.C. 与父亲斗争了四五年才获得准许移民。

与严 K.C. 不同，斯蒂芬·孔决定移民不仅仅是自己主动的结果。实际上，斯蒂芬承认是父亲"先想到这个主意的"。但在决定几个儿子离开的事情上，斯蒂芬父亲的思路类似于 K.C.。家庭经济因素和华人在印度的大局都是孔先生评估形势的决定性因素，也使得他确信几个儿子应该从印度移民出去，其他的就留下来。

移居不仅发生在像邓辉林这样贫穷的家庭或像严 K.C. 这样中等富裕的家庭中。塔坝许多非常成功的企业家也决定移民。例如，费胜产的大儿子，肯尼思（Kenneth）多年来一直是家庭制革企业的引导力量。他增加皮包的生产并与欧洲、美国的公司签订赢利性的合约，拓展了业务量。因此 1989 年夏天当他告诉我他家决定移居加拿大时，我非常吃惊。

"钱有什么用呢？"他叹了口气。他接着哀叹说在印度的华人社区缺乏安全感，并解释说他已在加拿大得到了一份皮革制品工厂经理的工作。肯尼思移居到加拿大肯定会比多数在多伦多的加尔各答华人获得一份更好的工作（我将在后记中更详细地考虑这个话题）。他的企业以出口为导向，这使得他与许多国外皮革企业的人进行接触，这些合约开创了一个丰富的就业前景。此外，对于像肯尼思这样的成功商人，移居并不一定意味着放弃企业。在肯尼思的例子中，他的两个弟弟和父亲继续经营制革厂及工厂的皮包制造区。此外，肯尼思计划通过吸引对工厂的产品感兴趣的进口商来继续开展工作。

因此，在印度作为一名华人没有安全感当然是肯尼思决定离开的关键原因，他自己也表达了这个观点，认为安全比经济成功更重要，但移居也有助于使得家庭经济基础多样化。由于他的两个弟弟没有打算分家，肯尼思也就没有切断与曾帮助创造的繁荣企业的联系。

从经济策略的角度来看，移居外国和迁移到印度的其他城市都减少了必须共有企业的家庭的压力。搬到印度其他城市的年轻人通常在中式餐馆当服务员或厨师，这已成为最近这些年来孟买和新德里豪华旅馆的定式。许多在这些餐馆工作的人打算有朝一日开一家自己的小餐馆。确实，对加尔各答和印度其他城市华人而言，餐馆行业已证明其赢利性与日俱增。

但尽管印度内部的多样化经营会带来经济利益，它并未带来政治和种族安全感。因此，如今在塔坝极少家庭没有一个成员移居。在表7-1中，我概括了1982年43个家庭的居住模式，这些家庭中所有的孩子都已成年（超过18岁），并且都是第一代或第二代制革商的后裔。这个样本基于我当时收集的家谱，应当牢记的是在过去10年，从加尔各答移居外国的华人数量继续稳步增长。从表7-1可以看出，43个家庭的41个中至少有一名后代离开塔坝到印度另一个城市生活或移居国外。其中的39个家庭中，至少有一个人移居国外。

表7-1也表明通过移居，兄弟和姐妹们在家庭地理位置的分散性上扮演着重要的角色。应该指出的是已婚夫妇和他们的孩子，及那些尚未结婚的小伙子和姑娘促进了该移居潮流。但当单身男性和女性移居时，他们往往是在不同的环境下离开。未婚男子像严 K.C. 和斯蒂芬·孔一样，独自移居，当他们到达加拿大时逗留在亲戚朋友之处。他们在移民之后有几年的时间仍然未婚。但通常未婚女子离开家是为了与一个已经迁出印度的客家华人结婚。有一些是包办的婚事；在其他一些情况中，女子与自己选择的加尔各答客家男子结婚，在他们移居国外之前就已相识，或者是那些她们拜访国外亲戚时遇见的男子。的确，所有我在多伦多遇见的和离开印度时仍单身的加尔各答华人女性都说她们移居是为了结婚。

表7-1 1982年43个家庭中成年儿子和女儿（超过18岁）的居住模式

居 住 模 式	家庭数量
所有的儿子和女儿留在塔坝	2
所有的儿子留在塔坝，但至少一个女儿离开塔坝	10
所有的女儿留在塔坝，但至少一个儿子离开塔坝	5
至少一个儿子和一个女儿离开塔坝	26
合　　计	43

注：在至少有一个女儿离开塔坝的36个家庭中的30个，一个女儿移居国外。在至少有一个儿子离开塔坝的31个家庭中的26个，至少一个儿子移居国外。

第七章 "树的分支": 第二代和第三代的家庭与公司

尽管未婚女子移居与家庭企业分割式的继承所产生的问题关系不大（按照惯例女儿不继承），但通过建立与国外的联系的确解决了政治和种族的不安全感。比如说，一名成为加拿大公民的女儿会选择资助在印度的父母或一个兄弟姊妹今后移居。

教育的选择在移居策略中也发挥着作用。由于多数塔坝华人移居到加拿大，绝大多数父母现在把孩子们——女儿和儿子都安置在英语私人学校，许多仅是寄宿学校。这个选择直接受到这个观念的影响：流利的英语是移居国外者的必需品。而塔坝很少华人继续读大学，很大程度上是因为他们认为大学教育与他们在印度管理企业的能力没有关系。（大学教育也没有出现在移居策略中，因为社区成员并不认为它将极大地改善在国外的就业机会。）

当老年人移居时，他们通常和已在国外站稳脚跟的儿子或女儿住在一起。因此，他们的移居很少会被其他家庭成员列入资助之列。与孩子们不同，家里的许多老人不懂英语，他们较难适应加拿大的生活。但是，他们常受到加拿大孩子们的欢迎，因为除了这个之外，他们能在儿女们出去工作时照顾孙子孙女。

在结尾处将考虑多伦多的加尔各答华人男女老少移民的生活。在此，重点在于移居对塔坝家庭的影响，这些家庭必须处理结构上和经济上产生的即时效应。如果移民是男性，最紧迫的问题是兄弟们和他是否应该经过分家的过程，留下的兄弟买下移居兄弟的股份。现在让我们来看看各个家庭如何处理这个问题。

搬迁、移居外国和分家

儿子离开塔坝到加尔各答或印度另一个城市工作或建立新企业，或者完全地离开印度，分家并非是预料中的必然结果。许多情况下，移民会养活自己，如果已婚则供养直系亲属家庭。但他也有可能某一天回家，再加入兄弟们当中。

在严 K. C. 的情况中，他的两个哥哥都已开了独自的制革企业（第六章讨论过此安排）。但制革厂的资产在父亲的掌控下仍是整个家庭的联合财产。如果儿子们决定划分这些共有资产，K. C. 仍有资格获得一份。如果他愿意的话，他可以在那个时候把股份卖给哥哥。但这么做的话，会妨碍他回到父亲

153

的制革厂经营企业，如果在加拿大的生活每况愈下他或许会选择这么做。

从而，许多移民宁愿把分家的事情搁置在一旁，以免他们需要回到印度。例如，20世纪90年代早期经济衰退时期，许多多伦多的加尔各答华人移民由于工厂倒闭而失业。其中有一些人回到塔坝，现在在家庭制革企业中工作。有这么一个例子，谭其云的大儿子威廉从加拿大回来，再与弟弟一起经营制革企业。威廉是从塔坝迁出的受教育程度最高的移民之一，他曾在多伦多拥有一份赚钱的工程师的工作。当他工作的工程公司处境艰难时，威廉失业了。而且他还刚刚与妻子离婚，这使得他的情况变得进一步复杂，在加拿大的加尔各答华人移民中也相当罕见。威廉告诉我他"总是太忙而没有时间与人打交道"，他希望加尔各答的家庭能帮他安排在那里与一名客家女子再婚。[1]

除了在加拿大遇到的经济困难外，在印度的家庭成员经济状况的突然改善也促使兄弟姊妹回到加尔各答。例如，当奚台国的制革企业突然成功转变时，有一个弟弟从加拿大回来加入企业。

而在多数情况中，移民和那些留下来的人都认为与在印度的兄弟联手做生意的希望不大，的确如此。用斯蒂芬·孔的话来说，"我认为我能和他们（他在印度的兄弟）一起工作，但我在这儿已有13年，已经扎根了，你得考虑这个问题……回去的机会变小了。"托马斯·梁是另一位移居多伦多的塔坝移民，他家在加尔各答经营着一家兴旺的企业，正如他所言："我可以加入到家庭企业（如果回来的话），但我是否还能继续在家庭企业中有同样的发言权是个问题。"

对于托马斯·梁、斯蒂芬·孔和许多其他人而言，仅仅以游客的身份回到印度不太可能也不切实际。但既然他们还未经历分家的过程，这也不是完全不可能的。但在其他情况中，移居国外是分家过程的最后一步，兄弟们划分财产并买下移居者的股份。在此情形中，移居国外封闭了家庭经济再联合之门。本章开头周先生家的例子就是一个很好的例子，我将更详细地进行考虑。

---

[1] 有趣的是，他们还真成功帮忙找到了一位新娘，尽管不是印度的客家人。他的年龄再加上离婚让威廉成为了一个相当不令人满意的结婚对象。因而，他家和梅县（他们在中国广东的老家）的亲戚取得联系，通过他们替他找到了一位新娘。

第七章 | "树的分支":第二代和第三代的家庭与公司

有争议的划分:周家

当周先生的父亲——周先锋1919年移民到加尔各答时,他当然没有预见到自己花了如此多心血的企业某一天会在儿子之间引起极度激烈的争论。和许多其他第一代制革商一样,周先锋在搬进塔坝涉足制革业之前曾有多年时间在其他行业工作。他最初在加尔各答一所中文学校当老师,之后接着当了20年的校长。后来他搬到塔坝,开始承租制革企业,最终在1948年买下了一家属于自己的制革厂。

但先锋1954年就去世了,那时他四个儿子中有三个仍在上学〔为了使描述简化的缘故,我将把周家四兄弟称为周一、周二、周三(周先生)和周四〕。父亲去世前,只有最大的儿子周一到了能涉足企业的年龄,因而当三个年幼的弟弟完成学业之际,他受委托负责经营和拓展家庭企业。通过努力他取得了成功,让大家钦佩。事实上,到1960年他建了另一家制革厂。

而到1960年时,周一的三个弟弟也开始加入到家庭企业中。周一想划分家庭财产,继续自己做生意。或许作为企业中的大儿子,周一最有经验而且还在很大程度上拓展了企业,他认为没有其他人自己会更富裕,他们知识量更少,与其说为企业打算还不如说他们是累赘。总之,到1963年时周一说服了弟弟们,并当着姓氏长者的面签订了分家协议。

周一的时间选择不同寻常,这是因为当时没有一个弟弟已结婚,所以还没有建立起自己的夫妇式家庭。夫妇式家庭属于联合家庭的一部分,这样的家庭组合会与后者的利益相冲突。进一步说,他们的协议也没有依照惯例立即实施,而是明确规定了一系列的步骤,在五年之内分家。最后,周家情况中的几个特别之处也使得协议的条款复杂化。要完全领会他们深思熟虑之后的决定,我们必须考虑两个重要的区别:第一个区别是从事不同经济活动的兄弟们是否同意或还未同意划分家庭资产,第二个区别是获得的财产与继承的财产。

各自的企业相对于分家

在严K.C.和斯蒂芬·孔家,兄弟们从事不同的经济活动,但家庭财产还未进行划分。一个兄弟移居国外时会发生这种情况,当兄弟姊妹留在制革业时这种情况也会发生。我们知道K.C.的每个兄弟在父亲的制革厂内各自管理着自己的企业，但制革厂的资产属于整个家庭并在父亲的掌控之下。此外，两兄弟及其家庭仍与父母一起吃饭，制革厂承租人的租金交给父亲，父亲把这笔收入留作公共开销，如食物费和工厂维护费。

这样的状况也会存在于父子和兄弟之间。例如，在一个塔坝家庭，三个儿子中的大儿子决定在20世纪80年代早期独立经营一家企业。他成为了父亲制革厂的承租人，不再和兄弟及父母一起吃饭。而他和兄弟们尚未经历分家的过程，只要父亲在世他们也不可能这么做或者在企业中表现得很活跃。与K.C.的兄弟们一样，该状况下大儿子的企业只是一个独自的收入来源。他仍保留着在家庭共有资产中的权利。

此安排将持续一段较长时间。尽管是分家的前兆，但他们也可以预先阻止分割财产（会涉及激烈的家庭争吵）的最终决定。苏珊·秦是一位塔坝的移民，现在和丈夫、婆婆住在多伦多，她向我清楚地解释了这一点。苏珊告诉我，她丈夫的五个兄弟住在印度并管理着独自的制革企业，但制革厂仍属于母亲，虽然她现在和苏珊及苏珊的丈夫住在加拿大。苏珊坚称没有一个兄弟期待划分财产，他们还希望此事拖延尽量长的时间，这是因为"到时候整个家庭会打起来"。

宋龙胜分析了台湾乡村地区家庭中类似的过程（1981，第369页）。他指出在台湾的乡村地区，儿子们会各自建立家庭，直到父亲去世之后才会划分家庭财产，或者到了各个儿子及其家庭发展地如此"之大而且雄心勃勃"时，父亲才不再握有实权（1981，第371页）。

继承的和获得的财产

理论上说，分割式的继承原理听起来很简单——仅仅是在所有儿子之间划分房产和财产。事实上，由于儿子们对财产增长的贡献程度不一，会涌现出许多问题。因而，有必要区分正当的从一家之主那里继承的财产和已被兄弟们增加的财产，分割式继承的规则并不能如此合适地应用于后者。

据宋龙胜看来，第二种财产被认为是获得性的财产，对其作出直接贡献的儿子在分家时得到额外补偿（1981，第373~375页）。但区分属于所有晚辈的财产和由特定的一些人努力之后获得的财产并不容易。宋提醒我们，"对财产贡献最大的兄弟的更大权利往往会被那些贡献最少的人忘记，特别是到了分财产的时候。争吵……是常见的结果"（1981，第376页）。

第七章 "树的分支"：第二代和第三代的家庭与公司

周家的争吵

周家在分家期间最易爆发这样的争吵。父亲去世之后的 6 年时间，周一扩展了企业但弟弟们并未发挥任何作用。不可避免的是，兄弟会争论周一是否应该被补偿他为家产增加的价值，补偿的数额是多少。

或许周家兄弟 1963 年签订协议是为了预先防止类似的冲突。协议是在姓氏群体长辈在场的情况下批准的，根据该协议，周氏兄弟于 1968 年分家。到时，周一将得到所有家产 2/5 的份额，三个弟弟每人得到 1/5 的份额。如今这三个弟弟声称他们认为该解决方法公平，因为他们三兄弟还在上学的时候哥哥就已经为家庭企业增加了财富。再者，根据协议上面的条款，周一也同意给三个弟弟提供本钱购买第一批原皮和制革材料，帮助他们建立各自的企业。

兄弟们签订协议之时，他们也假定到 1968 年划分制革厂资产之时，每个兄弟都已婚并经营着自己的企业。到那个时候，正如其他几个家庭已描述的一样，他们家的经济将逐渐变得更"不具有兼容性"，但他们不会划分共同持有的资产。在这段过渡期，周一同意和周二共用新制革厂的生产场地和机器。排行第三的周先生同意和周四共用旧制革厂。周氏兄弟把照顾母亲看成是共同的责任，他们同意她住在新制革厂，每个月的一个星期和一个儿子一起吃饭。与家产的分配方案相一致（大儿子得 2/5，其余的各得 1/5），她每月从大儿子那里分到 240 卢比，后三个儿子那里每人各给 120 卢比（在那时是一笔可观的钱）。

遗憾的是，尽管他们尝试减缓家庭分化，但周家不久就爆发了争吵。五年的过渡期还没有过，周一的妻子和周二就开始吵架。争论的直接原因是对共有工厂的水箱管理意见不同。但正如许多类似的情况一样，争吵真正传达了一段时间以来形成的紧张形势。尽管三个弟弟同意周一关于工厂股份划分的最终决定，他们认为周一并未遵守协议上的所有最初条款。例如，周先生觉得周一没有给他提供足够的本钱来创办自己的企业（这个数目已在 1963 年的协议中有明确规定，但周一后来推迟给出全部的数量，说他会在三弟创办企业时给一部分，其余的在他结婚时再给）。另外，尽管四兄弟同意周一有 2/5 的份额，很有可能他们开始对协议的条款感到后悔，意识到他们每个人最终比哥哥得到的数量要少很多。

1966年周一开始坚持要周二搬出共有的工厂，周家的危机达到了紧要关头。第二章曾讨论过当家庭成员的争吵失控时，按照惯例由姓氏群体的代表来进行调停。于是，周姓群体的长者尝试调解即将在周氏一家发生的争端。看到兄弟之间关系的破裂，周姓长者坚持他们不要等到1968年才分家，而是应当根据1963年的协议规定立即划分家庭财产。

但现在出现了另外一个复杂的因素。在1963年的协议中，兄弟们同意周一分得2/5的份额，但2/5的家产份额包括哪些？而且，所有兄弟之间沟通的失败比长者们之前认识到得更严重。在通常情况下，裁决兄弟之间争端的姓氏协会成员会与各方商议。然后在指定的日子，他们宣布最终的解决方法。在该情况下，姓氏协会仅接受了周一的争论观点，认为他的新制革厂相当于2/5的份额，旧制革厂为剩余的3/5。其他三兄弟觉得他们没有适当的机会来讲述他们这边的情况，所以当宣布最终的解决办法时，他们非常气愤。

通常，宣布解决方法时，姓氏委员会问是否有人反对。然后委员会成员将被邀请参加争论的几方举办的宴席。由于按照惯例委员会成员会事先与所有的争论方商议，这最后几个步骤一般都被认为是理所当然的。的确，问是否有人反对解决办法与美国婚礼上的这句话一样严肃——"请马上提出，或永远保持缄默"（speak now or forever hold your peace）。

但这天显然令姓氏委员会和周一感到惊讶，三弟做出了回答。对于问题"有人有反对意见吗？"周先生断然回答，"有，我反对。我们得到的太多了！"

太多？大家都很震惊。这三兄弟怎么会抱怨他们的份额太多呢？周先生很快继续说，"我们要你们给大哥的2/5，给他3/5。"

很明显，他的观点是弟弟们觉得他们之间进行分配的3/5实际上少于分给周一的2/5。三个弟弟认为周一的新制革厂很值钱，它有现代机器而老制革厂却没有。最重要的是一台水压机，当时很少制革厂拥有这么昂贵的机器，他们争论说这台机器比所有其他机器加起来还值钱。水压机的主人不仅能生产出优质的皮革，而且还可以出租机器的使用权来赚取额外的收入。

因此，周姓长者们必须增加几次对他们这几兄弟的调解，但对于老大2/5的份额由哪些构成达成一致仍是止步不前。他们最后的方法是邀请两家制革协会其中的一家协会主席过来。

此人名叫贾兰坡，他建议老大给弟弟们补上额外的现金来调整他们之间份额表面上的不平等。当弟弟们怀疑周一是否会真的交付现金时，贾兰坡答应把自己的钱拿出来当作所欠数额的担保契据。周一同意该解决方法，但不管是由于贪婪和欺诈（弟弟们所声称的）还是无能为力（他自己所声称的），他从未补偿给他们额外的资金。相反，贾兰坡用他曾保证给弟弟们的那笔钱付给了他们。最糟糕的是，三个弟弟不知道他们的母亲每月付款给贾作为偿还，而这笔钱是她从自己每月信贷循环协会的津贴中拿出来的。

之前周的母亲曾用自己的部分津贴购买活的小鸡，在儿子家一起吃饭的那个星期用来做菜。塔坝华人用鸡做很多的菜，他们认为这对老人和病人特别有营养。母亲带过来的鸡发挥了重要作用，兄弟们的评价是能保持母亲身体健康。所以有一个星期当母亲来到家里吃饭没有带鸡过来时，周先生觉得很奇怪。又一个月过去了，当母亲回到他家时，周先生确信他能觉察出母亲的身体健康大有下降。他问她发生了什么事情，她终于透露了付钱给贾兰坡的事。

周先生很是恼火，他气冲冲地来到贾的制革协会总部，大喊着，"你怎么能这么对我母亲！"他坚持要求贾兰坡不再接受母亲的付款，而是由他们三兄弟来付每月的钱，归还大部分他们通过贾兰坡协商所得到的额外的钱。

因此，与姓氏协会最初的决定所规定的一样，三个弟弟最终划分了旧制革厂。周一持有新制革厂，但在几年时间之内他就把新制革厂出售给了一位非家庭成员，移居到了加拿大。这个结果表明了社区非正式机构及其处罚措施的局限性。第三章也详细说明了原因，很少华人愿意把事情带出华人社区让印度法庭来解决。所以，如果有人愿意忽略任何人，冒着随之而来的社会污名的风险，其他人也无可奈何。当然，多数人不愿意冒遭受这样结果的风险，他们知道在将来某个日子可能会需要社区成员的帮助。但在周一的情况中，移居外国是最终的结果。知道他将离开社区毫无疑问减少了他遵从协议的兴趣，而这些冗长的协议当时是经过艰难的讨论制定出来的。

同时，三个弟弟已经适应了在共有工厂较为友善的安排。每个人在工厂内管理独自的企业，每生产出一块皮支付固定的费用到共同管理的资金。然后用这笔钱来支付工厂的间接费用，如维修费和电费。

到了1975年，周二也已经移居到了加拿大。由于没有兴趣回到印度，他把制革厂的份额出售给了两个弟弟，在接下来的四年间他们极大地拓展了企业。的确，对他们的成皮需求量超过了他们在一家小工厂的两家企业所能生产的量。经过两人一番谁要成为"在外面的合伙人"（outpartner）的认真讨论之后，周先生的弟弟周四决定离开旧制革厂，建立新厂（在下一章我将更详细考虑这些事情）。他把旧制革厂的份额卖给了周先生，这笔资金再加上其他方面的贷款为他的新厂筹集了建造成本。在接下来的几年里他的新厂建设之时，周四从周先生那里租用制革场地，因为他已经卖出了自己的份额。终于，新制革厂于1982年完工，其落成典礼如本章开头描述的一样包括了一系列的仪式。（周家财产分割的直观描述详见图7-2。）

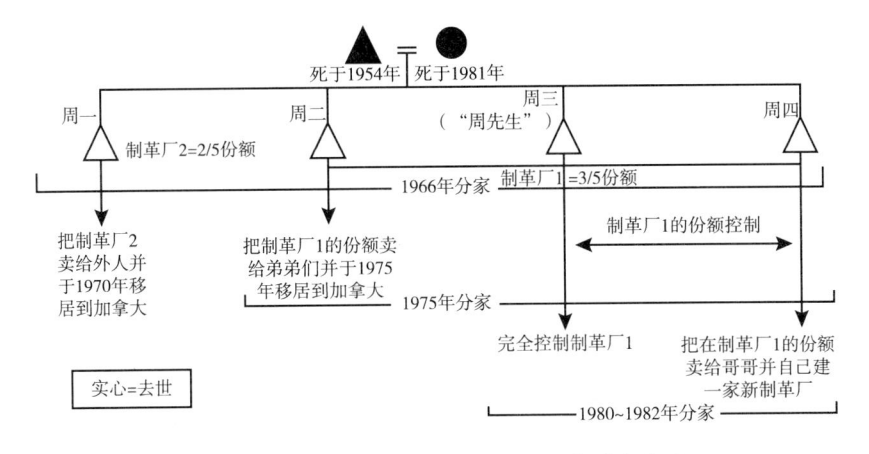

图7-2 有争议的分家：周氏兄弟间的财产分配

尽管周氏兄弟间的争执激烈，分家并未导致他们像邓辉林的家庭一样走上贫困之路。相反，两个最小的兄弟最终拥有了自己的制革厂，两个大些的兄弟中老大把资产卖给了外人，老二把资产卖给了家人，他们每人带着积蓄移居外国。

健在父母的角色

周先生家的分家故事也揭示了第二代和第三代制革商普遍会遇到的另一个问题，即父母一方或双方在兄弟们已分资产并住在不同地方的家庭中应扮演什么角色这么一个左右为难的困境。周先生的母亲曾与大儿子住过一段时期，但她轮流和四个儿子吃饭，并从他们那里得到与各自份额相称的零花钱。塔坝的其他家庭会用另一种方式来解决这个问题。例如,如果有一个儿子在父母仍活跃于企业之时发起分家的事,那么父母将很可能选择与未发起分家的儿子们一起生活。在钱伟刚家,当他仍活跃于企业而且还与企业关系密切之时,他的大儿子决定分家,自己办企业。钱的小儿子已经结婚,继续和他一起经营企业,他也仍与小儿子一家一起吃饭。

移居外国是健在父母的另一个选择。他们可以和在国外的已婚子女一起生活,而许多子女也需要他们照顾小孩,非常乐意父母过来帮忙。但这样的安排对于这两代人来说不是没有困难的,在结语处我将讨论这个话题。

特殊情况

在塔坝的某些华人家庭中分家由于复杂情况的存在而变得更困难。当儿子是收养的或是父亲二婚的孩子,会产生一系列特殊的问题。

收养的儿子和女儿

在塔坝,出于不同原因儿子和女儿都可以收养。本章下一节我将讨论在家庭动态发展中女儿的重要角色及家庭希望多收养女儿的原因。目前重要的是知道儿子和女儿都可以收养,但分家可能引起的结果在各个情况中不尽相同。

在塔坝,收养的女儿在分家时不会带来特殊的问题。她们通常会嫁出去,尽管结婚时得到一些钱财,但她们不被认为是家产的份额所有者。另外,我知道社区里不存在养女结婚时的嫁妆会不同于亲生女儿的嫁妆的情况。

另一方面,划分家产时养子总是不及亲生子的境遇好。这似乎一开始看来令人吃惊,因为华人家庭中收养儿子的逻辑性好像比收养女儿更明显。儿子们要延续家庭血脉,在父母晚年的赡养中发挥重要作用。在没有生儿子或儿子未存活下来的家庭中,收养通常是出于经济必然性的选择。实际上,如果收养了一个或多个儿子而家中无婚生子,那么养子如同婚生子一样在分家时将继承家产。但有时婚生子在收养之后出生。一些家庭对于婚生子和养子之间不做区分,而其他一些家庭不仅把养子赶出家还剥夺他们的继承权。

在此关系决裂发生之前，通常母亲会与养子争吵。在几个实例当中，养子做出大家普遍认定的不良行为或未能在企业承担责任会被当成是最后决裂的托辞。尽管母亲用计谋让养子搬出去使得婚生子继承所有财产，一般社区反对这样的行为。比如在乔潭明家，就在收养的哥哥被迫离家后不久，有一个婚生子在制革事故中严重受伤。在乔去世几年之后发生了这次事故，社区的许多人认为这是神对他妻子的报应，他们认为她对养子不公平、太无情。

尽管养子被算计赶出制革企业，他仍可寻求援助。他可以把自己的不满带到姓氏协会，那里的负责人会主张他应该得到相应份额的现金补偿。乔潭明的养子得到了这样的结果。另一方面，如果这个儿子就此失去了企业的索取权，或者如果这家企业得到了拓展并且效益不错，他会理所当然地认为现金补偿永远都无法与和企业保持联系所获得的利润对等。

第二位妻子之子

与养子相同，分家时第二任妻子所生之子的状况总是不及他们的兄弟。在两种不同的环境中会发生和第二任妻子所生之子相关的问题。第一种情况是男子在第一任妻子去世之后再婚；另一种情况是，当第一任妻子仍在世时男子又娶了第二任妻子。在塔坝的确存在后一种情况的一些例子，这些男子现今已经七八十岁了。第二任妻子的公众角色和在仪式中的地位都次于第一任妻子。塔坝华人称第一任妻子为"大老婆"，即"原配"，与之相对第二任妻子被称为"小老婆"，即"续弦"。（在此情境中不应该用"情妇"这个词，因为在英语中它有一个意思是"与男子同居的未婚女子"，而该定义并不适用于塔坝华人。）

男子是在妻子去世之后再婚，还是在第一位妻子在世时又娶了另一位妻子，有可能会造成每位妻子所生的儿子当中存在较大的年龄差距。很可能第一位妻子之子在企业已经工作了多年，他们的弟弟才加入进来。因此，第一位妻子之子会早于弟弟之前就对划分家产感兴趣。再者，如果父亲在第一位妻子在世时再娶，第一位妻子之子也会急着找其他原因分家。他们会怨恨父亲排斥母亲，这导致他们之间的摩擦加剧。

斯蒂芬·孔家就是一个很好的例子，他们在这种情况下遇到了许多问题。斯蒂芬的祖父孔田华于20世纪40年代后期回到中国，那时他又娶了一位妻子并在1953年时和她回到了塔坝。而这个时候田华第一位妻子所生的两个大儿子已经在父亲的制革厂内管理各自的企业，虽然当时还未分家。因此，田华有几个已经在管理自己企业的儿子，另外几个儿子还在幼儿时期。

田华这些年长的儿子，包括斯蒂芬的父亲孔先生在内继续管理自己的企业超过了20年。终于在1971年，他们同意拟定一份分家协议。到这时，其情况中悄然出现了大量复杂因素。不仅有两个妻子的子女，还有回到中国的儿子及一名已移居到加拿大的儿子，他们都对财产有正当的索取权。此外，两位妻子和孔田华一样仍健在。仅仅在所有儿子之间划分财产会产生一个棘手的问题，即田华和他的第二位妻子——不提他的第一位妻子，会和哪个儿子住在一起。

和周先生家一样，这种情况也需要外界的介入。在孔氏姓氏协会长者的帮助下，孔家终于达成一致并签订了解决方法。根据该协议，每个儿子有权获得总财产1/12的份额。此外，孔田华和他的第一位妻子每人可以分到1/12的份额。为第一位妻子留出份额这件事不具有代表性，因为妇女虽在决定如何分配家庭财产或资金上投入了很多，但通常在分家过程中她们不会得到财产。

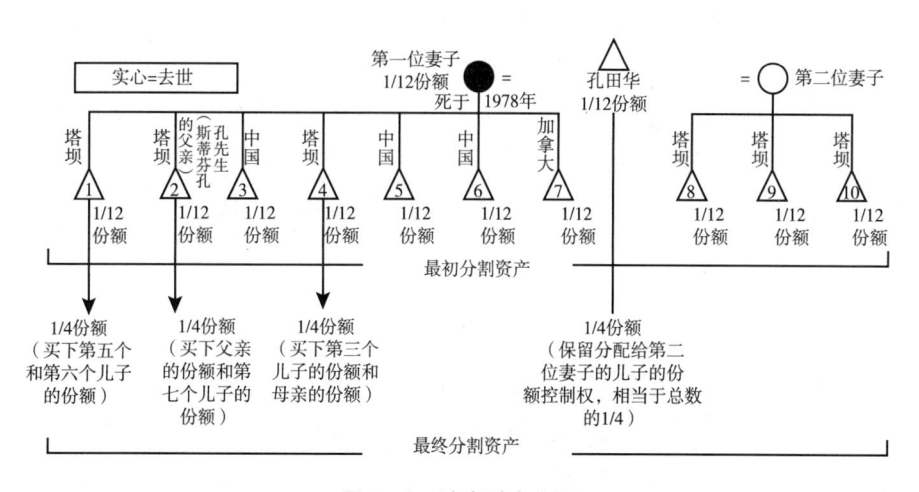

图7-3 孔家财产分配

最初的份额分配只是第一位妻子留在塔坝的三个儿子巩固更大份额的真正途径。如图7-3所示，这三个儿子买下了母亲的份额和居于国外的兄弟

163

们的份额及直接分配给父亲的份额。这样他们每人就有1/4的份额。（最终，这几个儿子每人都建立了自己的工厂。）同时，孔田华通过继续掌控分给第二位妻子三个儿子的份额也保留了1/4的资产。

因此，第二位妻子所生之子最终得到的远少于他们的哥哥。当所有的股份经过买卖之后，分给他们的数额总和仅等同于第一位妻子在印度的三个儿子每人所持有的数量。

在塔坝有一些情况是不同的妻子之子平分了家产。邓辉林家（见图7-1）就是以这种方式分得资产，虽然他们受到所分数额总额太少的阻碍。然而，这样的状况通常充斥着危险因素。仅年龄差距就意味着第一位妻子之子很可能比他们的弟弟投入更多时间和精力到家庭企业中。因此，有些第二位妻子自己采取措施为儿子争取更好的经济前景。例如，有一位处于该状况下的妇女在丈夫去世之后开始自己做违法的酒类生意（第六章讨论了妇女在该活动中的角色）。她用做生意所得的收入终于让儿子们自己开办了制革企业。

女儿的角色

尽管分家和继承通常按照父系血脉进行，女儿——特别是已婚女儿——第二代和第三代的她们在娘家发挥着关键作用。的确，我发现在塔坝女儿在娘家所扮演的角色与通常在中国作品和西方资料中所描绘的有些差异。

关于华人家庭的女儿角色的观点在多种中国作品和传统中有明确的表达。例如，孟子曾告诫说没有比无后代，即儿子更不孝的行为了（贝克，1979，第46页），文献还记载有杀害女婴和把女婴送出当成"童养媳"的行为（沃尔夫和黄，1980）。实际上，随着中国的独生子女政策而来的是杀害女婴和对生女孩的妇女的暴力行为灾害性地增长〔瓦瑟施特伦（Wasserstrom），1984〕。通常很难发现在华人家庭的女儿身上出现"小幸福"（little happiness）的一幕，这个词是卡玛·辛顿（Carma Hinton）的同名电影中的一位老农描述自己对于女儿出生态度所用的词。

西方学术界对于中国家庭的研究强调父系和父居的动态性，这也通常凸显出儿子的重要性（见贝克1979年对于中国家庭的综合研究）。但正如第一章所指出的一样，一些学者承认父系的重要性但坚称中国家庭中也有其他动态发展在起作用，从而为我们提供了对于女儿角色稍微不同的观点。这些

第七章 | "树的分支"：第二代和第三代的家庭与公司

学者强调姻亲和母亲这边关系的重要性（见埃亨，1975；弗里德曼，1970；加林，1960；沃森，1985，1981；沃尔夫，1970），以及未婚女儿作为工薪阶层对家庭所作出的贡献（萨拉夫，1981；龚，1984；格林哈格，1985b），还有"子宫家庭"的角色，即在更大的父系单元中母亲与自己孩子形成的私人关系。

但这些研究方法中没有一个真正挑战儿子具有主要价值的观点。女儿在有价值的情况下，其价值最好也就是描绘成有利于供养兄弟，让父系这方更富有。例如，当学者强调姻亲关系的重要性时，他们关注的不仅仅是女儿的角色，还有家庭通过与姻亲的联系获得的重要利益，这种由于女性的婚姻而建立的关系时常为男性所寻求。伯纳德·加林（Bernard Gallin）在一篇关于姻亲和母方关系的文章中陈述，许多亲戚或姻亲，"受限于家中的男性成员……如果……妇女随男人回到了娘家，她通常会精心打扮，多数时间和女性亲戚聊天，在厨房帮忙。另一方面男人在客厅受到热情招待，通过其他亲戚被介绍给其他客人，通常是主人的亲戚。这样的见面也会让他们接触更多的人和结交新朋友"（1960，第639页）。

同样的，玛杰丽·沃尔夫对于子宫家庭的叙述明确了这个观点：女人和儿子的关系非常关键并且长久。沃尔夫陈述，会有一段时间小女孩发现"母亲在谈到未来时，她说的是儿子的未来"（1972，第34页）。

最后，分析雇佣劳动对于香港和台湾女儿地位的影响强调工作的女儿对她们的家庭是真正的资产，但她们的价值恰恰再次强调了儿子的重要性。的确，苏珊·格林哈格提出女儿通过工作把工资汇给长辈不仅回报了自己的养育费用，而且资助了兄弟的教育和职业发展。所有这些都在女儿结婚离开家之前这样相对较短的一段时间内进行。因而格林哈格暗示说当提到女儿时，父母亲更"自私"。父母期待女儿在较短的时间之内偿付抚养费。但儿子可以把这笔费用的偿还拓展到他们整个成年期，在这个时期他们给予年迈的父母关心、照顾和支持（1985a，第270页）。孝顺女儿的模式进一步强调了她们在家中的次要地位——她们不仅是增加的费用〔"赔本的商品"（贝克，1979，第41页）〕，而且她们必须在离开家去结婚之前归还这笔费用。

然而在塔坝，尽管已婚的女儿会工作，她们很少把所赚得的收入汇给娘家，通常当作个人的零花钱。该现象在一定程度上可以解释为现今社区的繁荣。但这些年来我在所居住的社区听到的评论及对相互交往和收养的模式认真进行的分析揭示了塔坝的母亲和父亲的确对女儿给予高度评价,它超越了对于女儿能做什么的兴趣,进一步到了父系或她们兄弟的生活机遇的兴趣上。

首先,母亲们通常说她们和女儿有着情感上的亲近性,这对她们很重要。女儿是可以交谈的人。其次,母亲和父亲都强调已婚女儿及她们的家庭给他们带来生活上的乐趣——没有这些女儿和她们家庭参与的家庭聚会被认为枯燥无味。

此外,对于已婚女儿和她们娘家的关系的分析表明尽管如同许多其他华人环境中的社区,在这个社区,姻亲关系很重要,但已婚女儿不仅仅是建立这种关系的途径,而且还是活跃的主体——她们帮助娘家实现重要的家庭目标,同时她们利用这些关系来提高自己的利益。因此,姻亲关系不仅是与不同父系实体有着亲属关系的男人所致力的事情,他们也利用并追求这样的联系来改善自己在社区的政治和经济地位。

这些归为女儿的价值——和父母,尤其与母亲的亲密关系、她们一家回到娘家的欢乐气氛及通过她们所建立的关系的重要性——使人像对儿子一样也渴望有女儿。有趣的是,所有这些积极的价值只在女儿结婚之后得到完全的体现。根据我考察的许多其他模式(父系家庭、子宫家庭和孝顺的女儿),在这个时期女儿对于家庭的价值已经用完。

在更详细地考虑这些积极的评价之前,我必须证实家庭真正地想要女儿。所以,在接下来的这一节我将考察家庭规模的两个观点及收养和绝育的形式。

"理想"家庭

西姆莲正拜访她在加拿大多伦多的哥哥。这是她第一次来加拿大,她嘲讽地抱怨自己在印度"枯燥"的生活。移居到加拿大的多数加尔各答客家人没有在自己的企业工作,而是当了雇佣劳动者。西姆莲注意到了多伦多的许多客家女性被雇佣在外工作,她说,"对于我们而言,我们做的所有事情是结婚,有两个儿子和两个女儿,就是这些。"

她的言论表露出了对于家乡社区女性角色的不满,或者刚到加拿大与一个新的不同社会进行接触她还处于"蜜月"期,她的话也表达了我与许多其他加尔各答客家人讨论中一个常出现的主题。对于多数人来说,理想的家

第七章 "树的分支"：第二代和第三代的家庭与公司

庭包括几个女儿和儿子——不只是儿子。收养的形式、绝育（社区妇女通常会做）的时间选择及认可与女儿的关系都与这个理想明确相符。

分析绝育的时间选择特别具有启示作用。早先的几代人几乎没有实施任何形式的生育控制措施，至少从60年代早期以来子宫切除手术用来作为结束女性生育的一种途径。当她们想终止生育时，几乎所有已婚妇女都会做这个手术。但通过考察社区的家庭规模和构成，很明显的是妇女会等到至少一个女儿出生才会走这一步。60年代早期以来出生的孩子们中很少没有女儿。

20世纪80年代当我在做田野调查时，多数妇女在能生育的年份当中生下第三或第四个孩子之后做子宫切除手术。但许多人都是基于一个女儿的出生才下此决定。我的一个朋友表达的态度具有代表性。爱芳在生了第三个孩子，即女儿之后绝育。但她强调自己坚持如果第三个孩子和前两个一样也是儿子，她就不会去做手术。

没有女儿的家庭会发生什么呢？一些人决定收养。有一些情况是"导入"式收养，即在自己孩子出生前收养一个女儿，希望她将"引导"儿子（见沃尔夫和黄，1980，第246页）。其他的一些情况是在连续几个儿子出生之后再收养，这表明除了让她们引导儿子之外还有其他收养女儿的原因。

在一些例子中，实际上不是自己的女儿也会被认为是亲生的。例如，有一个例子不同寻常但仍具有启发性，一名妇女在丈夫去世之后再婚。她此前是第二任妻子，当时丈夫的第一任妻子仍健在，有个女儿和她一直住在一起。几年之后第一任妻子去世，这个女儿也结婚了，第二任妻子的现任丈夫把这个女儿看作是自己的。从那时起节日的时候比如新年，"女儿"回到他们家，就像"真正的"女儿做的一样。这样安排的原因是这对夫妻没有自己的女儿，非常渴望有一个。

这些例子证明女儿绝非不受欢迎；的确，人们积极盼望得到女儿。为什么会这样？我认为通过考察已婚女儿在娘家的生活中扮演的角色可以找到这些答案。

亲密的关系和欢庆节日

毫无疑问，妇女把女儿看成是她们能交谈的人，当我问到为什么想要女儿时，几名年轻女性向我表明了这个观点：女儿可以而且的确能与母亲建立满意的情感关系，这种关系在她们结婚之后还能持续很长时间。加尔各答客家社区的女儿是父母家的常客。除了节日时她们全家都来之外，平常的日子她们单独来或带一两个小孩来。

年长的妇女通常利用在家中慢慢建立起来的权力确保她们在许多场合和女儿保持联系。有这么一个特别有趣的例子：一位母亲的五个女儿都已婚，居住在制革社区。在所有涉及制革业的社区中，按照惯例妻子或婆婆把通过销售制革过程产生的废品赚得的收入归为自己所有。在这个家庭中，两个已婚的儿子控制着皮革生意的收益，他们的母亲完全控制卖出这些废品得到的钱。五个女儿和各自的家庭会在星期天回娘家吃午饭，她用这些钱来支付每周聚会的费用。

父亲也不会对女儿生活中发生的事情和危机漠不关心。已婚女儿多会与母亲聊天。但如果遇到麻烦，她们的父亲也会参与其中。这在分家或有可能分家的情况中极为普遍。有一名妇女告诉我她过去曾与姻亲之间的不和，她说是父亲鼓励她与丈夫跟他们分家，再建立独自的企业。

尽管这样的接触相当有规律，但只有在每年节日之时及生活中的紧要关头和重要的庆祝活动中才会感觉到已婚女儿的到场和贡献至关重要。社区一位中年妇女向我较好地总结了这种感觉，"最美好的时刻是你的女儿全家回娘家的时候。非常热闹。如果没有女儿，你永远也感受不到这种快乐。每天都是一样的。"除了已婚女儿及其家庭在新年和其他每年的重要日子回娘家，在兄弟们的婚礼、为父母祝寿（从61岁起每十年庆祝一次）、乔迁之喜及最重要的是父母的葬礼这些场合，已婚女儿的到场也非常重要。

伯纳德（Bernard）和丽塔·加林（Rita Gallin）的一篇论文标题就简明地表达了这个观点，"女儿在葬礼上哭泣"（1988）。但除此之外，女儿更要负责遵循父母去世之后的一整套职责。比如说，在一个人去世之后的七个星期之内，据说灵魂会游荡直到这个时期结束之时才投胎变成另一个人。在这个时期内奉上的祭品对于灵魂化身的性质有着关键影响。因此，许多家庭在父母去世之后七个星期的每个星期都会举行小型仪式。但儿子们通常参加七个典礼中的最后一个，已婚女儿完成其他部分并负责所有的安排。因而，得出这样的结论似乎是合理的：儿子们主要负责父母物质上的幸福，已婚女儿负责精神上的健康。

第七章 "树的分支"：第二代和第三代的家庭与公司

联 系

已婚女儿并不一定把她与娘家的关系限制在情感和精神领域。的确，在一些例子中，当有儿子由于疏忽或不幸没能履行职责时，女儿会介入。因此，薛有才（他的例子在前一章讨论过）在失明的时候让他的妹妹和妹夫来管理企业。之后，这位妹夫去世，妹妹的一个弟弟辞掉了飞机机械师的工作加入到企业中来。尽管另一个弟弟最终介入其中，薛的妹妹也继续在企业中发挥极其活跃的作用。虽然他们还未分家，家庭成员坚称分家之时妹妹也应被当成一个完全的股东。

在危机时期兄弟们也依靠与姐妹们的联系。比如，当兄弟们分家时，他们把企业搬出工厂直到场地、资金和设备最终得到了合理分配。在这些时期，他们会从在另一家制革厂的一个姐姐或妹妹和她的丈夫那里租来场地。当兄弟们移居时他们有可能最开始与姐妹或兄弟一家住在一起（之前也讨论过，兄弟和姐妹在赞助其他家庭成员移居上发挥着重要作用）。

在一些情况中，已婚姐妹和兄弟们之间的冲突作为分家的主要原因被提及，它也是兄弟或妯娌之间产生摩擦的一个重要因素。当一名妇女的娘家在其丈夫的制革厂出租或租出场地时最有可能发生这种情况。但这些情况有趣的地方在于它们揭示了姐妹们在婚后并非对兄弟们企业的事情漠不关心。

在塔坝第二代和第三代华人家庭中，不仅是母亲和妻子，姐妹和女儿也发挥着关键作用。在第六章，我关注母亲和妻子在家庭企业的劳动分工中扮演的角色。在此我已详细阐述了女儿和姐妹受到重视的几个方面，不仅在于她们为父母带来的亲密感受、保护父母来世幸福的作用还有她们在分家和移居问题上发挥的积极作用。

合 作

在本章我强调了第二代和第三代塔坝华人企业与家庭分裂的特点。这样的分裂有时候会导致企业规模的缩小，但更经常的是通过移居、买下股份和商业机遇的持续拓展等综合作用，塔坝制革商已经能够利用分家的过程来维持或加强其经济活力。甚至像周先生这样的家庭也是这样，分家充满了争执与不和。指出这一点很重要：当社区成员把父系、父居和分割性继承的结构运用于他们的日常生活中时，它们不断得到复制。争执或不和的存在不应当使我们被这个事实所蒙蔽：许多塔坝华人经常操纵这些家庭结构的要素来谋求经济和政治利益。（这些家庭结构的潜在原则是否在已移居的社区成员间继续复制是我在结语部分单独考察的一个话题。）

尽管分家不可避免，但它可以推迟较长时间。在此考察的几个例子涉及实质上分家之前经营多年各自企业的兄弟们。此外，我也表明了这个观点：兄弟们通常早在分家之前就已移居，从而保留了他们对在印度的家庭企业的所有权。在联合式家庭中的一些兄弟仍旧一起工作赚钱——的确，联合家庭与塔坝最大的企业相关。在这样的联合家庭中，几乎没有分家的推动力，人们都预料这样的家庭有可能遵循常规模式，只会在一个或多个老年成员去世之后分家。

最后一点，分家并不会终止兄弟姊妹之间关系的继续，家庭成员仍会利用与兄弟和姐妹之间的关系。例如，一个家庭是否已经划分财产与利用移居的家庭关系没有任何联系。的确，我们已经看到，不仅兄弟还有姐妹都有可能帮助新到的移民。

留在塔坝的兄弟分家之后也会继续以各种方式进行合作。他们会集资购买一家制革厂，虽然他们打算在厂内经营各自的企业。例如在钱伟刚家，尽管两兄弟已分家而且哥哥也独自经营企业多年，但他们合作建了一家制革厂。每个兄弟在新制革厂经营各自的企业，他们分开吃饭，住所也隔开了。然而，倘若他们没有合作那么他们能否成功建立自己的一整座工厂令人怀疑。

至少，通常认为如果有人想要出售制革厂的股份，他会首先卖给一个兄弟。比如，在周先生家，第二个兄弟把她的股份卖给了第三个和第四个兄弟，目的是为了带上现金移居外国，第四个兄弟把股份卖给了第三个兄弟以此来筹集资金建新厂。因此，兄弟姊妹之间的合作精神并不一定局限于他们共享经济资源的时期。

另一方面，分家之前仇恨的关系通常在此之后还会保持较长时间。例如，周先生的大哥移居时决定把他的制革厂卖给外人而非兄弟，这就反映了分家之前早就开始的糟糕关系。我在下一章也会揭示这一点：它预示着有更多麻烦降临。

第八章

个人主义、整体主义与利润动机：
周先生的故事

"所以，在 1955 年，那时我还小………差不多十九二十岁的样子。当我母亲生病的时候……她病得很重，半死不活地躺着。然后她告诉我，知道自己熬不过去了……我听到了，然后哭了，我向上帝祈祷，哪怕是我死，让我得这个病吧……我病了，有一个星期的时间……天气很热，我发了高烧觉得很渴。但我心里还是很开心因为我看到母亲身体渐好……然后过了差不多一个星期十天左右，我康复了……自从那时起，我可以绝对自豪地说我从未觉得不适。我认为那是我的回报、我的恩惠。恩惠指的是回报……现在我告诉许多的人……你得孝顺你的母亲、父亲，然后你将得到这种回报！"

这是加尔各答 1989 年 7 月末雨季一个闷热的下午。周先生回忆生命中具有转折性的事件时热泪盈眶。那天下午周先生说着他过去的经历和关系时，也向我展现了塔坝社区企业观念中新的错综复杂的事物。

本书自始至终强调了企业观念、家庭关系和移民社会局限的相互作用。在第五章和第七章，着眼于这样的局限我讨论了塔坝华人如何操纵家庭关系来实现政治和企业目标。在第四章我描述了在塔坝企业伦理本身如何既非直截了当，内在也不明确的一套信仰和习俗，而是充斥着同时拥有而又似乎矛盾的关于命运与个人权力、算计与风险的观念。

但周先生的回忆以生动的方式证明了，企业道德规范包含的关于命运和控制与自身及其和他人关系的复杂观念的方式，企业道德规范存在于塔坝并受到家庭和移民社会的影响。

在美国我们每天会接二连三地遇上"自制的"（self-made）人的自传和传记，这是在美国资本主义的结构下随着改革发生变化和演变的一种文化形式〔见特劳伯（Traube），1989〕。但很少有出版的作品是关于类似在"非西方"文化和资本主义情境中的这种性格类型。① 我开始意识到周先生的故事不仅能帮助我理解塔坝社区情境下自我和企业精神观念的相互作用，还能弄清楚关于企业精神和自我观点在不同文化情境中的关系等更大的问题。

如果我找寻最接近美国"由贫至富"（rags to riches）模式的那些人，周先生不是一个理想之选。他有一家旧工厂，雇用了大约30个工人，正好处于社区地位阶层的中间——该等级几乎直接由一个人与其他社区成员的财富对比所决定。当然有更大型的企业。一些企业甚至雇用100多名员工，并从事着广泛的出口业务。但另一方面，周先生雇用的员工远远超过一家公司雇用9名工人的社区中值。此外，即使最小的华人制革企业的收入也远超过一般印度中等阶层的收入，周先生经常自豪地提及他比那些收入仅限于工资的人手头有更多的现金。

因此我鼓励周先生尽可能地回忆起更多的事情。这几天有多个小时我们坐在一起，他叙述着自己认为一生中重大的事情。的确，一开口他就不假思索地讲述着自己的故事。我有这么一种怪异的感觉：我听的不是自然流露出的语言表达，而是有章节的完整文本。周先生分了几个独立的部分来讲述他的故事——每个部分都有一个次要情节涉及他与某个特定家庭成员的关系，最重要的是与哥哥、弟弟和母亲的关系。

此结构本不该令我吃惊，因为关于中国自我（selfhood）和人格（personhood）②的见解最普遍的学术范例主张"社会中心论的"或"家庭

---

① 约翰·凯利（John Kelly）关于斐济古吉拉特商人的一部颇具吸引力的作品是一个有名的特例（见凯利，1989）。此外，一些日本最有权势的工业家的自传最近开始投入美国市场。它们还需要从自我展示或它们所针对的各类观众反映的角度来进行分析。

② 在本章，我用这两个术语"personhood"（人格）和"selfhood"（自我）是由于它们指的是截然不同却又息息相关的概念。格蕾丝·哈里斯（Grace Harris）这样来区分：自我（self）可以被刻画为"经验所在的人"（the human being as a locus of experience）（1989，第601页），而个人（person）则是把一个人当作"作用者"（agent）。她说，"从该意义而言，成为一个人意味着作为社会中的作用者在社会次序中有一定的位置（standing）〔而非'身份'（status）〕。因此，讨论个人时谈到人作为经验的中心——自我（selves）是不够的。成为一个人的意思是发起行为的'某个人'。"（1989，第602页）。很明显，两个概念都出现于考虑生活历史的历程中。一方面，一个考虑的是在某个特定时间主体的个人想法和情绪及个人行为与其他人行为意义的表达；另一方面是主体对自己和他人关系的描述。

的"取向支配自我中心论或个人主义的观点。我将在本章后面的部分更全面地讨论该范式，一般认为在此范式下的中国文化环境中——无论人们聚焦于自身的经历、自己和他人的品格还是自我和人格的观念——主要通过与他人的关系来体会和理解身份。通常此人格观与在现代西方占主导的人格模式相反。这些关于人格和自我的"西方"式见解比那些"非西式"的观点更偏向个人主义，它们迎合的倾向是：自我和他人不受具体情境束缚，他们的身份各异，处于各自的关系网中。据说那些持此人格观的人设想人们融入契约性的、自我发展的关系中，没有义务去扮演既定的社会角色。

但周先生的叙述太复杂和多样化，不易分类。首先，当他看到自己和他人陷入社会和家庭责任与等级网中时，有时他从个人利益的角度，特别通过使用企业隐喻如投资"回报"（在本章开始的引语中）来评定这些义务性的等级关系。此外，他承认利润动机有时与家庭角色义务相一致，他也看到了两者目的相交叉的环境。的确，在对家庭关系的描述中，他在这两者之间进行交替：一方面是强调职责与爱的关键作用，另一方面是一种几乎自然、无法抑制的使自己获利的冲动的感觉，它甚至通过运用个人的精明和聪明才智，不惜以其他家庭成员为代价。尤其在兄弟间经济交易的描述中，周先生表达了对于人类动机的极为矛盾的心态。

因而在本章我将描述并尝试对周先生叙述中特别举棋不定和似乎矛盾之处做出解释，聚焦于他的内在表述与周围情境矛盾之处的关系。我也会问到是什么局面和关系使其内在冲突处于显著地位及其原因。在此过程中，我会严格审查家庭经济的微观政治学及其所嵌入的更大的经济、政治和种族情境下的价值与规则两者之间的关系。

但在我回到周先生的故事之前，我必须简短概述现今在人类学和汉学圈子里几个盛行的理论之争。这些争论提供的情境有助于读者对周先生的故事和塔坝华人社区的独特之处，以及关于中国文化和一般市场经济中自我构建等更大的问题做出联系。考虑这些一般性的问题可以转而让我们更深刻地理解塔坝华人企业家庭的历程。

所以本章其余的部分安排如下。第一节概述现有的关于华人环境中自我和人格概念的文献资料。第二节我提出观点：此前提到的对于人格的学术考察表明人格的文化构建在同一种文化中依据交易者的行为领域或社会身份而存在差异。但我的数据涉及的范围更广，显示了在某一已知文化情境中，人们在不同行为领域不仅对于人格有多种理解，而且实际上持有与即使一个交易领域相关的冲突性和竞争性的人格模式。在此还考察思考的"异质语"（heteroglossia）和"对话"（dialogical）式的性质。第三节把周先生的人生故事当成一个案例来阐述此前所述的观点。最后一节尝试在更大的情境中进行分析，论证周先生带有争议性的看法不仅是个人的或特质的，而是从他生活中的文化、社会和经济情境的内在真正冲突演变而来。

理论家寻找中国的"人"

之前也提到在对华人社会中有关人格观念的文献资料中，有一种方法强调整体的、等级的和以社会为中心取向的相对优势，与个人主义和契约性的取向相对。还有一种方法寻求修正此观点并强调个人主义和整体主义都存在于中国文化之中，主张这些取向依据所调查的行为领域和/或历史时期及情境存在差异。其他方法质疑整体主义和个人主义本身的二分性。本节概述那些在中式取向中强调整体主义主导性的论点；然后再简要回顾一些与此立场不同的论点。很明显，该提纲并非要详尽无遗，而是让我们明白讨论中出现的一些参数。

在此我应该指出我不愿创造出"稻草人"（straw men）来推翻观点。当然，没有学者主张中国文化是完全整体性的，能够排除所有个人主义或以自我为中心的观点。但还有一个严肃的辩论是关于整体性的取向在华人情境中的主导程度及关于何种社会形势和关系对此取向极具传导性（见本人1992年对于"印度通"们进行类似辩论的概述）。

取向 A：整体主义占主导

很可能马塞尔·莫斯是第一位，当然也是最具影响力的学者来提出西方的对于人的概念是在任何特定社会关系发展之前存在的独特的个人。依据莫斯所言，在中国，"出生次序、等级及社会阶层的相互作用确定了这个人的名望和生活方式、他的'面子'……他的个人特征是他的名。中国保留了这些陈旧的概念，却同时从个人特征中移除了其永恒和牢固持久的痕迹。名，是一个集体名词，是从其他地方涌现出来的东西：一个人的祖先拥有它，并由目前的后代所持有……其他民族已经知道或采纳了同一类的观点。

那些使人成为一个完整的实体,独立于除了上帝之外的所有其他人的情况极为罕见"(1985,第14页)。

莫斯并非一名专业的汉学家,但许多汉学家也发现了中国文化内占据主导地位的一个整体而非个人主义的人格模式。因此,唐纳德·蒙罗(Donald Munro)写到诸如独特性、隐私、自主性的价值观和"每个个人拥有独立于任何社会关系的关键特征"的观念在中国尚未得到发展(1985,第16页)。他继续说,"西方的一些关于个人权利和自主性的叙述使得竞争合理化甚至赞美竞争。人们在这些中国的作品中找不到任何与'隐藏的手'(hidden hand)对应的资料,在西方人看来它或许能确保社会竞争具有建设性"(1985,第21页)。[①]

同样的,尽管杜维明(Wei-ming Tu)讨论儒家学说时强调了自我发展这个概念,他很快就指出对于儒家学者来说自我发展具有突出的社会性。杜说,"当今的儒家学者也意识到了为了自身缘故,学习的想法不会意味着寻求个性……从经典的儒家意义而言,自我指的是关系的中心"(1985,第53页)。他继续说,"受到教化的自我不是我们用来小心防御外界侵扰的私人财产。被保护免受社会需求浪潮的自我被儒家学者称为'俗'(私有化的自我、小我、封闭体系的自我)。相反,真正的自我具有公众精神,大我是一个开放的体系"(1985,第57页)。

陈汉生(Chad Hansen:西方汉学家——译者注)对该见解进行了阐述:整体主义而非个人主义主导了中国人的思想。汉生说道,"部分/整体"而非"一个/多个"的二分性是中国语言形式的特征,从而使得中国人倾向于把世界描绘成一个相互联系、独立的部分,而非相互改变的个人的单元。所以西方思想具有原子性质,而中国思想则表现为整体性(汉生,1985,第47页)。

根据汉生和其他人的观点,思维的整体性模式是对人类世界和自然的特征性描述。因此,如"仁"(完美的品德)和"孝"(孝顺)等理想的品质只能在社会情境中通过与其他人的相互交往来实现,特别是在家庭的环境中〔金(King),1985,第59页〕。此观点也得到了徐诚斌的附和,他断言中国品德往往被看成具有关联性而非单个的,中国的艺术和小说也常以情景为

[①] 但蒙罗承认直到18世纪整体性的价值仍是西方思想中一个重要的方面(1985,第22页)。

中心而西方的艺术和小说则以个人为中心（1983，第280页）。的确，几乎所有徐的作品（1968、1971、1973、1983）都强调并对西方个人主义和中国的情景中心、整体主义和亲属关系导向的不同方面进行对比。

徐的取向也影响了一些具有激发性的研究。例如，安妮·普西（Anne Pusey）和理查德·威尔森（Richard Wilson）在对中国人和美国人"成就动机"的比较研究中发现这两组都有强烈的"成就动机"。他们主张由于不同的原因中国人比美国人更想有所成就。他们样本中的美国人高度强调成就动机是"独立训练的结果"（1982，第197页），而中国人则由于"面子意识和群体取向"的原因强调成就动机（1982，第197页）。引述普西早期的研究，他们认为有所成就的中国人"往往用群体方面的词来解释他们对于成就的动机，并把他们的成功归于群体、老师和父母"（1982，第199页）。该观点是"经过把自我和群体联系在一起的训练和遵从群体价值的压力"的结果（1982，第199页）。

在最近对于中国乡村地区的农民所进行的情感方面的人类学研究中也强调了中国人的社会取向。这项研究的发起人苏拉米斯·海因茨·波特（Sulamith Heins Potter）主张在美国个人情感被看成是所有社会关系的基石。因此，"人们认为社会关系不断由个人创造并由个人情绪和表现来维持。关系由感觉演变而来并得到其证实，感觉是自我的直接表达"（1988，第18页）。另一方面，波特说在中国农村情感被认为几乎是副现象（epiphenomenal）。也就是说，中国乡村农民不否认情感的存在，除了浪漫爱情之外，他们的确也相当公开地表达诸如愤怒、悲伤和快乐的情绪，但他们并不把个人的情感经历看成是社会次序的组成要素。用她的话来说就是，"情感永远都不是任何重大社会行为的合理化理据，也没有文化理论说明社会结构依赖于情感关系。因此，社会关系合法化的存续无需真正的或虚构的情感基础"（1988，第185页）。波特坚持认为中国乡村的社会关系仅需被外在的行为所证实，特别是通过愿意为彼此工作，而非"内在的情感回应"（1988，第185页）。因此，"中国人认为一个人主要从社会情境中获取社会意义，而不是通过内在；简言之，他们以社会为中心"（1988，第186页）。的确，波特说由于浪漫的爱情能产生"他们是否具有结构上的重要性"（1988，第199页）的关系，正是其能动摇社会结构的原因，中国农民总是用怀疑的眼光来看待浪漫的爱情。

取向 B：整体主义和个人主义的复杂结合

亚瑟（Arthur）和琼·克莱曼（Joan Kleinman）在最近的一篇论文中举了一个案例，没有仅仅简单地对"非西方"的社会中心主义和"西方"的个人中心论进行区分。他们引证波特的论文作为该二分的例子，并陈述她的立场例证了"当代心理人类学的基本取向"（1989，第 18 页）。他们提出，那些遵照此方法的人掉入了爱德华·赛义德（Edward Said）在《东方主义》（*Orientalism*，1978）中所描述的陷阱。这是因为"援引的例子必须①描绘同质的、一维的固定形式，而非真正的人；②它必须漠视相反的例子……③首先最重要的是它必须删去任何共有的能表明对人类条件有着牢固的全人类特性的人类性质"（1989，第 19 页）。

同样的，马克·埃尔文（Mark Elvin）在他对文学和哲学文本中揭示的中国的自我概念做了一个彻底的历史回顾，他也不赞同此观点：个人这个概念在中国不是一个重要的范畴。他指出，毛斯（Mauss）在他"后代再次使用个人名字"的描述中出现了错误，这是因为"此习俗已经消亡（在公元前 13 世纪）……自那时起，中国人的个人姓名对于个人而言几乎独一无二，并存有大概好几百万的名称。经对比，我们拥有的许多类似'约翰'和'玛丽'的有限名字库就很匮乏"（1985，第 157 页）。的确，在埃尔文对于中国千百年来哲学思考的调查中，他强调了多种多样的思想流派。像孟子一样，有一些强调个人是世界上所有事物的"一个缩影"（1985，第 166 页），道教信徒讲究个人的永生，尽管这有些自相矛盾，但可以通过"（把个人）吸入自然的运作之中"最终得到实现（1985，第 167 页）。根据埃尔文，同样自相矛盾的说法也可以在许多新儒家思想家中找到，他们与孟子一样把个人看成是"反映宏观世界的缩影"。但同时，"这给予自我作为道德行为载体的不能移动的中心特征时，它也意味着任何独特的个性……都是出于同样的原因在道德上有些可疑"（1985，第 174 页）。

然而，埃尔文的主要观点是中国的思想太广泛，有着太长的历史而不能简单地说自我是中心范畴或是不重要的。此外，在他讨论的许多思想流派中，正是通过个人才实现了更多改造世界的目的，也正是这些改造世界的目的个人才使得自身完美。称这样的思想为"个人主义"或"整体主义"只会简化其重要性。克莱曼讨论这个中国词"人情"时表明了一个类似的观点，他们把它定义为"面对日常生活各种具体情况时一个人的情感回应"（1989，第22页）。可以认为人情是理解和同感，但它也可以在人与人之间进行偿还和交换。克莱曼提出，从该意义上而言，它"既具社会性也极具个人性"（1989，第24页）。

事实上，值得注意的是中国学者的最近几项研究也向整体主义/个人主义的二分法发起了挑战。例如，林南在对中国家庭体系的详尽论述中表明了许多中国本土作家的特征，他们把单个的中国人描绘成具有体贴、关心他人的特征，而一群的中国人则是"自私的、淡漠的、残忍的、道德败坏的、缺乏公共道德及对法律的尊敬，不能为了共同利益进行合作"（1988，第66页）。

林承认该二分法描述上有些夸大，但他继续问到中国亲属体系的某些特征，更确切地说是资源转移的规则，是否影响中国人的态度和行为。他说资源转移可以有两种类型——转移权力和转移财产。但不同的亲属体系把重点放在不同类型的转移上。在中国的亲属体系中，更强调的是权力转移而非财产转移，因而注重情感和忠诚而非技能，并把它当成"转移标准"（1988，第81页）。这与日本的体系相反，在日本体系中权力和财产转移得到同等重视。所以，在日本体系中，如果父亲认为这个人将比儿子能更有效地管理财产或公司，那么大儿子会被父亲忽视，并被女婿甚至非亲非故的人所取代。

林说，资源转移的原则可以对行为进行较多的解释。一方面，"由于它强调权力而非财产关系，并且它坚持血统界限"，中国家庭"强烈推崇孝顺的忠诚并打消与外人形成其他实体的愿望和机会"（1988，第89页）。林得出结论"家庭是自我的参照点，一旦在家庭之外，中国人就变得完全以自我为中心……当提到家庭事宜时，中国人以集体为中心，具有集体意识（但）……与更大的单位和其他人的关系得到维持和促进，只要它们有助于维护和促进自我利益及家庭利益"（1988，第92页）。

然而，林承认尽管中国的亲属体系强调几代人之间的情感和忠诚，但兄弟们的关系会突然出现问题，这是由于中国资源转移的标准也是"异质性的"——也就是，权力转给大儿子，但财产由所有儿子继承。因此，一旦父亲去世，情感和忠诚的纽带开始松动。不同于父亲，大儿子在资源转移到弟弟妹妹的问题上没有发言权。所以，他们"顺从于他却得不到什么"（1988，第81页）。

第八章 | 个人主义、整体主义与利润动机：周先生的故事

通过一个这样的对资源转移规则的考察，林试图解释从行为情境的角度来看的中国人行为矛盾的要素。家庭被认为创造了一个行为整体性和社会中心性的情境。然而一旦在家庭之外，行为甚至正当性的意识观念变得更加以自我为中心和个人主义。这是对假定过于简化的整体性行为者的那些理论的进步。但存在于家庭本身的多种取向并未得到发展。因而，当提到兄弟间的矛盾时，并未对其进行详尽阐述。

同样的，在最近黄光国对中国家庭的讨论中，描述了中国社会生活的不同领域，它们包含了不同的交换规则。黄说，在家庭、亲戚和密友之间，"表达的成分总是优先于工具性的要素"（1987，第949页）。所以即使一个人利用此私人关系来临时获取社会或物质资源，这些关系在性质上也不具备基本的工具性的特征。因此，黄说，"为了达到物质目标，个人必须与家庭之外的其他人建立工具性的关系……当他尝试建立工具性关系时，那这种关系就仅充当了实现其他目标的途径或工具"（1987，第95页）。黄也承认一些关系包含了他所称的"混合关系"。这些涉及一些表达性的要素，但也深刻地受到互惠准则的影响，在这些规则中为了物质和情感利益，地位、面子和关系可以用来进行交易。

因此，与林一样，黄比许多本章要讨论的社会理论家描绘了一个更加复杂的中国社会和导向。但黄也与林一样没有调查整体和个人主义动机及理解家庭本身内部关系，特别是兄弟关系的正当性观念的可能结合。在我对周先生人生故事的讨论中，我将密切注意后者，因为我希望说明的是，正是在兄弟之间的关系中才有发生如此冲突的动机的最大可能性。

在此我应该指出玛杰丽·沃尔夫所称的"成年兄弟之间脆弱的关系"（1970，第61页）已经在关于中国亲属关系的文献资料中得到了详尽的阐述（见科恩，1976；弗里德曼，1966；波特与波特，1990，第253~254页；华生，1985；A.沃尔夫，1970，第199页；M.沃尔夫，1970，第61页）。例如，莫里斯·弗里德曼说"兄弟间的关系是一种竞争"，兄弟们"有资格平分家庭财产的份额，他们期待属于自己的财产份额，对各自的权利有所猜忌"（1966，第46页）。他继续声称父亲通常会制止兄弟们的竞争，"没有他的话，他们往往会发生激烈争吵"（1966，第54页）。鲁比·华生（Rubie Watson，1985）和苏拉米斯·海因茨·波特及杰克·波特（Jack Potter，1990）阐述了这个事实：兄弟间的竞争通常会从个人家庭扩展到所

179

有男方亲属中的男性。波特谈到,中国人的家系综合了"等级次序和竞争性的奋斗"(1990,第252页)。他们注意到家族团结的观念适用于自己的兄弟及家族兄弟,它在外界威胁危及家族的情况中占据重要地位。但在其他情况中,家族兄弟之间的竞争是经常发生的事(1990,第254页)。

但还未讨论的是这样的竞争和冲突的关系对于参与者自身观点的含义。鉴于兄弟关系内在的冲突,这种关系难道不也是最大的内在模糊和矛盾表达的焦点吗?

我们将看到这在周先生的情况中也是如此。

内在对话

之前提到的作品表明整体性和个人主义的观点可以运用于某一特定社会的不同交换领域。但我已提出我们必须接受即使在一个行为领域的解读中也会出现相当大矛盾的可能性。

这样的可能性已经由俄罗斯的文学理论家巴赫金(M. M. Bakhtin)及几个早些年和他密切合作的学者提出。因此,在一篇认为是沃罗辛诺夫(V. N. Voloshinov)所写但大家认为主要由巴赫金所写的论文中,讨论了一个"独白"中的不同"声音"这个概念。沃罗辛诺夫(巴赫金)说,"我们一开始调解某个问题,开始认真考虑时,我们的内心话语……立即就呈现了问题和答案、主张及随后的否定的形式,更简单地说就是我们的言语分裂成大小各异的独立片段;它采用了对话的形式"(1983,第119页)。

但沃罗辛诺夫同样清楚这样的内在对话具有社会含义。沃罗辛诺夫(巴赫金)的早期论文直接把这样的内在独白与代表竞争阶层利益的不同观念相联系。但后来,巴赫金的写作语气不那么确定了。但他仍然强调所有言语和思想的社会特征:"任何话语除了其自身的主题总能做出回应……以一种或其他形式对其他的在其之前的话语"(1986,第94页)。因此,内在的对话永远都不会是完全特质的。它们总是存在于与其社会情境的关系中。

多里娜·近藤(日本籍美国人类学家——译者注)在她关于东京糖果厂工人的研究中也有类似的观点。我们必须抛弃脱离历史、政治和文化情境的自我的概念及近藤认为的某一特定文化中的"自我"绝不是"矛盾"或"多样的"的见解（1990，第42页）。① 例如，在探讨一位工厂首席技工的人生故事时，康多发现"不是单个的'自我'，而是不同的自己，充满着错综复杂的事物及感受深刻的、细致表达的而又常常矛盾的情感"（1990，第257页）。康多表明我们必须开始调查将自我作为多种话语的分析点（1990，第44页）。

以美国为背景，此"对话的"方法已为克劳迪亚·施特劳斯（Claudia Strauss）所用，他调查了美国工人关于成功的似乎矛盾的观点的各种整合方式（1990）。施特劳斯提出当人们所持的观点明显矛盾时，这些不同的"声音"实际上会被一个更深的主题所整合。另一个可能性是这样的不同声音将以各种方式被划分，这样它们就没有必要在意识层面上与彼此相冲突。而施特劳斯的焦点放在这些竞争性的声音在人们之间概念上组织的多种方式，而非它们所产生及反映的社会结构、文化或经济情境。

在接下来的叙述中，我希望阐明周先生矛盾心理的性质及他们产生的文化、社会和经济情境。

周先生的故事

周先生把他的人生故事分了几个部分进行讲述，每个部分与他人生中某个特别重要的人的关系相关。在此我遵循同样的安排，按照他给我讲述的顺序概述了几件重要的事情。② 然后我从他关于自我和人格所表达的隐性和显性的见解的角度对他的叙述进行分析。最后，我考察这些见解与其政治、经济和历史情境的关系。

然而，我应该加上一点：这正是我对男性意识观念的一个调查。由于他们在家庭和经济行为中的不同角色，我期待有一套极为不同的自我和人格的观点来描绘塔坝女性的特征——尽管我认为它们也结合了个人主义和整体性的主题。

---

① 鉴于其他作者对于主观性和意识霸权之间关系的讨论，近藤的提议也很重要。例如，路易·阿尔都塞（Louis Althusser）提出如果意识体系要获得这些把自己看成是自由作用者的顺从，那么这些主体的创造就很有必要。阿尔都塞说，使个人服从的意识体系有些自相矛盾，因为这让他们产生能支配自己信仰的感觉。（1971，第181~183页）。但阿尔都塞没有讨论主体内部会进行划分及取决于竞争性意识形态要求的可能性。

② 对周先生的访谈是用英语进行的，有时他用普通话中的短语和/或印度英语中常用的表达来加强语气。我已逐字写下他所说的话，根据口述的内容进行引用，没有改变词语的选择和句子的结构。

放弃利益：获得弟弟的尊敬

周先生用来阐述自己性格或兄弟们性格的多数事情都围绕着买卖曾经的共有家产。在第七章讨论到，周先生在四个兄弟中排行第三（为了简便起见，我再次把他们称为周一、周二、周三和周四）。周家兄弟只在父亲去世之后划分家产，这符合预期的模式。但周一比弟弟们得到更大的份额，他分到了一座完整的工厂，而三个弟弟则必须在他们当中划分一家工厂的厂房和机器。到20世纪70年代中期，周一移居到了加拿大，他把工厂出租给了另一个家庭，自己仍保留了工厂的所有权。这个时候周二也移居到了加拿大，留下两个弟弟共有一家工厂，他们两个在厂内管理各自的企业。但最初的分家条款对于兄弟间的关系还有持续性的影响。

在他的叙述中，周三描述自己和弟弟格外亲密："我和弟弟是……密友，尽管我们是哥俩，我们把彼此当成朋友来对待。""尽管"他们是兄弟但他们关系亲近，这句话很有意思。我们将看到，当谈到经济交易时，周先生在兄弟姊妹是否有任何特殊的义务的观点上含糊其辞。他通常这么说，似乎家庭关系的确导致以市场交易为特征的利润的寻求出现某种中断。但既然在他的家庭和整个社区，这样的兄弟的想法有许多例外的情况，他把自己和弟弟的良好关系看成是例外的，而非常规的。

在此特定的情况中，他对于两兄弟关系亲密的描述主要可以通过企业交易中对诚实的描写及他们为了帮助彼此摆脱困难愿意延缓追求利润中得到例证。在此注意到这一点很有意思：唐纳德·德格楼普（Donald DeGlopper）在其关于台湾鹿港镇商业关系的描写中也表明兄弟关系本身被认为不足以建立良好的商业关系。德格楼普说，"在鹿港，生意事务上的合作或特殊帮助并不认为是兄弟不言自明的义务之一。任何在生意方面利用兄弟的行为是私人关系，即存的感情在起作用"（1972，第318页）。

对于周三最关键的事情之一集中在他尝试把土地卖给弟弟上。尽管他说有一个外人买家本将付给他25000卢比，多于他卖给弟弟的费用，但周三坚称他继续牵制这位买家的同时还试图说服弟弟以低价购买土地。

他试图把土地卖给弟弟的情形是怎样的？那时，两兄弟共有一家工厂但也都经历着企业的拓展和成功。他们得出结论说其中的一个应该搬出去建立一家新制革厂，这样的话每人都有自己的工厂。无论是谁搬出，都由另一人

第八章 | 个人主义、整体主义与利润动机：周先生的故事

补偿其一半的旧厂。因此，人们或许有理由得出这样的结论：把土地卖给周四符合周三的利益，从而确保周四腾出原厂，使得周三能利用从此次出售所赚得的一些资金来购买他弟弟的股份。

但周三不是从为生意好的意义上来讲述这个故事，如果这个交易涉及陌生人的话他或许会这样，而是代表他弟弟的一种利他的努力。事实上，周四在同意买下周三的土地之前，需要有点使自己信服的东西，但他哥哥说他固执没有符合自己最好的利益。为什么周三继续拖延外面的买家，同时又继续给周四施压，让他买下土地呢？

因为，用他的话来说，"我如此爱我的弟弟，所以根本就不是我要把他推出工厂。我建议他买下我的土地来建制革厂。"并且"无论你多穷，最好的方法是你应该拥有自己的制革厂……所以我建议弟弟如果他对买我的土地感兴趣，我将放弃那笔 25000 卢比的出价……那就意味着我将不会获得任何利润……因为我不想在将来看到我有制革厂而他没有。所以事实上，我是哥哥，我得尽我的所能来照顾他。"他继续说，"因为我真正爱他……他是我弟弟，我怎能眼睁睁看着他做出不好的决定……如果事情变得糟糕的话，你就会落后，如果事情好转的话，你将成功，越来越有钱，也更安全……如果你变得更穷，没有制革厂的话，我想使自己和上帝确信我已经对你这么好了。"

同时，周三也承认在利润动机占主导的世界，这样"友善"的行为被曲解是很自然的。即使和兄弟在一起，人们也必须警惕。周四最初没有对哥哥的关心感到满意而是怀疑他"虚张声势……他认为如果我不卖土地，我就得不到他的份额。实际上，他弄错了。事实是有买家。"

的确，当周四继续迟疑的时候，周三给了他额外的时间做决定。在接下来的段落中我们可以看到周三承认弟弟的独立和自主性与他对弟弟的责任感、义务和爱相冲突（这又是我强调的）："我说行，既然你不同意，看上去像我逼迫你买我的土地……这似乎不好。所以我说……我们必须放弃希望来说服他。毕竟，他不傻。他能自己决定未来，就让他照着做。"但他又补充道，"实际上，我对弟弟这么好，我又给了他一个星期做决定。"

终于，周四买下了周三的土地，周三去了另一位买家的住处告诉他做不成这笔生意了。周三的描述是：尽管错过了这次机会，这位买家通情达理，赞同他把土地卖给弟弟的决定。同时，在周三对于自己和买家对话的叙述

中，这一点也很明显：这位买家认为周三的决定是以利润为动机的正常经营的一个例外——为了家庭成员而做出的例外。

用周三的话来说，他去找这位买家，说道，"非常抱歉，今天，情况是我不打算把土地卖给你。我弟弟很有可能买下来。"接着，周三评论买家对此消息的反应，补充说，"这位先生人非常好。他说，'这是你做得最好的方式。我真的祝福你家有所扩建，弟弟将建一座新厂。这也是我的希望。在此之前，你说想卖出土地，所以我帮助你卖出，给你一些利润。'"

给我讲述这个故事时，周三也证实了卖给这位买家自己最初动机的合理性："我们是生意人，无论做什么事情都得获取利润，呐？"

因此，寻求利润是完全正常、正当有理的行为原则。但家庭责任和爱使得该普通原则暂时失去合理性并能对其做出解释。

在后一节中，当弟弟面对自己工厂将可能拆除时，因为它是没有经过正当的允许所建立的，周三邀请他回到旧工厂。周三把这件事和早些时候出售土地的事情当成周四继续尊敬他的原因。有趣的是，弟弟对哥哥的尊敬并非仅是他们之间的年龄差异在起作用。的确，周三声称其他社区成员不能理解为什么弟弟对他如此尊敬，尤其是弟弟比他"富有"。只有在周三列出他为了弟弟做出牺牲的例子之后，社区成员才说，"哦，怪不得他这么尊敬你。"

中间商和贪婪的家伙：兄弟一和兄弟二

爱、友谊和责任——以最终牺牲利润为特征——是周三对于弟弟感情和行为的描绘，但猜疑和需时刻警惕利用点滴的聪明和狡猾标志着他与周一的关系特征。据周三所言，周一专注于对利润的难以控制的强烈愿望，这种迫切需求没有受到任何家庭责任、义务等情感的节制。另一方面，周二在友善和精明之间有所平衡。他基本上比较好，但和多数普通市场活动者一样，人们不会总是相信他的话。周三对于哥哥们的特征描述体现在他们在他人生中一系列关键事件的角色叙述中。这些关键性的事件又再次都围绕着财产事宜。

这个故事始于周家母亲去世之后不久的1980年。周一和周二回到印度参加葬礼，周三想象他们两个之间发生的事情：他们在飞机上谈论了周一工厂的处置问题。在该描述中，周二表达了对弟弟们的基本尊重，他向大哥建议，"为什么不通过出售制革厂的方式把它给弟弟们呢？"周一明显表明了他赞同这笔买卖并定下价钱。

第八章 | 个人主义、整体主义与利润动机：周先生的故事

在讨论接下来的交易中，周三把周二描绘成穿梭于周一和两个想买下制革厂的弟弟之间的中间商或调解人。这是周三如何描绘协商之初周二的角色（全部是我强调的内容）："当然二哥对我们相当好，他对我们也很友善。但他也是个非常聪明的人。所以他没有让我知道他已经跟大哥做了决定……他们已经决定好了，但他没有让我知道这些事。"尽管基本上周二是个正派的人，他仍会和弟弟们玩游戏，还是得对他有所警惕。

另一方面，周三用了更加消极的表达来描绘周一。协商期间，周三向周二解释说大哥永远都不会坚守自己的价格："这家伙很贪婪，无论你同意了什么，他都会做出变动。你同意了之后又发生变动。"据周三所言，这样的自私行为只能用狡诈与之相抗衡。因此，他告诉弟弟，"你应该用拒绝而非赞同的方式来买他的制革厂！他会拒绝你同意的条件……（如果）你……拒绝，那么他会强迫你买。"

在两个哥哥回到加拿大之后很长时间，协商进行了好几年，但没有进行买卖。之后，周一又回到印度，这次目的明确，要卖出制革厂。周四继续与他协商买卖事宜。尽管对弟弟评价更好，周三解释说他知道这些谈论不会产生任何解决方法。为什么？"因为他们两个完全是同一类型的人。他们聪明、有才智，想消灭其他人。他们想自己获利，不会让其他人受益。这样的话，这笔买卖如何才能折中呢？"周三看出了状况，那么在此服务于个人利益的聪明、贪婪和狡诈优先于兄弟关系。实际上，该买卖从未做成，周一最终把制革厂卖给了外人。

有趣的是，该恶化的关系早在最初兄弟们制定分家协议条款的时候就已引发了。我也表明了，三个年轻的弟弟留下来共用一家工厂而周一自己有另外一家工厂。（当然，周一曾在父亲去世之后供养了弟弟们好几年，他自己购买了第二座工厂。）每一方都可以参照中国家庭内的惯例习俗来发表主张：三个弟弟可以争辩说所有兄弟都有资格平分遗产；大哥可以表示反对说平分遗产的原则只适用于祖先的财产，不包括父亲死后他获得的资产。

无论如何，尽管周三表明他不喜欢周一，的确他讨厌大哥，但他不清楚哥哥在后来的冲突中违反社会规范到了什么程度。他似乎在家庭关系应该改变经济交易性质的期待和自然主义者/现实主义者的不在乎——承认许多人仅仅试图胜过他人——这两者之间犹豫不决，也没有什么力量可以阻止它们。我们关于此话题的对话如下（我强调的内容）：

185

我：他（周一）应该首先卖给兄弟吗？

周：按惯例是，这要看哥哥是否更活跃、实力更强；如果我们弱，如果买家比我实力强，那我怎么能阻止他呢？

我：那他没有义务这么做吗？

周：通常是这样的，大多数人也会这么做。你想卖出财产时，或许兄弟是首选。但也不是绝对的你就有义务这么做，多数人都会这么做的。

我：但他没有……

周：他不会做。他不会那么做的，他只是在找钱，谁的出价更多就卖出去。假设你想要某个东西，当然你会问你的妹妹，如果有姊妹的话……①

我：或许我从她那儿得到的更少，但仍然……

周：是的，或许你也会把它卖给别人，这是你自己的企业，没人能阻止你……

孝顺的回报：母亲、父亲和儿子

在周先生对兄弟关系的讨论中，义务和爱是在一定环境中限制利益动机的力量。经过对比，作为独立自主的个人，人们追求利润。因为当利润是行动目标时，层级互惠的关系受到忽视。当人们把周先生对大哥的描述和他与弟弟的关系特征进行对比时，这一系列的概念最为突出地显现出来。但在周先生关于父母尤其是母亲的故事中，很明显的是这并非这些主题唯一可能的布局。正如我在本章开始的引语中所说的，依照在家庭层级中的角色，周先生坚持一个人有可能确保此后的一些回报。

此外，父母努力工作追求利润时，不同于兄弟间的关系存在工作和家庭关系之间的矛盾。的确，母亲努力工作为家庭做出牺牲的故事在加尔各答华人中较为广泛。在周先生的叙述中，他详述了母亲为其他家庭做饭、制酒和洗衣的辛劳，为了给家庭增加微薄的收入还做了其他大量的事情，把他们慢慢拉出了最初困难的处境。

的确，从女性个人的立场来看，她们的劳动有明显的"回报"。在前几

---

① 这个例子是特别针对我的，因为周先生知道我有个妹妹，没有兄弟。否则，鉴于该姐妹边缘性的叙述，他不可能会选这个当作例子。

第八章 | 个人主义、整体主义与利润动机：周先生的故事

章也讨论到在她们和儿子之间建立牢固的关系是中国女性在父系、父居家庭体系中加强未来安全感的重要途径（沃尔夫，1972），工作也是中国环境中关系证实的至关重要的方式（见波特，1988）。同样的，当儿子以努力工作、尝试成功来回报父母的辛苦劳动时，他们表现得很孝顺。针对父母时，利润动机、积累财富的强烈愿望就是孝顺的表现。

有趣的是，周先生的叙述中关于父亲的信息和描述少于母亲。在某种程度上，这反映了玛杰丽·沃尔夫所描绘的中国家庭动态的类型，在其中母亲通过与孩子们形成亲密的情感联系来获得非正式的权力，但父亲通过更疏远、更具权威的立场来保留正式的权力（1970，1972）。但周先生家也有更明确的原因。

周先生的父亲于1919年移居到了印度，直到1944年才建立制革企业，许多初期的投资来自母亲从各个企业赚得的收入所存下来的。他是学校教师，建立了当地华人学校，当了多年的校长，这份工作受人尊敬但收入不高。周先生说，一天父亲让他坐下来，说道，"男人当教师，我真的很遗憾……教师很穷。因为教师能赚什么呢？他们能给你什么？这又不像修道士或牧师，他们没有孩子，食物由教堂源源不断地提供，所以他们没有什么担心的……但是……如果教书的话，你能为家庭、妻子和孩子赚多少呢？"

因此，似乎周先生从父亲那学到的最重要的"教训"之一是不要步他的后尘。在父亲的轶事中，利润动机再次成为父母责任的必要组成成分，而非破坏家庭关系的力量。只有那些没有家庭的和尚尼姑才能省却它。

然而，周先生讲述的有关母亲的一个故事包含了这个主题：家庭的爱有时需要牺牲物质利益。在这个故事中，周先生讲述了他小时候有个富裕家庭中的女人如何对她的母亲提议："我想买你的儿子来做我的儿子。"这个女人指出他家面临的经济困难，还列出了通过收养在相对富裕的家庭他能获得的所有利益。周先生的母亲拒绝了这个提议。

商品交换世界中的家庭自我

双声话语（Double-Voiced Discourse）

在周先生的世界中，个人竞争与奉献家庭、爱、职责的本能相辅相成。

尽管他声称自己为了弟弟在经济上做出了牺牲。但他也认为自己是优秀的生意人，知道当机会来临时如何寻求利益、赚取利润。另一方面，他也清楚地表明在他看来大哥从未停止追求利润。

这不是对关系有所抵制的个体寻求所得的世界，也不是完全协调的整体主义行为者敏锐地履行自身职责的世界。确切地说，它是一个多样化，有时具有竞争性冲动的世界，并且正是在兄弟之间——兄弟们一起开始生活，但几乎总是由于分割性继承的体系最终分开——这种竞争性的冲动最有可能导致直接竞争。

巴赫金关于异质语和对话的思想有助于我们理解周先生的叙述形式。在本章前面的部分，我提到巴赫金学派的理论家关于"内部对话"的观点——冲突的价值观通常甚至在独白话语中展现。巴赫金指出此内部对话由一名说话者展现的一种方式是"双声话语"（1981，第324页）。

> 异质语……是在另一种语言中的另一种言语，以曲折的方式来表达作者的意图。这样的言语构成了双声话语这种特殊的类型。它同时对两名说话人起作用，并同时表达两种不同的意图：正在说话的角色的直接意图和作者的曲折意图。在这样的话语中，有两种声音、两种意义和两个表达。而且这两种声音始终在对话中相互联系……这样的例子可以是喜剧的、讽刺的或模仿性的话语、叙述者的曲折话语、叙述者语言中的曲折话语、角色语言中的曲折话语还有整体合并的语类的话语——所有这些话语都是双声的，具有内在对话的。可能性的对话是嵌在其中的，尚未展开，是集两种声音、两种世界观和两种语言的对话。（1983，第324页）

因此，周先生对于周一诡计的描述在某种程度上通过把周先生个人的行为与哥哥的行为进行不利的对比，把其描述成非兄弟的追求利润的行为，但根本就不是这么简单。因为从某些方面来说，周先生对大哥的特征描述是关于包括自己在内的所有兄弟潜力的评论。记得周先生对弟弟的评论吗，说尽管他们是兄弟但仍是朋友？该表达和其他一些在某种程度上与此轻易得出的结论不符：大哥仅仅偏离了更为大家接受和期待的规范。

的确，人们或许会认为对周一的描绘是一种"三声"话语，因为他不仅表达了自己的意图,还折射给"作者"两种相冲突的观点。作为叙述的作者,周先生的言语通过周一这个角色传达出来,但这个声音表达了两个相反的判断——对大哥的消极判断和承认把自我利益置于家庭层级和团结之上的可能性内在于所有兄弟间的相互交往中。此案例中的作者周先生做了一个消极的判断,并且通过周一这个"三语"角色最终接受了兄弟间追寻利润的竞争。

在其他社区成员的日常对话中我也听过类似的关于兄弟关系矛盾的情感和期待。例如,一名男子在分家纠纷中对兄弟们不讲人情,他后来在一次摩托车事故中受伤。许多社区成员表达了这样的感想:他受到惩罚是由于他过度欺负兄弟。但另一方面,社区成员并不总是对某一个兄弟以他人为代价加强对家庭资产的控制持消极的判断。的确,他们会说分家时,无论协议在纸上看上去有多么平等,能料到的是在家庭中更有才能的兄弟已经为自己藏匿了一些额外的资产。

到了周先生成年时,他经常与想收养他做小孩的妇女的儿子开玩笑。尽管是开玩笑,但这些话明显表明真正的恐惧、期待、市场关系,甚至那些最损人利己的角色将最终刻画兄弟间的关系:"如果我是你哥哥,你也不得不接受。我将得到你的制革厂和鞋店的一切,它们都将为我所有,我可不会分给你(笑着说)……你非常幸运我现在不是你的哥哥,如果是的话,我想我会把你推到一边(笑着说)!"注意在这个玩笑中,周先生把自己置于损人利己、以赢利为取向的兄弟的角色之中。

内在对话的语境

在本章开始我提出人格的概念应该在特定的经济、社会和文化情境中进行调查。凯博文(Arthur Kleinman)指出,"人和家庭存在于当地的经验领域和折射(或集中)宏观社会压力的道德世界中。"他继续主张说"经验是由已知的文化上冒险的主体间的事宜所组成和协调的。"(1990,第1页)

因而我们必须问,周先生当地道德世界中的"宏观—社会压力"是什么?现在对于他最具争议的是什么,为什么是这样?当然,要理解周先生态度的最直接的社会和经济情境是中国兄弟间的分割式继承的体系及其中包含的不可避免的冲突。但同时,这些继承规则本身也在这个特定的情境中得到复制,因为家庭成员能成功地操纵它们来对其处境的政治和经济紧急事件作出回应。我们也看到了社区中移民的兄弟，如周一和周二通常把他们的份额卖给留下来的兄弟。这样就使得留在印度的家人比所有兄弟都在家的情况拥有更大份额。移居也让家人与居住在国外的人有所关联，如果环境变糟，在政治上没有安全感的作为少数群体的加尔各答华人需逃离这个国家的话，他们可以激活该关系。

在许多不同的中国环境中使用了父系分割式的继承并不意味着它就一成不变。确切地说，该继承规则的持久性也必须根据它出现的特定情境来解释。在加尔各答华人的情况中，家庭成员易于成功操作这个规则来试图获得更大的经济和政治安全。

但是否也有其他层面的解释呢？除了特定继承规则的影响及其再现的条件之外，周先生的观点是否还处于额外的经济、社会或文化情境中？一个简单的回答是他是一名企业社区的成员，所以自然地企业隐性进入到他对人类关系的特征描绘中。在他看到的世界中，人人被建议要警惕追求利润的诡计，即使——或许尤其在自己的兄弟姊妹当中。

也应该指出的是与某些印度商人社区不同〔贝利（Bayly），1983〕，加尔各答华人没有尝试通过从事其他在种姓等级中认为"更纯洁"的经济活动把他们的财富转化成"更高的"地位。作为贱民企业家，华人在经济上取得成功正是由于他们没有吸纳种姓的思想意识。

我们不要忘记这一点：在大陆和海外华人社会的情况中，我们讨论的是一个有着很长历史的金钱思想和商品化的社会。希尔·盖茨（Hill Gates）指出中国后期帝王社会"包括了重要的资本主义成分……中国人把生产的主要因素——土地、劳力和资本——当成商品，各与发达的市场相适应"（1987，第260页）。盖茨说在中国帝王时期的后期资本主义没有发挥"支配的"作用，因为"资本主义要素总是服从于国家的控制"（1987，第260页）。尽管如此，"受到压制的但强有力的资本主义世界观不断由中国大众进行复制，成为供奉于国家正式结构和活动中官僚/封建思想的另一选择"（盖茨，1987，第261页）。也就是说，资本主义对于劳动人民似乎是一个具有吸引力的选择，因为它"通过高度受限的等级和任职渠道，提供了直接基于财富而非与国家相连的向上流动的社会模式"（盖茨，1987，第261页）。

盖茨进一步说，华人社会的商品化如此激烈以至于金钱不仅用来"购买日常商品",还用来买礼物和"买人"(1987,第262页)。例如,买卖收养的小姑娘被当成"童养媳"的情况相当普遍。在这些情况中,一名女婴由她家卖给另外一家。收养她的家庭把她养大,当她到了一定年龄时,便与他们的某一个儿子结婚(盖茨,1987,第264页;也可见沃尔夫,1968,沃尔夫和黄,1980)。从而,她被卖到的家庭可以避免一位成年新娘嫁入陌生家庭的紧张不安的情绪,及成年新娘进门所需庆典的昂贵费用。盖茨也注意到亲戚们卖掉小姑娘让她们去卖淫是人口市场的另一形式。她指出该市场在当代台湾尚未完全消失,尽管"由于过去半个世纪扩展的经济机会和变化的价值观,它现在存续的规模减小了许多"(1987,第264页)。

的确,自从17世纪以来中国社会的货币化程度日益加强(埃尔文,1973,第149页)。在这个社会中,甚至乡村地区在某些项目上与国家的市场相连已有几乎1000年之久(埃尔文,1973,第106页),并且"增加与市场的接触使得中国农民变成了适应性的、理性的、以利润为取向的小企业家"(埃尔文,1973,第167页)。同样的,在第一章也指出了斯蒂文·哈瑞尔主张长期以来就有"中国的企业道德规范,这种文化价值要求人们提供资金……长期追求来提高物质福利和人们所属的、关系密切的群体的安全"(1987,第94页),在第四章也解释了即使是中国大众的宗教习俗也反映了彻底受到金钱思想影响的世界观。

因此,对于加尔各答华人而言,由于他们在印度的种族角色和从本国所带来的并长存于他们海外环境中的文化精神,使得他们优先重视企业思维。上文的例子也证实了在中国环境中一整套的人与人的关系,甚至与神灵的关系长期以来被金钱关系所包含。发现这样的交易是周先生描述和评价家庭关系的焦点并不令人吃惊。①

---

① 我观察到金钱或生意交易是加尔各答华人情境中人与人关系的重要习惯用语,这一点甚至可以补充凯博文对于当代中国大陆有关身体习语的分析。在两种情况中,分析自我/社会关系的习语取决于对凯博文的两个术语"宏观社会力"(macrosocial forces)和"本地体系"(local systems)关系的理解。

凯博文关于当代中国大陆的研究揭示了"躯体化的效应——身体疼痛而非精神上痛苦的感觉"是"合适的阈限状态"(1986,第178页)。在凯博文采访的中国病人中,躯体化比精神压抑表达得更频繁。凯博文得出结论说该模式的存在是因为身体上的疼痛并没有带来和"压抑"——退出社会次序——一样的隐含义,因此在目前的政治体制下它是一个更不具有威胁性的"阈限状态"。

金钱交易——描绘社会关系的习语及社会关系的创造者

前面提及的讨论揭示了企业活动和获取财富时重要的社区价值并为周先生评价关系形成了重要的情境。此外,我也表明了金钱交易长久以来在中文语境中是重要的具有象征意义的习语,它也时常用来表达人与人、人与神之间关系的性质。的确,金钱不仅是象征性的习语,还有真正地创造这些关系的力量,更不必说毁灭它们了。

但我们绝不能假定说作为描绘人与人关系的习语或塑造该关系的方式,金钱和经济交易是一维的,或者它们暗示了一种内在一致性的世界观。的确,我们也看到了,这当然不符合周先生的情况。在他的故事中,关于兄弟间金钱交易的描述包含了一系列的人类动机和效应。

记住这一点很重要:对于许多早期理论家而言,金钱存在本身就暗示了普遍的个人主义的取向。乔纳森·帕里(Jonathan Parry)和莫里斯·布洛克(Maurice Bloch)提醒我们,对于像卡尔·马克思(Karl Marx)、格奥尔格·齐美尔(Georg Simmel)和卡尔·波兰尼(Karl Polanyi)这些理论学家,"金钱与个人主义的发展和团结社区的破坏相关并对其有促进作用"(1989,第4页)。因此,随着经济日益货币化,根据这些理论家所言,个人主义会得到发展。但正如过去对整体主义和个人主义的二分法,最近的研究表明金钱存在本身并不一定暗示一个统一的或内在一致的取向。

因此,帕里和布洛克指出金钱等同于个人主义的观念源自我们自己的文化取向:"对于我们,金钱意味着'经济的'关系领域具有内在的非个人性、短暂性、非道德性和审慎性"(1989,第9页)。实际上,他们主张在一些文化环境中金钱并不被看成是"亲属和朋友关系的对立面,所以送金钱的礼物来巩固这些关系并没有什么不合适"(1989,第9页)。

的确,帕里和布洛克强调金钱将呈现出多种不同的意思,能甚至在单一的文化中通过许多不同的方式影响社会关系,这取决于它被使用的环境。它会巩固或破坏社会关系,也可以用在"与个人挪用、竞争、感官享受、奢侈和年轻的活力相关的短期交易"(1989,第24页)中,交易主要在陌生人之间进行或它可以用在"与长期的社会或宇宙次序的再现相关的交易"当中(1989,第24页)。例如,对于后者的阐释可以包括给从事仪式的专业人员捐赠或者在中国背景下利用资金来祭拜祖先或使其息怒,这笔钱包括用来购买纸钱，纸钱随后会用来当作祭品焚烧，这在本章开始部分的例子中也提到了。

但即使当宗教或超然地使用金钱排除在分析的范围之外，甚至那些看上去完全具有商业性质的金钱交易也会有多面意义和社会目标。在大卫·拉德纳（David Rudner）对南印度银行家的研究中，他注意到他们根据自己与客户之间存在的社会关系建立了不同的存款分类。例如，一些存款的种类只针对种姓中的人员（1989，第449页）。在对美国中西部农产品市场的研究中，斯图尔特·普莱特纳（Stuart Plattner）发现特定的顾客和买主已经建立了持续的商业关系，这些惯常的关系是市场交易的一个重要方面（1983）。

从长期神圣的"信用"投资到私人与陌生人的市场交易再到亲戚之间、同胞之间和朋友之间的现金交易——中国人的哪种交易是短期的，没有隐含任何持续性的义务？哪种交易包含了对互惠的隐性要求？回答这些问题或许并不容易。因为我们一旦承认金钱交易的多重用途和意义的可能性，我们就必须承认对其所产生意义的误解和争论的可能性。期待社会中多面性的事物将在某一特定参与者的理解中以完全明确的术语进行呈现是不切实际的。

在加尔各答华人的情况中，当试图协调企业目标和存在于层级家庭环境中对角色职责同等强制性的需求时，最有可能出现这样的困惑。理论上说，不必有冲突。毕竟，赚取巨额利润是孝顺的一种表达、偿还父母为他们做出牺牲的一种途径或是完成父母的责任。正如哈瑞尔指出的，中国人通常把他们对企业做出的努力用在群体上，该群体通常为家庭（1985，第219页）。同样的，斯金纳表述中国农民"不仅为其家庭所拥有的感激他们的祖先，而且也为其所做的推进家庭财富和血统的事情对他们负责"（1957，第92页）。然而，分割式继承意味着之前的共有财产的份额持有者之后会由于不一致的目的有着各自的企业追求。把自己看成是为夫妇式家庭利益工作的兄弟也会认为自己困在彼此的竞争中。这些因素有助于解释为什么周先生对于和兄弟间关系的叙述而非母亲的故事展示出了最大的矛盾心理。

对于中国亲属关系的分析者长久以来指出了休·贝克（Hugh D. R. Baker）所谓的所有兄弟基于年龄并结合层级优越性所进行的平等继承的结构矛盾（structural paradox）的冲突（1979，第18页）。该紧张形势最可能的结果通常是导致家庭分裂，特别是在父亲去世之后。但自我和人格概念的这些结构性冲突的后果尚不清楚。

在本章我尝试解决一些这样的问题并分析某一特例中这些亲属关系结构在自我和人格概念上的一些隐含义。但为了理解周先生的例子，我越过了微观的家庭结构，虽然它很重要，并问到这些家庭动态如何与更大的文化、经济和社会需要相结合来创造他关于人格的明确观点发展的情境。

当这些家庭动态存在于一个金钱被长期进行表达也塑造了多种关系和价值观的文化和社会中时，会发生什么呢？它们如何进一步受到具体的社会环境的影响，在该环境中人们的种族角色限制了其对明确的企业追求可能的经济选择？此形势造成了复杂的人格观，社会中心的、整体主义的和家庭的取向与个人对利润和所得的追求共存并与之相斗争。

后　记

多伦多的移民和访客

"1978年，就在母亲去世前几年，她决定去看看我在加拿大的两个哥哥，"一天周先生跟我讲述。"她已经很大年纪了，不懂英语，所以安排了另一名妇女在飞机上照看母亲。到一半行程的时候她们到达英国，所有的乘客都下了飞机，绕着机场四处走走，不知什么原因那位妇女把我母亲给忘了。母亲分不清方向，莫名其妙地，我也不知道她是怎么走出机场的！"

"她开始走啊走啊，自己也不知道在哪里。当时路上正下着雨，自己也越来越困惑。突然一个锡克教老头经过，母亲认出他来自印度，就求助于他，用印度语问他，'加拿大在哪？'这个老头意识到出问题了，开始用印度语和她说话。他人非常好，当发现她是从机场过来时，就把她带回了那里。"

周先生的母亲最终顺利到达了加拿大。她在大儿子和二儿子家轮流住了几个月。但过了夏天，她比别人更早感觉到空气中的寒意。她开始想念熟悉的、团结的塔坝社区，在那里人们只需出门就能发现其他一些可以聊天的客家老妇人。所以，最后自己已经看到了加拿大的生活是什么样的，周先生的母亲回到了印度。

尽管永远离开印度不是周老太太的最终计划，但许多其他老年塔坝华人在过去几年移居到了加拿大，而且青年和老年人移居的浪潮丝毫未减。即使如周老太太这样的没有打算从印度移居出去的家人也会拜访在国外的亲戚。许多家庭遍布几大洲，家人的来往也不停歇。

多伦多这个城市是最多加尔各答客家移民的目的地，在后记中我聚焦于一些主要居于多伦多的家庭，来探知他们如何对新环境做出回应，又如何受到新环境的影响。但在考察多伦多的加尔各答华人移民生活时,我必须重新提及他们在加尔各答的家庭,因为两个国家之间的消息和人员往来不断,在两个城市的社区成员和家庭息息相关。

加尔各答和多伦多之间的人口流动使人想起阿尔君·阿帕杜莱(Arjun Appadurai)对人类学家的告诫"多群体移居(并)在新地方重新组合……民族志中的民族(ethno)呈现不稳定的、非地方化的性质"(1991,第191页)。阿帕杜莱继续造了这个词"民族地形"(ethnoscape),意思是"组成我们所处的变换的世界的人的地形"(1991,第192页)。他继续说,这"并不是说没有相对稳定的社区和亲属、友谊、工作和休闲关系网及出生、居住和其他血统形式。而是说人们之间的迁移使得这些稳定性处处遭到破坏,更多的人和群体处理不得不移居的现实和想要搬家的幻想"(1991,第192页)。

当然,加尔各答的客家人在他们居住于印度时已经是移民社群的一部分。即使在中国广东是"客人",客家人被认为是来自这个国家另一个地区的移民。因此他们移居到多伦多时作为移民的身份还没有发生变化。对于他们来说,迁移不仅仅是一个最近的现象。另一方面,航空旅行及社区在印度的相对富裕意味着在两个国家的家人能定期互访,在20世纪早期当然不可能有这种现象,那时加尔各答才建立第一批华人制革厂。

空间性质上的改变对于在多伦多的加尔各答华人移民有着深层的含义,能让他们与加尔各答的亲戚更容易保持联系。但在加拿大和印度的加尔各答华人之间关系的性质到底是什么?两个城市的华人过着不同的生活是否会削弱他们之间的关系?分家的进展和家人的分散性及相对便利的交流和旅行是否形成了两国的加尔各答华人之间联系持续性的基础?我们能否说住在两个地方的人形成了某一社区,如果可以的话,是哪种社区?最后一点,如果有影响,那么经济和政治力量(在当地、国家和国际层面上)对这些联系产生了什么影响?

现代世界的人口迁移使得许多人对非领地化的现象发表意见,这是对一度认为是地方和文化之间内在联系的突破。例如,人们不再会看着一张法国地图就假定说其所代表的地域在任何情况下与法国文化有紧密联系。法国文化的变体可能会在世界许多其他地区找到。然而,在最近的一篇文章中,阿卡希尔·古帕塔(Akhil Gupta)和詹姆士·弗格森(James Ferguson)提出非领地化并不意味着创造的对象是"自由漂浮的单细胞生物"(1992,第19

页)。确切地说,当代世界的文化差异会映射到几个坐标上,不仅仅是位置上的远近。例如,他们说孟买和伦敦的富人在某些方面比那些在同一城市的不同阶层离彼此更近(1992,第20页)。

古帕塔在另一篇文章中继续提出"公民身份从理论上说应该是国民的多重地位之一,由各地方部分重叠或非重叠的集体成员所占有"(1992,第73页)。他主张其他的身份,如种族群体成员的身份,不仅从国内而且跨越国界约束人们。

古帕塔和弗格森对于距离上的接近和文化或社会的接近不相符的见解当然适用于多伦多的加尔各答华人移民。尽管他们当中许多人在加拿大生活工作已超过10年,他们最重要的社会关系仍然是其他那些也移居并住在加拿大或者留在印度的加尔各答华人。在许多方面他们与来自同一社区的人更亲近,而他们交往更频繁的是多伦多的邻居和同事。

正是主要通过家庭联系,在多伦多的加尔各答华人移民和国内的社区成员之间建立了关系。在前几章讨论到,关于移居的决定是家庭动态发展的一部分,它考虑到了加尔各答华人社区的个人和家庭所面临的政治和经济压力。北美和印度的社区成员之间的包办婚姻及双方家人不断互访有助于其他的家庭成员移居,创造了真正的并非仅为想象的社会关系。我在第一章分析移民社区的性质时提出,我们必须理解家庭内部动态与在移民国社会的外在压力之间的关系。

因此,我现在聚焦于多伦多16个加尔各答华人家庭的微观动态发展,把他们与更大的政治和经济力量联系起来,以此来理解在多伦多的家庭和他们在加尔各答的亲戚之间持续联系的性质。在此过程中,我揭示两个城市客家人生活之间一些极端的不连续性现象。最后,我考察此非连续性是否将基本上改变他们的种族特征,或者他们与印度社区成员持续性的家庭联系及使得这些成为可能的条件是否将保持其区别性的特征。

16个家庭——一个侧面

在1986年和1987年的夏天我访问了多伦多,了解了那里的加尔各答华人移民。我主要关心来自塔坝制革社区的移民。然而,多伦多的一些加尔各答客家人不是来自塔坝,比如说有些家庭在印度有制鞋店或餐馆。当我提到多伦多的加尔各答客家人时，我指的是所有这些群体，尽管当然我主要关注来自塔坝制革社区的移民。

在1985年访问加尔各答期间，我从有多伦多亲戚的塔坝华人朋友和熟人那里收集了姓名和地址。第二年我到达多伦多时给这些人打电话，并试图安排与他们会面。通过联系我在加尔各答认识的人和后来移居外国的人，我也与在多伦多的塔坝华人移民取得了联系。

尝试遇见人的经历能证实他们在印度和加拿大生活的不同之处。在多伦多，多数人每个周日都去工作，所以通常我只能在周末见到他们。尽管如此，我最终还是能够拜访16个加尔各答华人家庭并在他们家面谈。

除了这些家庭之外，我非正式地见过其他一些在多伦多的加尔各答华人移民。尤其是在1987年的夏天，我受邀参加严K.C.在多伦多的婚礼。结果证明这是观察移居在多伦多的加尔各答华人社区的极佳机会。K.C.的父亲严宝夏和K.C.的两个哥哥从印度坐飞机过来参加婚礼，出席的客人超过400个，其中差不多20个是加尔各答华人移民。

我拜访的16个家庭表现出了一些共同的特征。（表1概括了这16个家庭的家庭成员、职业范畴和其他重要的资料。）每个家庭包括一对已婚夫妇和一个或多个小孩，几乎所有家庭都有其他寄宿者。在其中的8个家庭，父母一方或双方与已婚的儿子或女儿住在一起，有趣的是，这其中3个家庭的父母与已婚的女儿住在一起，该居住模式当然是对塔坝社区严格的父居形式的改变。此外，在超过两个家庭中，儿子或女儿已经申请并正等待年迈的父亲或母亲收到移民签证。在另一个家庭，也就是斯蒂芬·孔家，父母亲每年来拜访就是为了保持他们移民身份的有效性。祖父母之前也住在其他两个家庭，但他们搬出去了，其原因在此后记的后面部分将进行讨论。老一辈的家人不只是这些家庭额外的成员。在其中的6个家庭中还居住着未婚的兄弟姊妹、亲戚、丈夫或妻子的朋友。

表1 多伦多16个加尔各答华人家庭的特征，1986

已婚夫妇姓名	孩子数量	家中其他成年居民	家中成员的职业	第一位移居的家人，年份	公寓/房子
艾伦·常和常春华	1	春华的父母和兄弟姊妹	工程师（艾伦）秘书（春华）	艾伦，1975	房子

续表

已婚夫妇姓名	孩子数量	家中其他成年居民	家中成员的职业	第一位移居的家人,年份	公寓/房子
肯尼思·费和费美丽	0	美丽的父母	运输公司工人(肯尼思) 银行出纳员(美丽) 塑料工厂工人(美丽的父母)	肯尼思,1969 (13岁时与父母一起)	公寓
斯蒂芬·孔和孔爱芳	1	无,但斯蒂芬的父母每年来访	计算机程序员(斯蒂芬)	斯蒂芬,1973	房子
李玉功和李爱玲(李爱玲是越南籍华人)	1	玉功的母亲和侄子	会计师(玉功)	玉功,1973	房子
托马斯和伊丽莎白·梁	0	托马斯的两个堂兄弟	会计师(托马斯) 银行出纳员(伊丽莎白)	托马斯,1976	房子
威廉和希拉·林	0	希拉的妹妹和希拉小叔子的哥哥(K. C. 严)	秘书(希拉) 汽车工人(威廉) 窗户工厂工人(K. C.) 数据输入操作员(希拉的妹妹)	希拉和威廉一起移居,1975	房子
乔松景和詹妮特·乔	1	松景的母亲	焊接工(松景) 保险公司的索赔处理员(詹妮特)	松景,1976 (詹妮特是法国籍加拿大人)	房子
托马斯和苏珊·秦	3	托马斯的母亲	秘书(苏珊) 机械师(托马斯)	托马斯,1972	房子
谭国飞和丽莎·谭	1	丽莎的妹妹,国飞的父母	塑料工厂工人(丽莎和国飞)	国飞,1982	公寓
罗伯特和玛丽·奚	2	玛丽的妹妹,正为玛丽的父母申请	机械师(罗伯特) 数据输入操作员(玛丽)	罗伯特,1978	房子
大卫·熊和袁梅华	2	一开始是大卫的母亲,后来搬出	机械师(大卫)	大卫,1975	房子
T. F. 修和修岁宝	2	无	移动餐饮卡车,家庭生意老板(T. F. 和岁宝)	T. F.,1975	房子
叶力章和特丽莎·叶	2	力章的母亲	门卫(力章)	特丽莎,1979	公寓
喻洪章和喻菲琳	2	一开始是洪章的父母,后来搬出	塑料工厂工人(洪章和菲琳)	洪章和菲琳一起移居,1982	公寓
亨利和玛丽娅·张	2	玛丽娅的母亲	厨师(亨利) 办公室职员(玛丽娅)	亨利,1979	房子
张准方和张素兰	3	无,已为准方的父亲申请	制革厂工人(准方) 工厂工人(素兰)	准方和素兰一起移居,1982	公寓

我样本中只有三对夫妻是在婚后移居到加拿大的。在所有其他例子中，男子独自从印度移居过来，在加拿大工作几年然后结婚。他们的新娘通常是在家认识的塔坝华人，她们随后便移居过来与他们结婚，或者是在多伦多遇见的塔坝华人。但有时，他们回家参加包办的婚事。所有那些移居时仍未婚的人在刚到加拿大时和其他亲戚住在一起。其中有一些人如斯蒂芬·孔后来继续与其他来自印度的朋友共住公寓。多数女子从印度移居过来正是为了和已在多伦多的未婚夫结婚，但在两个例子中单身女子过来和已婚的姐姐住在一起，后来与在多伦多遇见的加尔各答客家人结婚。

的确，在 16 个家庭只有两个家庭的情况是来自印度的客家华人与不同社区的人结婚。一种情况是加尔各答客家男子娶了越南籍华人女子，另一种情况是加尔各答客家男子娶了法国籍加拿大女子。加尔各答客家人和其他华人结婚的概率低，更不用提他们和非华人结婚了，这是多数家庭的特征，两种情况都是我偶然遇见和所采访的家庭。

家庭成员的经济活动也表现出了一些共同的特征。在这 16 对已婚夫妻中，双方都在外工作的有 12 个家庭，其他 4 个家庭的女性在家照顾小孩。尽管各人从事的工作不同，有一些领域占主导。13 个人（9 个男人和 4 个女人）在工厂工作。这些人当中有 6 个在同一家塑料工厂工作，该工厂总共雇用了差不多 25 名加尔各答华人。在我样本中的工厂工人当中，三个人是机械师，一人实际上在制革厂工作。（具有讽刺意味的是，多伦多有两家制革厂，当时每家工厂雇用差不多 15 名加尔各答华人，他们当中多数来自在印度经营自家制革厂的家庭。）

位于工厂工作之后的是办事员/秘书范畴，包括银行出纳员和数据输入操作员，这是从事人数第二多的工作范畴。在这 16 个家庭中的成员有 7 位女性从事该类工作。余下的成员工作岗位多种多样，包括一名焊接工、一名厨师、一名门卫、两名会计师和一名工程师。只有最后两种可以归为专业性的工作。

尽管许多加尔各答华人移民梦想能自己做生意，但在我的样本中只有一个家庭实现了，即使这样，他们的生意也是小规模的。这个家庭经营一个流动的食物摊，在一个大的工作区外卖早餐和午餐。在多伦多只有一家加尔各答华人家庭自己成功创业。这个家庭在唐人街中心附近的士巴丹拿街（Spadina Street）开了一家小餐馆。

尽管我样本中的多数加尔各答华人移民没有从事利润高的职业或得到特别高的工资，但在我1986年采访他们时，16个家庭中就有11个在进行住房按揭而不是租房。在某种程度上，这是他们居住多伦多数年的作用。所有那些正进行住房抵押贷款的人都是于20世纪70年代来到多伦多的。因此，他们中的多数人在购买房屋之前已在加拿大生活了至少8年。另一方面，在样本中租公寓的五个家庭有三家在20世纪80年代早期至中期来到加拿大。

此描述只是一个简短的梗概。现在让我们更仔细地来看看这些在多伦多的加尔各答华人移民的生活。

第一站：圣詹姆斯敦（St. Jamestown）

圣詹姆斯敦是多伦多的一个公共住宅区。它的自然环境保护得很好——有精心整理的庭院；干净的铺了瓷砖的走廊；还有完好的门、窗和楼梯井——及低犯罪率，与美国的住宅区不太像。绕着庭院短暂地走走可以发现这个庭院住着大量的移民，包括东亚、东南亚和南亚人。

"之前，多数印度来的华人住在这里，但现在（1986年）他们许多人在士嘉堡买了房子（多伦多东部郊区）"，特丽莎·叶说。特丽莎是客家华人，她家一开始从印度移居到巴基斯坦之时经营了一家餐馆，后来她的几个兄弟姊妹从巴基斯坦移居到美国和加拿大。现在她嫁给了叶力章，叶是加尔各答客家人，在20世纪70年代后期移居外国，他家在塔坝有一家很小的制革厂。

叶力章的妹妹是我于1980～1982年期间在塔坝裴梅学校教书时的同事。纯属巧合，这些天叶老师正拜访在多伦多的哥哥，我是今天早上在地铁碰见她的。由于叶老师和我是老相识，她带我到哥哥的公寓，巧合的是在我进行多伦多田野调查的第一天，我正拜访该住宅区，这是许多加尔各答华人的第一住所。

叶的公寓包括了一个客厅，客厅的一边是厨房，还有长走廊和三个房间。他们和自己的两个孩子及叶力章的母亲住在一起；每个月的租金大约400美元。我和叶老师午餐吃了特丽莎准备的炒面条，并和她谈了在多伦多的生活。从叶的公寓出来，我和叶老师下了两层楼来拜访丽莎·谭，她是我在加尔各答认识的另一位裴梅学校的教师，是1982年从塔坝移居过来的。在谭的公寓往上四层楼住着另一对加尔各答华人夫妻，他们也是教师。喻氏夫妇是一所位于加尔各答中心的客家华人学校的校长，他们住在多伦多大约有4年了。

加尔各答华人遍及整个住宅区，似乎圣詹姆斯敦的社会生活一定程度上是对塔坝生活的复制，每个人都知道彼此的来来去去，或者用斯蒂芬·孔的话来说就是，"眼睛一直盯着你。"但喻校长很快向我指出在加拿大的工作安排很难复制那种生活。她说，事实上尽管他们在加拿大生活了大约4年，谭老师直到今天都没有来过她的公寓！具有讽刺意味的是，她们仍然每天见面——但不是在住的地方。现在谭老师和喻校长在同一家塑料工厂工作，这家工厂生产诸如塑料花盆和椅子之类的东西。

多数多伦多的加尔各答华人不在同一家工厂工作，他们工作的工厂有几家。正如所提到的，它们包括这家大约有25名加尔各答华人员工的塑料工厂和两家制革厂，每家的员工总数为70~80人，其中有15名左右的加尔各答华人。当然，在这两家制革厂的情况中很明显的是精通制革知识的加尔各答华人在找工作时具有优势。此外，当有空缺岗位时，这两家制革厂和塑料工厂的加尔各答华人员工会把朋友或亲戚介绍给工厂经理，从而加尔各答客家人逐渐加入到工厂职工当中。

"工资低而且时间还不合适，"喻校长谈到她在塑料厂值夜班的工作。"但，"她补充说，"它很安全。"谭老师加入我们的谈话，她说与人们认为的相反，和这么多认识的人一起工作真的不好，这是因为往往有更多的闲话。她接着说，工厂的工头是个加尔各答客家人，他生气的时候总说脏话。

几天之后我和之前在加尔各答拥有一家鞋店的中年客家夫妻参观了塑料厂，传言果然不假。他们有两段15分钟的休息时间和换班期间的午餐时间。十个加尔各答客家人、两个来自香港的广东人和两名意大利女子围着一张大桌子一起吃点心、喝咖啡。客家人喋喋不休时，广东工人和意大利工人静静地坐着、互相交谈，看上去像初中学校食堂被排斥的人一样。

我的房东比谭老师和喻校长都年长，不懂英语，在去工厂的路上，她告诉我她们喜欢和来自印度的熟人一起工作，不会觉得烦人。的确，这位已婚妇女在加尔各答时在家或在鞋店工作，她说现在出去工作她更快乐，因为在加尔各答时她都是在家，而现在她"与许多同事一起工作"。

很明显，加尔各答华人移居到加拿大所从事工作的性质不同于他们在印度的工作。接下来的一节我将更仔细地考察这个主题。

"时间就是金钱"：在多伦多谋生

尽管多伦多的华人移民经济充满活力，但在其中工作的加尔各答华人却很少。甚至拥有许多客家员工的三家工厂也远离唐人街，不是由华人所有或经营的。为什么加尔各答客家移民没有受雇于华人企业？首先，多伦多华人移民当中主导的种族群体是广东人，他们主要由来自中国香港或广东省的移民组成。东南亚华人的数量也较多（约翰逊，1982b，第246页）。加尔各答客家人说印度语和客家语，有时说英语和普通话，他们和广东人不容易交流。例如，一次和孔先生去一家中式餐馆，他极有劲头地抱怨那些服务员，他说他们没有一人说普通话。但由于加尔各答客家人感觉与多伦多华人社区的多数广东人如此不同，我总感觉他们言过其实。比如说，我作为一名会说普通话的外国人，发现在多伦多由华人经营的企业中许多人能与我交谈，但我在多伦多遇见的多数加尔各答华人声称普通话在那里没有用处。

加尔各答客家人远离华人次经济工作的第二个原因更重要：他们认为这样的工作没有前途，既不能带来安全感也没有中等的收入。（在他们看来，即使是华人次经济之外的工厂低工资工作，如喻校长的工作也比那些在其中的更安全。）格雷厄姆·约翰逊（Graham Johnson）在对加拿大华人的研究中说道，"英语水平低和教育程度低的华人移民在次经济中受到限制"（约翰逊，1982a，第261页）。但他也补充说"多伦多（华人）社区的职业选择面很广，其成员不再局限于有限的职业选择"（1982b，第246页）。

的确，加拿大的加尔各答客家居民通常表达这个观点：当涉及华人次经济之外的安全性工作时，加拿大比美国更有优势。"纽约对于家庭而言不是个好地方，"多伦多的一个加尔各答客家移民告诉我。"对于单身是可以的，因为你只可以在那里的餐馆和服装厂工作。"此外，大家常向我列出加拿大的社会福利体系，包括其自夸的免费医疗待遇再加上清洁和低犯罪率来证明它作为移民目的地对于大家的极大吸引力。

我所采访的在多伦多的加尔各答客家人通过多种方式找到工作。我以苏珊·秦的经历作为开始，她的经历与其他几个加尔各答客家女子有一些共同之处。苏珊于1974年来到多伦多，当时她23岁。她告诉我她移居过来是为了和已经在加拿大住了两年的未婚夫结婚。与她同一代的许多加尔各答客家人一样，小学就读的是华人学校，后来转到英语媒介学校，她英语较好。她在加尔各答时也受过一些秘书方面的培训。

然而，当她一开始到达多伦多时，她只能在一家华人服装厂找到剪线头的工作，工资也是最低的。但后来，工厂有位经理看到了她的简历，注意到她接受过教育、懂英语而且还有办公室文书技能。所以她说，"当运输部有岗位空缺时，我就调到了那个部门。"后来，她申请了医院的文书工作，现在仍在做这份工作。

英语不够流利的女子不能够取得文书的工作。这些女性如谭老师和喻校长找到的是工厂的工作。

男性的工作范围在一定程度上也受到他们英语熟练程度的影响。例如，苏珊·秦的丈夫刚来加拿大时没有她的英语流利。来加拿大的前几年他换了好几次工作，最后终于找到了目前在工厂的工作，工作期间通过学习成为了一名机械师，渐渐上升到了带头人的水平。然而，我随意遇见的其他几个人在加尔各答时就学习了技术活，后来在多伦多得到了机械师的工作。在我采访的这些家庭中只有一人在华人次经济中工作，这人便是亨利·张，他是一名厨师。

只有几个加尔各答华人从事政府或职业性的工作。这些人——都是男性——不仅在印度受过良好教育，而且还能够和亲戚住在一起，在加拿大继续接受一段时间的教育才被迫去找工作。例如，斯蒂芬·孔在加拿大的第一年学习计算机编程时和叔叔住在一起。然后他接着做了一连串的与计算机相关的工作才在目前的政府部门岗位任职。在1976年到达加拿大之前，托马斯·梁就已在印度读到了高中（等于美国高中的最后一年和大学第一年）。在来加拿大的头四年，他与亲戚住在一起并继续学业，只在暑假期间工作。从一所加拿大大学毕业后不久他就找到了会计师的工作。还有个例子是我所采访的另一个人的弟弟，如今在多伦多攻读理科方面的博士学位。

然而，无人能免于世界经济波动的影响。在20世纪90年代早期，一些加尔各答华人移民所工作的多伦多工厂被关闭或搬离了企业基地。实际上，由于美国和加拿大的自由贸易协议，雇用了加尔各答华人移民的一家制革厂搬到了美国，这份协议已经导致加拿大失去了上千个的工作岗位。尽管多数受到工厂关闭影响的人在多伦多另寻工作，同时还申请失业救济金，但一些人还是回到加尔各答的家庭企业中工作（见第七章）。因此，当有些人继续从印度移居到多伦多时,也还有小规模的回国潮。

但即使那些拥有稳定、安全工作的人常常表示与印度的工作相比,加拿大的工作好坏参半。以张准方为例,他是那些在多伦多制革厂工作的加尔各答华人移民之一。他家在加尔各答没有自己的企业;他在那里一家亲戚的制革厂工作。他告诉我,由于在印度他是"为其他人工作",所以从印度移居到加拿大他没有感到任何的不安。尽管如此,他强调说在印度为亲戚工作比在西方工厂的工作更没有压力。(塔坝的许多中国工人被看作是未来的管理者或实习企业家,主要受雇于亲戚;印度工人与他们的华人老板既无种族也无亲属关系;他们之间的区别在第五章进行了详细的讨论,应记住其不同之处。)"在这里,"准方说,"你操作一台机器就得在那儿待上 8 个小时。不同于在印度,你可以坐下来聊上 20 分钟,回来再工作一会儿,然后到处走走。"

苏珊·秦在加尔各答的一所华人学校教书,她对我表达了类似的观点:"在那里没有压力。压力的层次很低,非常非常低。但在多伦多这里工作,人们的工作节奏更快。没有午休之类的,得一直工作,压力非常大……在印度,你不觉得是在工作,如果朋友或其他人病了,你可以放下工作去看朋友或找人商量。在这儿你做不到,只能打电话说说……没有点儿人情味。"苏珊告诉我,在加拿大"时间就是金钱"。

乔松景是 1977 年移居到多伦多的,尽管他在印度获得了学士学位并在加拿大学习了商业管理,但现在是一名焊接工,他选择这份工作是因为待遇好。然而,他的父亲是塔坝最成功企业家之一的乔潭明,松景的兄弟们继续经营着高利润的制革企业。反思目前的工作和如果留在印度他本该有的工作之间的差异,松景告诉我:"对于一名商人……我们在印度相当不错。在这只是八小时的工作,可能再加两小时的开车来回,然后在家做饭、干家务活……我在这儿担心钱,在那儿就不用担心了。"

相似地,塔坝另一位成功的制革商袁东泰的女儿声称"每次去工作,我都告诉朋友,'回家吧,我父亲有一家大企业!我们雇用更多的人,他们为我们打工。现在我得为他们打工!'"她补充说,"如果我有钱回家,就很好,如果回家替人打工,也比这里(加拿大)好"。

她的哥哥来多伦多看她,听到我们的谈话突然插话,"(在加尔各答)我不是用手工作的,用的是嘴巴。"他继续解释说在多伦多他至多可能是某工厂的一名工人,而非发号施令的老板。那些选择留在塔坝企业,而非移居国外的人通常表达这样的观点。的确，我遇见了许多在北美逗留的塔坝华人，即 1985~1989 年我去加尔各答时交谈过的塔坝华人，他们表达了这样的观点：尽管在加尔各答作为少数群体会遇到没有暖气、断电等困难，但在印度他们能掌控自己的工作，而那些移居国外的亲戚却不能。

有薪酬的工作和雇佣劳动替代了家庭企业成为他们主要的经济支持方式，但这并不意味着加尔各答华人移民没有把企业当作最终目标，尽管这个目标或许不能实现。苏珊·秦和丈夫甚至晚上去上课学习在加拿大创办一家小企业需要的技术知识。许多我所采访的人表达了自己创业的强烈愿望。像托马斯·梁的一些观点很普遍："只要你工作（赚工资）……你仍然对某个人负责。请注意，如果有自己的企业，那么你就是对顾客负责，这是一种不同的责任。"他接着告诉我如果他认为有可能成功，他"很想"自己创业。K. C. 严表达了同样的感受，"在那里你做自己的生意，没人麻烦你。在这里……你受到老板的控制。"但他补充说在印度卖东西、监管工人和所有其他经营制革厂的责任方面也有许多困难或混乱的现象。

多数人说尽管他们梦想在移民国经商，但他们认为这么做很难，因为把印度的卢比换成美元他们的资金总额就没有多少了。就这一点而言，多伦多的加尔各答华人移民通常把他们自己与香港移民中的最富有的人进行不利的比较。环顾士嘉堡的一大片餐馆和其他华人设施，孔先生告诉我，"这都是香港人花的钱，我们不可能在这个级别上竞争。"

尽管多数多伦多的加尔各答华人移民仍未实现自己创业的愿望，但许多人对我强调说虽然工作很一般，但他们能攒到钱，这从一定程度上来说是由于他们觉得自己比非移民更节约。有几个人告诉我他们用夫妻一方的工资生活，另一方的工资则存下来。在加尔各答，女性没有直接接触做生意所得的利润（见第六章），不同于此情况，我在多伦多交谈过的多数夫妻说他们设立了联合账户。

有趣的是，如今老一辈依赖其他家人赠予他们一些钱，虽然他们恰恰是经常控制加尔各答家庭资金的人（见第六章）。的确，我们现在也看到把年长的一代并入加拿大的加尔各答华人移民家庭中不仅仅是对存在于印度的安排的复制过程。这两个社会的不同和这些老年家人适应加拿大新移民国文化的能力已经改变了加拿大环境下年轻和年长的加尔各答华人移民之间的动态发展和权力关系。

孩子们家中的客人：老年移民

严宝夏的妻子正谈到生活在加拿大的儿子 K. C.。这是 1989 年的夏天，我正在拜访加尔各答的严家。K. C. 于 1987 年结婚，现在和妻子有一个小宝宝。他们正考虑资助父母移居到加拿大，K. C. 的母亲现在在估量目前的情形。"我的儿子想让我们过去，帮忙照顾小孩，"她告诉我，"但我觉得自己不想去那里住，在那里不同，觉得媳妇不会听我的也不喜欢我。"

K. C. 母亲的猜疑当然有充足的证据。在过去这几年，关于移居国外的老人与已婚孩子一起生活的故事传到了塔坝，他们被这些孩子虐待甚至有些极端的情况是被赶出家门，这些都令人同情。奚先生和太太的故事尤其不光彩，它时刻提醒塔坝的老一辈人：移居国外会给他们带来特别的风险。

奚氏夫妇离开印度与在奥地利的儿子和儿媳一起生活，儿子在一家中式餐馆工作。然而至少根据传回塔坝的故事，在奥地利不到一年，奚氏夫妇被儿媳残忍地赶出家门。（当被问到儿子在这一系列事件中的角色时，回答通常是他处于妻子消极的影响之下。因此，中国文化中有个关于受到纵容的儿媳的古老话题：她作为陌生人进入这个家庭，扰乱丈夫、婆婆和叔伯之间的关系，破坏其整体性。在这个故事中它再现了一种新现象——扰乱居于国外的家人之间的关系。）①

从儿子家中被赶出，奚太太前往瑞典和女儿一家住在一起。她的丈夫或许不能忍受与已婚女儿一家住在一起的侮辱，没有和她一起去。反而，他选择继续"无家可归"，在火车站过夜。幸运的是，他们在离开塔坝之前没有卖掉制革厂，而是决定把它租出。又过了几个月，他们回到了塔坝，继续像从前一样经营他们的小型制革企业。

在多伦多，我没有找到能比得上奚氏夫妻的故事，老年父母亲会暂时性的"无家可归"。但我一点也不吃惊那样的故事会传回塔坝，因为无论奚氏夫妇的真实状况如何，在加拿大这个绝大多数塔坝华人移居的国家，毫无疑问的是老人和已婚孩子之间的权力关系会发生重大的变动。

苏珊·秦的家庭状况是该现象的一个很好的例子。1974 年苏珊从印度

---

① 中国文化中对于儿媳态度的更多资料，见埃亨，1975 和沃尔夫，1972。

移居时，她还没有那么渴望离开印度，因为她是五个兄弟姊妹中最小的一个，受到许多关注。但她觉得已于1972年移居国外的未婚夫托马斯没有其他选择。苏珊告诉我，托马斯来自"一个大家庭，制革厂不够大，无法容纳所有人（他的其他九个兄弟）。所以，他朝其他方向发展是聪明的表现。"

但在他们结婚的几年时间之内，苏珊和托马斯发现他们自己忙于工作和抚育三个孩子。因此，当1977年托马斯的母亲来拜访时，他们鼓励母亲住下来并为她申请转换移民身份。现在托马斯的母亲每天在孩子们放学回到家之后照顾他们，平常工作日的时候也洗衣做饭。

实际上，由于男人和女人都必须工作才能在多伦多获得经济上的成功，照顾孩子的任务对于多数加尔各答华人家庭就成为了一件进退两难的事情。在加尔各答大家庭是常事，但我在多伦多采访的夫妻中没有一对有超过三个孩子。确实，一个或两个孩子较为常见，所有的被采访者都提到了在加拿大没有大家庭的原因：生活开销的问题及父母双方都必须工作。在少数几个例子中，已经有多个孩子的塔坝家庭移居到了加拿大，他们通常受到多伦多和加尔各答社区成员的严厉批评，多数人表达了这样的观念：在西方不可能养育多个孩子。

无论有多少个孩子，许多有工作的父母通过资助他们的父母移居过来解决照顾孩子的问题，因为当父母工作时，祖父母可以在家照看小孩。所以发现许多在多伦多的加尔各答华人移民正在为父母申请移居不会令人吃惊——正如秦氏夫妇资助托马斯的母亲一样。

尽管托马斯的母亲对多伦多的家庭做出了较大贡献，但她没有完整地掌握移居国文化使得她依赖孩子们，而在国内不会这样。例如，由于秦太太已过了65岁，每个月都能收到政府的社会安全支票。但她不懂英语，要把这些支票兑换成现金有困难。（她这一代的多数加尔各答华人不懂英语。）所以，她依赖儿子兑换支票。此外，在加尔各答一出门就能碰上熟人聊天，但现在秦太太大多只能通过电话聊天。虽然苏珊知道自己应该感激婆婆的大量帮助，但还是会有抱怨，常常由于一些小事之类的（例如，婆婆花在打电话上的时间；婆婆不喜欢苏珊给她买的一些衣服，最后得退货）。

除了她缺乏英语技能和与外界打交道有困难之外，多伦多的老年塔坝华人地位不够强大还有其他原因。在多伦多，老年人通常是后到者，也就是说在孩子们已经在加拿大生活了几年并能自己做出日常决定之后他们才到。不同于在加尔各答他们可以通过控制家庭企业继续施加影响,在多伦多老年人对孩子们的经济活动没有任何的控制权。他们每月的社会安全津贴只占家庭收入的最小一部分,苏珊·秦的婆婆的情况也是如此,这些支票通常认为仅仅是老人的个人零花钱。

在加尔各答,儿子婚后仍住在父母家。从小就开始的父母权威一直持续不间断,所在的地方也没有发生改变。但在多伦多,通常老人过来住在儿子有时是女儿在他们来之前已住过几年的地方。如果这些孩子没有租公寓而是已经买了房,正在偿付贷款,那么孩子们对于财产的掌控意识更为明显。这些已婚的孩子非常清楚房子是自己的,老人只能把孩子们努力赚钱的行为看成是保护家庭免受外界的影响。比如,苏珊·秦说,"这些老人,他们总是打电话,互相比较,'哦,你儿子买房了,多大的呀?'……他们不知道我们背了多少贷款!"

父母住在多伦多的孩子家而不是孩子住在父母家的这种现象在乔家的故事中得到了清晰的展现。乔氏夫妇已上了年纪,他们与住在不同公寓的两个儿子轮流一起生活。当从加尔各答来的朋友给他们打电话说要过来拜访时,他们得说不能留宿他们。这对于他们而言很丢人,因为他们不得不拒绝接纳与他们有着长期关系的塔坝华人社区的重要成员。此外,他们知道这些人回到印度会说他们不够热情好客,让他们很丢脸,因为他们辜负了人们期待的社会互惠标准。但他们觉得不能向来访的客人表明自己不好客的理由——即,当时他们的儿子和儿媳不想招待客人,而他们自己又没有能力推翻这个决定,因为他们没有住在"自己"家中。

因此,在有些情况中特别是父母都健在而且在加尔各答经营一家非常成功的公司,与其移居国外他们更愿意去拜访孩子们。一些人如严 K. C. 的母亲公开表达了害怕在外国依赖子女的好意生活。其他人,如斯蒂芬·孔的父亲和马洪章急切地避免奚氏夫妇面临的那种灾难。孔先生和马先生都是加拿大的常住居民,所以必须每年回那里一次。在印度雨季不舒适、几乎没有收益的那几个月,他们把生意交到儿子手中,去看望在加拿大的孩子。然后,当加拿大的天气开始转凉时,他们回到加尔各答来监管生意。通过这种方式,他们两边都做到了最好。

最后一点是在我知道的至少两个例子中,起初和儿子、儿媳住在一起的老人后来搬出去了。喻校长告诉我她婆婆过去常常等她下班回来才吃饭,尽管通常会等到下午一点!她最终给公公婆婆租了另一套公寓,虽然这意味着她得付两份租金。另一个情况是,与多伦多的儿子和儿媳住在一起的老太太不顾孩子的反对,决定自己搬出去住。她申请并得到了老年公民住所的一处公寓,并用政府发的每月社会安全津贴养活自己。她的儿媳对这些事情表示很气愤,向我解释说在她看来,"在加拿大,钱是第一位的。他们不为孙子、孙女或其他东西考虑。实际上,我很需要她,她可以照看我女儿,我现在有两个孩子,她应该帮我照顾这个小宝宝。但她没有……我婆婆来这差不多有十年了,或许是她从加拿大人那里学的。我不再有婆婆(mother-in-law)了,而是法律之外的母亲(mother-out-law)!"

因此,多伦多的老年加尔各答华人处于进退两难的境地。已婚的儿女想让父母和他们一起生活,照顾孙辈们。但当祖父母来了,他们通常发现自己和孙辈们一样依赖中间这一代人。但如果留在加尔各答,他们还可以继续对家庭和企业行使很大的控制权。

尽管这些老年移民在家庭中的权力下降,但他们对于生活在多伦多的加尔各答华人的社会生活的确能施加一定的影响。接下来我来考察他们的社会生活。

多伦多的社区重组

当1980年肯尼思·费在多伦多筹划婚礼时,他从姓氏群体中叫了一些老年加尔各答华人移民来帮忙。这些人汇集了当时姓氏群体中所有住在多伦多的成员,肯尼思按照与加尔各答同样的风俗,邀请了名单上的每个人来参加婚礼。尽管他本应该也邀请母亲姓氏群体中的所有成员,更不用提妻子的亲戚了,但肯尼思只把名单划到了自己的姓氏。肯尼思不想办一场"大的"婚礼,他也很幸运,因为在多伦多没有许多费氏成员,他可以邀请"中等"人数的客人——16桌,即160名客人。

随着多伦多加尔各答华人移民人数的增长,社区在某些方面进行了重组。多数青年和中年人都在工作,而且那些离开詹姆斯敦的人常分布于士嘉堡广阔的郊区,所以他们仍很难每天接触。但社交场合,尤其婚礼就成为了社区社交生活的焦点,婚礼的规模逐渐变大也更豪华,比得上塔坝的四五十桌和六十桌的大型婚礼。的确，如果肯尼思·费不是1980年而是1990年结婚，那么他要在接待的时候限制客人的数量就会有困难。

从一定程度上来说，来自加尔各答华人移民的数量增长能解释这些聚会规模的扩大。现在邀请姓氏群体中的所有成员的话，人数会更多。此外，据许多社区成员所言，随着加尔各答华人移民数量的增长，他们也带来了原来的所有竞争和对地位的关注（见第四章）。正如肯尼思所言，"有许多人从印度过来，所以传统差不多也重新开始。"似乎又像是塔坝了，肯尼思告诉我，"像在那儿一样，他们说，'哦，另一家制革厂邀请了60桌的客人，我要确保有100桌！'"肯尼思的岳母也在我进行采访的房间，她插话说"他们就是要'面子'"，在这里的意思为它是一个声望的问题。① （追求声望的事情在加尔各答和多伦多社区同时都会发生，因为从加尔各答来的访客通常会带回关于居于国外的社区成员的最新消息。）

然而，许多年轻人往往使自己远离这样的竞争（他们自己常用这个词），并解释说它再次出现是由于老人的影响。例如，苏珊·秦解释老人如何把任何东西进行对比，从在多伦多定居的子女买的房子的大小到多伦多各种加尔各答华人婚礼上客人的数量。她接着强调，有工作的年轻人是没有时间闲聊的！"每个人都在工作、付房贷；没有什么可比的。"

但很难理解在家的影响力逐渐减少的老年移民如何能在社会领域行使如此不可抵挡的权力。确切地说，这些社会事件似乎更有可能影响到了许多不同的需要。"面子，"或者地位当然是其中之一，但婚庆场合也使许多加尔各答华人移民聚在一起，他们通常由于工作安排和位置上的分散性而分开。例如，苏珊·秦的哥哥修"T.F."在多伦多经营着一个流动饮食摊，他告诉我婚礼"是我们见面的唯一时间……我们曾经是邻居，但现在分开这么远。"的确，我交谈过的多数社区成员都强调缺少时间和彼此很少的见面机会是他们在加拿大的生活特征。因此，当我问T.F.他在多伦多的朋友是哪些人，他是这么回答的："在社交生活方面，加尔各答更好，这里没有一点社交生活，只是工作、工作、工作……我不会把这里的太多人都算作朋友，

---

① 见第一章第6页的注释①，详细解释了在中国社会中"face"的两种意思：脸，即"道德立场"和面子，即"声誉"。乔氏夫妇不能招待从塔坝来的朋友因为他们的儿子不合作，这让他们丢脸，因为这样的行为让人怀疑他们的基本道德观。另一方面，邀请多人参加婚礼很明显是社会身份，即面子的问题。

因为我没有时间。"

即使有时间参加社交生活时，多数人表明他们唯一有意义的关系是与亲戚和其他加尔各答华人。他们描述与办公室或工厂同事之间的交往很愉悦，但几乎没有提到一个非加尔各答华人会被他们认为是真正的朋友。实际上，多数人强调他们与其他亲戚之间的交往最为频繁。托马斯·梁告诉我，"我的多数朋友是亲戚。"袁梅华说"偶尔我们会去亲戚家……但多数时间我们很忙，星期六和星期天我们得打扫房子、购物，就这些。"

具有讽刺意味的是，在那些提到拥有加尔各答华人社区之外的友谊的人当中有几个人的朋友是南亚人，他们是从印度来的移民或来自乌干达的印度裔人。（尽管在印度有不同之处，加尔各答华人和印度人至少能用上共有的知识。）因此，当严宝夏的儿子K. C. 1987年在多伦多结婚时，差不多40桌的客人当中只有一桌不是加尔各答华人移民。除了K. C. 工作的工厂老板是英裔加拿大人之外，这桌"外国人"多数是南亚人。但即使这样的情况也不多见。多伦多的多数加尔各答华人仍由于他们自身经历的独特性联系在一起，与其他种族群体成员之间只是表面上的交往。

该一般模式下的特例突出了它的总体主导性。例如，当乔松景娶一名法国籍加拿大女子时，他和新娘仅仅是登记结婚，邀请了两位朋友当证人，避开了所有这些事情通常会带来的喧闹。实际上，松景直到第一个孩子出生才告诉在加尔各答的母亲自己的婚事，虽然母亲后来与他们住在一起。类似的是，肯尼思·费在只有13岁时就举家移居到了多伦多，在加拿大上中学，他告诉我自己这么年轻就来到了这里，所以比多数加尔各答华人移民拥有更广的朋友圈。但他补充说由于自己的经历，他觉得与印度的亲戚之间有些距离。

"我有一个朋友是来自香港的广东人，另一个朋友来自牙买加，是华人和黑人混血儿。还有其他一些朋友也是加拿大人，"他跟我说。但在他的亲戚当中，他说，"他们对于黑人、白人或诸如此类的更有些偏见。因为他们是那样长大的……如果他们出去见朋友，他们不喜欢和许多白人或黑人打交道，通常是与来自印度的自己群体当中的成员。"

除了肯尼思·费之外，向我表明密友不是加尔各答华人的只有两个与社区之外的人结婚的两名男子。

游历于印度和加拿大之间加强了加尔各答华人移民彼此之间及与国内社

区的联系。多伦多的加尔各答华人回到印度参加重要的家庭聚会如婚礼、葬礼及给老人祝寿。有一些情况是几名年轻女子回到印度生活几个月,这样家里就可以给她们包办婚事。印度的家人也会来加拿大。袁梅华的经历有些极端,但也并非不具有典型性。几乎每年,她在塔坝的四个兄弟当中的一个或父母或至少有一个嫂子会来加拿大和她待上几天。

除了加强关系之外,印度华人移民和访客的不断涌入使得加尔各答客家移民和其他群体进一步隔离。但将来会怎么样?这些移民的小孩和来自许多不同社会背景的孩子一起上学。他们在家和父母说客家语,但大家一起玩时无意中会说英语;当然,这些小孩当中许多都没有去过印度。当他们修完了加拿大学校体系的所有课程时,很有可能比他们的父母所从事的职业种类更多种多样。

修 T. F. 承认使加尔各答华人移民彼此结合的联系在下一代中或许会削弱一些:"我们谈论家时,指的是加尔各答,它仍是我们的根;对于父辈而言,是中国;而对于孩子们来说,则是宾顿市(Brampton,他在多伦多生活的一个地区)。"

跨国世界中的种族身份

只要"加尔各答"客家人留在加尔各答,对于他们自己或外界分析者而言种族身份就不会特别有问题。在第二章中也解释到,印度的政治史,特别是中印冲突和加尔各答种族区别性和层级性经济及区分纯净和非纯净的印度宗教意识都有助于界定并把客家人与加尔各答其他种族群体甚至其他华人群体分开。

奥兰多·帕特森(Orlando Patterson)曾说种族是一个"条件,在其中社会的某些成员在特定的社会情境中所选择强调的作为他们主要的、家庭之外的文化、国家或身体的身份特征的最有意义的依据"(1975,第 308 页)。但我要给帕特森就种族的定义再加上一点:种族身份不仅仅是一个群体如何选择界定自己,还是其他人如何归因的问题。其他人看待种族群体的方式会在多种方式上对自我认知起作用。群体成员会合并、拒绝、颠倒或忽视其他人对他们形成的形象。其他人对种族群体形成的形象将转而影响到种族群体成员对这些人所持的态度。

因此，种族身份是对话式或反射性的，他通过一个人所在的群体和其他群体之间连续性的对立而被创造、维持和再次确认。① 用弗雷德里克·巴思（Fredrik Barth）的话来说，种族交往产生了种族界限，但这些界限所围绕的"东西"、用来作为种族界限标记的特定的区别性的符号只有在一定的互动情境中才可以发现（1969）。

然而，种族身份通过互动产生，它的创造过程也是历史性的，随着时间流逝在社会条件中的变化使得有需要赋予种族身份新的意义或完全分解一定的种族范畴。卡特·宾利（G. Carter Bentley）说，"随着人们发展新的方式来应对变化的世界时，旧的真理遭到削弱；当之前不可思议的事情变得普通时，分享和密切的程度也因此种族身份变得有问题。至少在这些条件下种族象征主义对于所适应的不同群体可能呈现出不同的意义"（1987，第43页）。

但宾利也指出种族身份具有很大的影响力，不会轻易地显现出来。他使用布迪厄的概念习惯（habitus）来解释该影响力。在布迪厄看来，习惯包括了有意识和无意识的倾向和观点，它们从一个人的早年生活开始就得到灌输和内化，种族特征和这些构成了整体。宾利说正是由于它们有这样的力量，是一个人最强有力的内化的行为、观点和义务的一部分，种族关系在区别性的社会形成的再现中才有如此深厚的力量（1987，第42页）。

宾利主张，既然种族身份在人们对世界有意识和无意识理解的形成中如此基本，当人们经历变化的社会环境时会遭遇"种族身份危机"（1987，第43页）。在这样的情况下，他们会形成新的种族身份进行回应，或者他们会重新使用现有的概念（宾利，1987，第43页）。例如，要弄清他们的状况，加尔各答客家人通常使用最初在广东由广东人给他们贴上的标签——即"guest people"（客人）。"你要知道，我们是客人，不断地从一个地方搬到另一个地方，在中国也是如此，"加尔各答的一位朋友告诉我。这是我在加尔各答华人制革社区居民当中时常听到的重复的话。

该术语对于加尔各答华人具有持续性的效力不是由于对过去经历的一些本能的"原始的"确认〔见艾萨克斯（Isaacs），1975〕，而是由于它仍可以用来描述他们目前的状况，也就是他们这个少数民族群体仍在四处奔波。的

---

① 哈瑞尔在关于中国西南的彝族社区的文章中（1990）尖锐地指出这些"其他群体"之一是国家，群体自我界定的过程也极其复杂。

确，在多伦多的新环境中，加尔各答客家移民再一次发现了华人与其他非华人之间的区别在社会上的重要性，也仍然发现了自己作为客人与此概念的相关性。之前也谈到，他们把自己和众多的非华人群体和主导的华人群体即广东人进行区分，特别是富裕的香港移民的存在时刻提醒他们仍未完成在加拿大创业的愿望。

但身为客人的感受或客家语本身将会在这些生养于加拿大的加尔各答客家移民的孩子当中扎根吗？如果不会的话，不断的移居将继续刷新多伦多的加尔各答客家人的级别，并有助于维持一个具有自我意识的社区吗，即使其他群体融入更大的华裔加拿大人或加拿大居民当中？对利益的寻求和自己做生意的梦想将继续激起家庭内部及家庭之间的和谐和竞争性的关系吗？

我们不能肯定地回答这些问题，要理解将来发生的变化我们必须继续分析家庭内部动态和当地、国家甚至全球层面上的政治经济条件及其变革。目前，有许多相对抗的趋势。一方面，尽管地理位置上的遥远把他们隔开，但"时空压缩"和旅行、交流的相对便利使得社区成员更易于保持联系。从加尔各答来的移民数量增加也使得社区成员能重新构建共同的主要以婚礼为中心的社交生活，在其中姓氏群体和姓氏群体的长者仍扮演重要角色。

此外，人员的流动不仅是单方向的。我们也看到，一些多伦多的加尔各答华人移民回到了印度，因为他们必须料理家里的生意或者是由于在加拿大失业了。这些发展本身通常是更大的政治和经济变化的结果。之前也提到，美加之间的自由贸易协议使得加拿大丧失了许多工作岗位，包括一些加尔各答华人从事的工作。①

同时，当地的经济需求也产生了协力分解多伦多的加尔各答客家人独特身份特征的力量。不同于在加尔各答的亲戚，该群体并未占据特定的职业。艾瑞克·沃尔夫（Eric Wolf）在对资本主义的劳动移民的分析中指出，"种族划分很少与工业领域中新人最初的自我认定相符，他们首先认为自己是汉

---

① 该协议本身是更全球化的经济变革的征兆和标志，它使得资金更易于跨越美加边境，该运动就是大卫·哈维（David Harvey）称之为"弹性累积体制"（regime of flexible accumulation）的征兆。该体制是全球资本主义的最新形式，强调生产和消费的快速周转，及资本和金融储备快速轻便的移动。弹性累积而也强调劳动实践，并从依赖安全、稳定工作的固定劳动力转变为更强调分包、临时工作和小型企业（哈维，1989）。包括国家保护主义在内的对于此灵活性的妨碍因素，已在这个最新的时代中遭到攻击。

诺威人或巴伐利亚人而不是德国人,是村庄或教区成员……而非波兰人,是汤加人或尧人而非'尼亚萨兰人'。随着特定的工人群进入不同的劳动市场,并开始把进入市场当作社会和政治上的防御资源时,出现了更综合性的范畴。所以这样的种族划分不是'原始的'社会关系。它们是劳动市场划分的历史产物"(1982,第381页)。

因此,多伦多的加尔各答华人移民没有占据特定的职业,并且多伦多的雇佣劳动和有薪酬的工作条件能按时创造新的需求,规避在加尔各答生活的未事先安排的日常社会交往特征,这些也不利于将来社区的持续团结。

也有可能多伦多的加尔各答华人移民之间的阶层差异随着时间的流逝将变得更明显。理查德·汤普森(Richard Thompson)在其1979年关于多伦多唐人街的文章中表明华人社区包括的经济群体差异较大,有在新企业中投资数百万美元的企业家,也有在华人种族企业中打工的低收入工人。此外,在该社区中,各阶层在许多社区的重大问题上有明显的分歧(汤普森,1979)。汤普森在其随后的文章中提出社会阶层并非按照中国传统的姓氏群体或居住区的分类,是现今位于城市的海外华人社区组织最重要的基础(1980)。但本章也说到姓氏群体仍在加尔各答客家移民的社会生活中发挥重要作用。再者,多伦多的加尔各答客家移民在经济地位上的差异没有超过汤普森在整个多伦多华人社区内部所发现的。的确,多数加尔各答华人在工厂工作或做办公室文书工作;只有一些从事的是专业岗位;没人有可能与从香港来到加拿大的富裕华人投资者相比。所以即使多数人没有在同一个场所或行业工作,社区成员也不用应对差异巨大的经济形势。

无论最终的结果如何,家庭成员将继续受到这些现实的一些局限并对它们做出新的回应。正如他们在加尔各答的前辈,这些回应包含的策略将在时间和空间上均发挥作用。尽管这样的迁移和人员来往不断,至少在目前,多伦多的一些加尔各答华人有些安定的感受。"我们是客人,"1986年8月的一个早晨,斯蒂芬·孔在儿子的生日聚会上说,"但或许加拿大将是最后一站。"

参考文献

Abu-Lughod, Lila. 1985. A Community of Secrets: The Separate World of Bedouin Women. *Signs* 10(4):637–657.
Acts of Parliament, 1962. 1963. New Delhi: Goverment of India Press.
Ahern, Emily. 1973. *The Cult of the Dead in a Chinese Village.* Stanford: Stanford University Press.
———. 1975. The Power and Pollution of Chinese Women. In *Women in Chinese Society*, ed. Margery Wolf and Roxane Witke, 193–214. Stanford: Stanford University Press.
Alabaster, C. 1975 [1858]. The Chinese Colony in Calcutta. In *Calcutta: People and Empire, Gleanings from Old Journals*, ed. Pradip Chaudhury and Abhijit Mukhopadhyay. Calcutta: India Book Exchange.
All India Leather Directory, 1960–1961. 1960–1961. Calcutta: Indian Leather Technologists Association.
All India Leather Directory, 1965–1966. 1965–1966. Calcutta: Indian Leather Technologists Association.
Althusser, Louis. 1971. *Lenin and Philosophy.* New York: Monthly Review Press.
Appadurai, Arjun. 1986. Is Homo Hierachicus? *American Ethnologist* 13(4):745–761.
———. 1991. Global Ethnoscapes: Notes and Queries for a Transnational Anthropology. In *Recapturing Anthropology: Working in the Present*, ed. Richard Fox, 191–210. Santa Fe: School of American Research Press.
Baker, Hugh D. R. 1968. *A Chinese Lineage Village: Sheung Shui.* London: Cass.
———. 1979. *Chinese Family and Kinship.* New York: Columbia University Press.
Bakhtin, M. M. 1981. Discourse in the Novel. Trans. Caryl Emerson and Michael Holquist. In *The Dialogic Imagination: Four Essays by M. M. Bakhtin*, ed. Michael Holquist, 259–422. Austin: University of Texas Press.
———. 1986. The Problem of Speech Genres. Trans. Vern W. McGee. In *Speech Genres and Other Late Essays*, ed. Caryl Emerson and Michael Holquist, 60–102. Austin: University of Texas Press.

Bandyopadhyay, Raghbab. 1990. The Inheritors: Slum and Pavement Life in Calcutta. In *Calcutta: The Living City*, ed. Sukanta Chaudhuri, 78–87. Calcutta: Oxford University Press.

Barth, Fredrik. 1969. Introduction. In *Ethnic Groups and Boundaries*, ed. Fredrik Barth, 1–38. Boston: Little, Brown.

Basu, Ellen Oxfeld. 1991a. Profit, Loss, and Fate: The Entrepreneurial Ethic and the Practice of Gambling in an Overseas Chinese Community. *Modern China* 17(2):227–259.

———. 1991b. The Sexual Division of Labor and the Organization of Family and Firm in an Overseas Chinese Community. *American Ethnologist* 18(4):700–718.

Bayly, C. A. 1983. *Rulers, Townsmen, and Bazaars*. Cambridge: Cambridge University Press.

Bengal Past and Present, Journal of the Calcutta Historical Society. 1907. Some Transactions of the C. H. S. July/December.

Bengal Past and Present, Journal of the Calcutta Historical Society. 1909. Some Leaves from the Editor's Notebook. January–April.

Bentley, G. Carter. 1987. Ethnicity and Practice. *Comparative Studies in Society and History* 29(1):24–55.

Berry, Brian J. L., and Philip H. Rees. 1969. The Factoral Ecology of Calcutta. *American Journal of Sociology* 74(5):445–491.

Blake, C. Fred. 1981. *Ethnic Groups and Social Change in a Chinese Market Town*. Honolulu: University of Hawaii Press.

Bonacich, Edna. 1973. A Theory of Middleman Minorities. *American Sociological Review* 38(October):583–594.

Bonacich, Edna, and John Modell. 1980. *The Economic Basis of Ethnic Solidarity*. Berkeley: University of California Press.

Bose, Nirmal Kumar. 1965. Calcutta: A Premature Metropolis. *Scientific American* 213(September):91–102.

———. 1968. *Calcutta: 1964, A Social Survey*. Bombay: Lalvani Publishing House.

Boserup, Esther. 1970. *Women's Role in Economic Development*. London: George Allen and Unwin.

Bourdieu, Pierre. 1977. *Outline of a Theory of Practice*. Cambridge: Cambridge University Press.

———. 1984. *Distinction: A Social Critique of the Judgement of Taste*. Cambridge, Mass.: Harvard University Press.

Calcutta Statesman [correspondent]. 1982. Tanneries in the City Face Decline. 19 July.

Cator, W. L. 1936. *Economic Position of the Chinese in the Netherlands Indies*. Chicago: University of Chicago Press.

Census of India, 1911. 1913. *Bengal, Bihar, Orissa and Sikkim*. Volume 5. Part 1. Report by L. S. S. O'Malley. Calcutta: Bengal Secretariat Book Depot.

Census of India, 1921. 1923. *City of Calcutta*. Volume 6. Part 1. Report by W. H. Thompson. Calcutta: Bengal Secretariat Book Depot.

Census of India, 1931. 1933. *West Bengal, Sikkim, and Chandernagore*. Volume 6. Delhi: Manager of Publications.

Census of India, 1951. 1953. *Language Tables.* Volume 1. Delhi: Manager of Publications.

Census of India, 1961. 1964. *Language Tables.* Volume 1. Part 2C(ii). Civil Lines, Delhi: Manager of Publications.

Census of India, 1971. 1975. *West Bengal, Social and Cultural Tables.* Series 1. Part 2C(ii). Calcutta: Government of West Bengal Publications.

Census of India, 1971. 1977. *Social and Cultural Tables.* Part 2C(i). New Delhi: Controller of Publications.

Chakraborty, Satyesh. 1990. The Growth of Calcutta in the Twentieth Century. In *Calcutta, The Living City,* ed. Sukanta Chaudhuri, 1–14. Calcutta: Oxford University Press.

Chaliha, Jaya, and Bunny Gupta. 1990. The Armenians of Calcutta. In *Calcutta: The Living City,* ed. Sukanta Chaudhuri, 54–55. Calcutta: Oxford University Press.

Chatterjee, Nilanjana. 1990. The East Bengal Refugees, A Lesson in Survival. In *Calcutta: The Living City,* ed. Sukanta Chaudhuri, 70–77. Calcutta: Oxford University Press.

Chayanov, A. V. 1966 [1925]. Peasant Farm Organization. In *The Theory of Peasant Economy,* ed. Daniel Thorner, Basile Kerblay, and R. E. F. Smith, 29–269. Homewood, Ill.: Richard D. Irwin.

Chen, Jack. 1980. *The Chinese of America.* San Francisco: Harper and Row.

Chin, Frank. 1972. Confessions of the Chinatown Cowboy. *Bulletin of Concerned Asian Scholars* 4(Fall):58–70.

Choong, Ket Che. 1983. Chinese Divination. *Contributions to Southeast Asian Ethnography* (2/August):49–97.

Chowdhury, Pritha, and Joyoti Chaliha. 1990. The Jews of Calcutta. In *Calcutta: The Living City,* ed. Sukanta Chaudhur, 52–53. Calcutta: Oxford University Press.

Cohen, Abner. 1969. *Custom and Politics in Urban Africa.* Berkeley: University of California Press.

———. 1974. Introduction: The Lessons of Ethnicity. In *Urban Ethnicity,* ix–xxiv. London: Tavistock.

Cohen, Myron. 1968. The Hakka or 'Guest People': Dialect as a Sociocultural Variable in Southeastern China. *Ethnohistory* 15(3):237–292.

———.1970. Developmental Process in the Chinese Domestic Group. In *Family and Kinship in Chinese Society,* ed. Maurice Freedman, 21–36. Stanford: Stanford University Press.

———. 1976. *House United, House Divided.* New York: Columbia University Press.

Coppel, Charles. 1976. Patterns of Chinese Political Activity in Indonesia. In *The Chinese in Indonesia,* ed. J. A. C. Mackie, 19–76. Honolulu: University of Hawaii Press.

Coughlin, Richard J. 1960. *Double Identity: The Chinese in Modern Thailand.* Hong Kong: Hong Kong University Press.

Crapanzano, Vincent. 1990. On Self Characterization. In *Cultural Psychology: Essays on Comparative Human Development,* ed. James Stigler, Richard Shweder, and Gilbert Herdt, 401–426. Cambridge: Cambridge University Press.

Crissman, Lawrence. 1967. The Segmentary Structure of Urban Overseas Chinese Communities. *Man* 2(2):185–204.

Curtin, Philip. 1984. *Cross-Cultural Trade in World History*. Cambridge: Cambridge University Press.

D'Andrade, Roy. 1986. Cultural Schemas as Motives. Paper presented at invited session, "The Directive Force of Cultural Models," at the 85th Annual Meeting of the American Anthropological Association, Philadelphia, December.

De, J. K. 1972. A Brief History of the Leather Industry of Bengal in Pre-Partition Days. *Journal of the Indian Leather Technologists Association* 20(1):233–240.

DeGlopper, Donald. 1972. Doing Business in Lukang. In *Economic Organization in Chinese Society*, ed. W. E. Willmott, 297–326. Stanford: Stanford University Press.

Devereux, Edward. 1949. Gambling and Social Structure: A Sociological Study of Lotteries and Horseracing in Contemporary America. Ph.D. diss., Harvard University.

di Leonardo, Micaela. 1984. *The Varieties of Ethnic Experience*. Ithaca: Cornell University Press.

Downes, David, et al. 1976. *Gambling, Work, and Leisure*. London: Routledge and Kegan Paul.

Dumont, Louis. 1970. *Homo Hierarchicus*. Chicago: University of Chicago Press.

———. 1985. A Modified View of Our Origins: The Christian Beginnings of Modern Individualism. In *The Category of the Person*, ed. Michael Carrithers, Steven Collins, and Steven Lukes, 93–122. Cambridge: Cambridge University Press.

Eadington, William R. 1976. *Gambling and Society*. Springfield, Ill.: Charles C. Thomas.

Economic Review, 1979–1980. Alipore, West Bengal: Government of West Bengal Press.

Economic Times, The (Bombay). 1972. Leather Growth Prospects Dim. January.

Eitzen, D. Stanley. 1968. Two Minorities: The Jews of Poland and the Chinese of the Philippines. *Jewish Journal of Sociology* 10:221–240.

Elvin, Mark. 1973. *The Pattern of the Chinese Past*. Stanford: Stanford University Press.

———. 1985. Between the Earth and Heaven: Conceptions of the Self in China. In *The Category of the Person*, ed. Michael Carrithers, Steven Collins, and Steven Lukes, 153–189. Cambridge: Cambridge University Press.

Fei, Hsiao-t'ung. 1939. *Peasant Life in China*. London: Routledge.

Firey, Walter. 1980 [1947]. *Land Use in Central Boston*. Cambridge, Mass.: Harvard University Press.

Fischer, Michael. 1973. Zorastrian Iran between Myth and Praxis. Ph.D. diss., University of Chicago.

Fortes, Meyer. 1958. Introduction. In *The Developmental Cycle in Domestic Groups*, ed. Jack Goody, 1–14. Cambridge: Cambridge University Press.

Freedman, Maurice. 1959. The Handling of Money: A Note on the Background to the Economic Sophistication of Overseas Chinese. *Man* 59:64–65.

———. 1960. Immigrants and Associations: Chinese in Nineteenth-Century Singapore. *Comparative Studies in Society and History* 3(1):25–48.

———. 1966. *Chinese Lineage and Society: Fukien and Kwangtung*. London: Athlone Press.

———. 1970. Ritual Aspects of Chinese Kinship and Marriage. In *Family and Kinship in Chinese Society*, ed. Maurice Freedman, 163–187. Stanford: Stanford University Press.

Furnivall, J. S. 1944. *Netherlands India: A Study of Plural Economy*. New York: Macmillan.

Gallin, Bernard. 1960. Matrilateral and Affinal Relationships of a Taiwanese Village. *American Ethnologist* 62:632–642.

———. 1966. *Hsin Hsing, Taiwan: A Chinese Village in Change*. Berkeley: University of California Press.

Gallin, Bernard, and Rita Gallin. 1988. Daughters Cry at Your Funeral. Paper presented at the annual meeting of the Association for Asian Studies, San Francisco, March.

Ganguli, Amulya. 1973. Treading Softly in Calcutta. *The Statesman*, 2 July:sec. 6, col. 4.

Gates, Hill. 1987. Money for the Gods. *Modern China* 13(3):259–277.

Geertz, Clifford, 1973. Deep Play: Notes on the Balinese Cockfight. In *The Interpretation of Cultures*, 412–454. New York: Basic Books.

Geib, Margaret, and Ashok Dutt. 1987. *Atlas of South Asia*. Boulder: Westview Press.

Gilligan, Carol. 1982. *In a Different Voice: Psychological Theory and Women's Development*. Cambridge, Mass.: Harvard University Press.

Glazer, Nathan, and Daniel Moynihan. 1975. *Ethnicity: Theory and Experience*. Cambridge, Mass.: Harvard University Press.

Goffman, Erving. 1961. *Encounters: Two Studies in the Sociology of Interaction*. Indianapolis: Bobbs-Merrill.

———. 1967. *Interaction Ritual: Essays in Face to Face Behavior*. Garden City, N.Y.: Anchor Books.

Goswami, Omkar. 1990. Calcutta's Economy, 1918–1970: The Fall from Grace. In *Calcutta: The Living City*, ed. Sukanta Chaudhuri, 88–96. Calcutta: Oxford University Press.

Greenhalgh, Susan. 1985a. Is Inequality Demographically Induced? The Family Cycle and the Distribution of Income in Taiwan. *American Anthropologist* 87(3):571–594.

———. 1985b. Sexual Stratification: The Other Side of 'Growth with Equity' in East Asia. *Population and Development Review* 11(2):265–314.

———. 1988. Families and Networks in Taiwan's Economic Development. In *Contending Approaches to the Political Economy of Taiwan*, ed. Susan Greenhalgh and Edwin Winckler, 224–248. Armonk, N.Y.: M. E. Sharpe.

Gupta, Akhil. 1992. The Song of the Nonaligned World: Transnational Identities and the Reinscription of Space in Late Capitalism. *Cultural Anthropology* 7(1):63–80.

Gupta, Akhil, and James Ferguson. 1992. Beyond 'Culture': Space, Identity, and the Politics of Difference. *Cultural Anthropology* 7(1):6–23.

Hamilton, Gary. 1978. Pariah Capitalism: A Paradox of Power and Dependence. *Ethnic Groups* 2:1–15.

Hammel, E. A. 1972. The Zadruga as Process. In *Household and Family in Past Time*, ed. Peter Laslett and Richard Wall, 335–374. Cambridge: Cambridge University Press.

Hansen, Chad. 1985. Individualism in Chinese Thought. In *Individualism and Holism: Studies in Confucian and Taoist Values*, ed. Donald Munro, 35–56. Ann Arbor: University of Michigan, Center for Chinese Studies.

Harrell, Stevan. 1981. Normal and Deviant Drinking in Rural Taiwan. In *Normal and Abnormal Behavior in Chinese Culture*, ed. Arthur Kleinman and Tsung-yi Lin, 49–59. Dordrecht, Holland: D. Reidel.

———. 1982. *Ploughshare Village: Culture and Context in Taiwan*. Seattle: University of Washington Press.

———. 1985. Why Do the Chinese Work So Hard? Reflections on an Entrepreneurial Ethic. *Modern China* 11(2):203–226.

———. 1987. The Concept of Fate in Chinese Folk Ideology. *Modern China* 13(1):90–109.

———. 1990. Ethnicity, Local Interests, and the State: Yi Communities in Southwest China. *Comparative Studies in Society and History* 32(3):515–548.

Harris, Grace Gredys. 1989. Concepts of Individual, Self, and Person in Description and Analysis. *American Anthropologist* 91(3):599–612.

Harvey, David. 1989. *The Condition of Postmodernity: An Enquiry into the Origins of Cultural Change*. New York: Basil Blackwell.

Hazarika, Sanjoy. 1987. India Shoes Gaining in the West. *The New York Times*, 3 August.

Honig, Emily. 1985. Burning Incense, Pledging Sisterhood: Communities of Women Workers in the Shanghai Cotton Mills, 1919–1949. *Signs* 10(4):700–714.

Hsu, Francis. 1948. *Under the Ancestors' Shadow*. New York: Columbia University Press.

———. 1968. Chinese Kinship and Chinese Behavior. In *China's Heritage and the Communist Political System System*, ed. Ping-ti Ho and Tsuo Tang, 579–608. Chicago: University of Chicago Press.

———. 1971. Eros, Affect, and Pao. In *Kinship and Culture*, ed. Hsu, 439–476. Chicago: Aldine Press.

———. 1973. Kinship Is the Key. *Center Magazine* 6:4–14.

———. 1981. *Americans and Chinese: Passage to Differences*. Honolulu: University Press of Hawaii.

———. 1983. *Rugged Individualism Reconsidered*. Knoxville: University of Tennessee Press.

Hu, Hsien Chin. 1944. The Chinese Concepts of "Face." *American Anthropologist* 46:45–64.

Hwang, Kwang-kuo. 1987. Face and Favor: The Chinese Power Game. *American Journal of Sociology* 92(4):944–974.

Irons, Peter. 1983. *Justice at War*. Oxford: Oxford University Press.

Isaacs, Harold R. 1975. Basic Group Identity: The Idols of the Tribe. In *Ethnicity: Theory and Experience*, ed. Nathan Glazer and Daniel P. Moynihan, 29–52. Cambridge, Mass.: Harvard University Press.

Ito-Adler, James P. 1982. Japanese Family Enterprises in Brazil. Paper presented at the annual meeting of the American Anthropological Association, Washington, D.C., December.

Jiang, Joseph P. L. 1968. Toward a Theory of Pariah Entrepreneurship. In *Leadership and Authority: A Symposium*, ed. Gehan Wijeyewarndene, 147–162. Singapore: University of Malaya Press.

Johnson, Graham. 1982a. The Chinese Ethnic Community in the 1970s. In *From China to Canada: A History of Chinese Communities in Canada*, ed. Edgar Wickberg, 254–267. Toronto: McClelland and Stewart.

——. 1982b. A New Kind of Chinese. In *From China to Canada: A History of Chinese Communities in Canada*, ed. Edgar Wickberg, 244–253. Toronto: McClelland and Stewart.

Kelly, John D. 1989. The Methodicality of Fiji Gujarati Businessmen and the Ontological Basis of Economic Rationality. Paper presented at the 41st Annual Meeting of the Association for Asian Studies, Washington, D.C., 17 March.

Khare, R. S. 1984. *The Untouchable as Himself: Ideology, Identity, and Pragmatism among the Lucknow Chamars*. Cambridge: Cambridge University Press.

King, Ambrose Y. C. 1985. The Individual and Group in Confucianism: A Relational Perspective. In *Individualism and Holism: Studies in Confucian and Taoist Values*, ed. Donald Munro, 57–72. Ann Arbor: University of Michigan Center for Chinese Studies.

Kingston, Maxine Hong. 1975. *The Woman Warrior*. New York: Random House.

Kleinman, Arthur. 1986. *Social Origins of Distress and Disease: Depression, Neurasthenia, and Pain in Modern China*. New Haven: Yale University Press.

——. 1990. Personal correspondence.

Kleinman, Arthur, and Joan Kleinman. 1989. Suffering and Its Professional Transformation; Toward an Ethnography of Experience. Paper presented at the First Conference of the Society for Psychological Anthropology, San Diego, 6–8 October.

Kolenda, Pauline. 1985. *Caste in Contemporary India*. Prospect Heights, Ill.: Waveland Press.

Kondo, Dorinne. 1990. *Crafting Selves*. Chicago: University of Chicago Press.

Kung, Lydia. 1984. Taiwan Garment Workers. In *Lives: Chinese Working Women*, ed. Mary Sheridan and Janet Salaff, 109–122. Bloomington: Indiana University Press.

Lang, Olga. 1946. *Chinese Family and Society*. New Haven: Yale University Press.

Lelyveld, Joseph. 1967. Curbs on Chinese Retained in India. *New York Times*, 4 September, A12.

——. 1975. *Calcutta*. Hong Kong: Perennial Press.

Leng, Shao-chuan, and Jerome Alan Cohen. 1972. The Sino-Indian Dispute over the Internment and Detention of Chinese in India. In *China's Practice of International Law*, ed. Jerome Cohen, 268–320. Cambridge, Mass.: Harvard University Press.

Leong, S. T. 1980. The Hakka Chinese: Ethnicity and Migrations in Late Imperial

China. Paper presented at the annual meeting of the Association of Asian Studies, Washington, D.C.

Levy, Marion. 1963 [1949]. *The Family Revolution in Modern China*. New York: Octagon Books.

Light, Ivan. 1972. *Ethnic Enterprise in America*. Berkeley: University of California Press.

——. 1977. Numbers Gambling among Blacks: A Financial Institution. *American Sociological Review* 42:892–904.

Lin, Nan. 1988. Chinese Family Structure and Chinese Society. *Bulletin of the Institute of Ethnology* 65(Spring):59–129. Academia Sinica.

Lin Yutang. 1950. *Widow, Nun, and Courtesan*. New York: John Day.

Loewen, James W. 1971. *Mississippi Chinese: Between Black and White*. Cambridge, Mass.: Harvard University Press.

Lubell, Harold. 1974. *Calcutta: Its Urban Development and Economic Prospects*. Geneva: International Labour Office.

Lyman, Stanford. 1982. Foreword. In Robert Seto Quan, *Lotus among the Magnolias*, ix–xiv. Jackson: University Press of Mississippi.

McCreery, John L. 1976. Women's Property Rights and Dowry in China and South Asia. *Ethnology* 15(2):163–175.

Mandelbaum, David G. 1939. The Jewish Way of Life in Cochin. *Jewish Social Studies* 1:423–460.

Mark, Lindy Li. 1972. Taiwanese Lineage Enterprises: A Study in Familial Entrepreneurship. Ph.D. diss., University of California, Berkeley.

Marriott, McKim. 1968. Caste Ranking and Food Transactions: A Matrix Analysis. In *Structure and Change in Indian Society*, ed. Milton Singer and Bernard S. Cohn, 133–171. Chicago: Aldine.

Mauss, Marcel. 1985 [1938]. A Category of the Human Mind: The Notion of Person; the Notion of Self. In *The Category of the Person*, ed. Michael Carrithers, Steven Collins, and Steven Lukes, 1–25. Cambridge: Cambridge University Press.

Mayer, Adrian C. 1960. *Caste and Kinship in Central India*. Berkeley: University of California Press.

Mencher, Joan. 1974. The Caste System Upside Down, or the Not-So-Mysterious East. *Current Anthropology* 15:469–478.

Mines, Mattison. 1988. Conceptualizing the Person: Hierarchical Society and Individual Autonomy in India. *American Anthropologist* 90(3):568–579.

Morris, Colin. 1972. *The Discovery of the Individual, 1050–1200*. London: S. P. C. K. for the Church Historical Society.

Munro, Donald J. 1985. Introduction. In *Individualism and Holism: Studies in Confucian and Taoist Values*, ed. Donald Munro, 1–34. Ann Arbor: University of Michigan Center for Chinese Studies.

Murray, Alexander. 1978. *Reason and Society in the Middle Ages*. New York: Clarendon Press.

Netting, Robert, Richard Wilk, and Eric Arnould. 1984. *Households: Comparative and Historical Studies of the Domestic Group*. Berkeley: University of California Press.

New Encyclopaedia Britannica, The. 1982. Leather and Hides. Encyclopaedia Britannica.

Niehoff, Justin. 1987. The Villager as Industrialist: Ideologies of Household Manufacturing in Rural Taiwan. *Modern China* 13:278–309.

Nonini, Donald. 1979. The Mysteries of Capital Accumulation: Honoring the Gods and Gambling among Chinese in a Malaysian Market Town. In *Southeast Asia*. Vol. 3, *Proceedings of the First International Symposium on Asian Studies*. Hong Kong: Asian Research Service.

Noricks, Jay Smith, L. Helen Agler, Margaret Bartholomew, Susan Howarth-Smith, David Martin, Steve Pyles, and William Shapiro. 1987. Age, Abstract Thinking, and the American Concept of Person. *American Anthropologist* 89(3):667–675.

Olsen, Stephen. 1972. The Inculcation of Economic Values in Taipei Business Families. In *Economic Organization in Chinese Society*, ed. W. E. Willmott, 261–296. Stanford: Stanford University Press.

Omohundro, John T. 1981. *Chinese Merchant Families of Iloilo*. Athens: Ohio University Press.

Ortner, Sherry B., and Harriet Whitehead. 1981. Introduction. In *Sexual Meanings, The Cultural Construction of Gender and Sexuality*, ed. Sherry Ortner and Harriet Whitehead, 1–27. Cambridge: Cambridge University Press.

Owens, Ray. 1973. Peasant Entrepreneurs in a North Indian Industrial City. In *Entrepreneurship and Modernization of Occupational Cultures in South Asia*, Monograph No. 12, ed. Milton Singer. Monograph and Occasional Papers Series. Duke University Program in Comparative Studies in South Asia.

Oxfeld, Ellen. 1992. Individualism, Holism, and the Market Mentality: Notes on the Recollections of a Chinese Entrepreneur. *Cultural Anthropology* 7(2). (Also see Ellen Oxfeld Basu.)

Parkin, David. 1974. Congregational and Interpersonal Ideologies in Political Ethnicity. In *Urban Ethnicity*, ed. Abner Cohen, 119–157. London: Tavistock.

Parry, Jonathan, and Maurice Bloch. 1989. Introduction: Money and the Morality of Exchange. In *Money and the Morality of Exchange*, ed. Jonathan Parry and Maurice Bloch, 1–32. Cambridge: Cambridge University Press.

Pasternak, Burton. 1972. *Kinship and Community in Two Chinese Villages*. Stanford: Stanford University Press.

Patterson, Orlando. 1975. Context and Choice in Ethnic Allegiance: A Theoretical Framework and Caribbean Case Study. In *Ethnicity: Theory and Experience*, ed. Nathan Glazer and Daniel P. Moynihan, 305–349. Cambridge, Mass.: Harvard University Press.

Plattner, Stuart. 1983. Economic Custom in a Competitive Marketplace. *American Anthropologist* 85(4):848–858.

Polanyi, Karl. 1957. The Economy as Instituted Process. In *Trade and Market in the Early Empires*, ed. Karl Polanyi, Conrad Arensberg, and Harry Pearson, 243–270. Chicago: Henry Regnery.

Potter, Jack. 1970. Land and Lineage in Traditional China. In *Family and Kinship in Chinese Society*, ed. Maurice Freedman, 121–138. Stanford: Stanford University Press.

Potter, Sulamith Heins. 1988. The Cultural Construction of Emotion in Rural Chinese Social Life. *Cultural Anthropology* 16(2):181–208.
Potter, Sulamith Heins, and Jack M. Potter. 1990. *China's Peasants.* Cambridge: Cambridge University Press.
Purcell, Victor. 1965. *The Chinese in Southeast Asia.* London: Oxford University Press.
Pusey, Anne Wang, and Richard W. Wilson. 1982. Achievement Motivation and Small-Business Relationship Patterns in Chinese Society. In *Social Interaction in Chinese Society*, ed. Sidney Greenblatt, Richard Wilson, and Amy Auerbacher Wilson, 195–208. New York: Praeger.
Quinn, Naomi. 1986. The Directive Force of Self-Understanding: Evidence from Wives' Inner Conflicts. Paper prepared for presentation at the session "The Directive Force of Cultural Models" at the 85th Annual Meeting of the American Anthropological Association, Philadelphia, December.
Report on the Census of the Town of Calcutta. 1876. Taken on 6 April 1876 by H. Beverley. Calcutta: Bengal Secretariat Press.
Roland, Alan. 1988. *In Search of Self in India and Japan.* Princeton: Princeton University Press.
Rosaldo, Michelle Zimbalist. 1974. Woman, Culture, and Society: A Theoretical Overview. In *Woman, Culture, and Society*, ed. Michelle Zimbalist Rosaldo and Louise Lamphere, 17–42. Stanford: Stanford University Press.
———. 1980. The Use and Abuse of Anthropology: Reflections on Feminism and Cross-Cultural Understanding. *Signs* 5(Spring):389–417.
Rosaldo, Renato. 1986. From the Door of His Tent: The Fieldworker and the Inquisitor. In *Writing Culture*, ed. James Clifford and George Marcus, 77–97. Berkeley: University of California Press.
Rudner, David. 1989. Banker's Trust and the Culture of Banking among the Nattukottai Chettiars of Colonial South India. *Modern Asian Studies* 23(3):417–458.
Ryan, Edward J. 1961. *The Value System of a Chinese Community in Java.* Ph.D. diss., Harvard University.
Sahlins, Marshall. 1972. *Stone Age Economics.* Chicago: Aldine.
———. 1976. *Culture and Practical Reason.* Chicago: University of Chicago Press.
Said, Edward. 1978. *Orientalism.* New York: Pantheon.
Salaff, Janet W. 1981. *Working Daughters of Hong Kong: Filial Piety or Power in the Family?* Cambridge: Cambridge University Press.
Sartre, Jean-Paul. 1963. *Search for a Method.* New York: Vintage.
Schermerhorn, R. A. 1978. *Ethnic Plurality in India.* Tucson: University of Arizona Press.
Schneider, David. 1968. *American Kinship: A Cultural Account.* Englewood Cliffs, N.J.: Prentice-Hall.
Seldon, Mark. 1985. Income Inequality and the State. In *Chinese Rural Development*, ed. William Parish, 193–218. Armonk, N.Y.: M. E. Sharpe.
Seton-Karr, W. S. 1864. *Selections from Calcutta Gazettes of the Years 1784, 1785, 1786, 1787, & 1788, Showing the Political and Social Conditions of the*

English in India Eighty Years Ago. Calcutta: O. T. Cutter, Military Orphan Press.

Shweder, Richard, and Edmund J. Bourne. 1984. Does the Concept of Person Vary Cross-Culturally? In *Culture Theory: Essays on Mind, Self, and Emotion*, ed. Richard Shweder and Edmund Bourne, 158–199. Cambridge: Cambridge University Press.

Singer, Milton. 1968. The Indian Joint Family in Modern Industry. In *Structure and Change in Indian Society*, ed. Milton Singer and Bernard Cohn, 423–452. Chicago: Aldine.

Sinha, Pradip. 1978. *Calcutta in Urban History*. Calcutta: Firma, KLM.

Sircar, Jawhar. 1990. The Chinese of Calcutta. In *Calcutta: The Living City*, ed. Sukanta Chaudhuri, 64–66. Calcutta: Oxford University Press.

Skinner, G. William. 1957. *Chinese Society in Thailand: An Analytical History*. Ithaca: Cornell University Press.

——. 1958. *Leadership and Power in the Chinese Community in Thailand*. Ithaca: Cornell University Press.

——. 1968. Overseas Chinese Leadership: Paradigm for a Paradox. In *Leadership and Authority*, ed. Gehan Wijeyewardene, 191–207. Singapore: University of Malaya Press.

——. 1973a. Change and Persistence in Chinese Culture Overseas: A Comparison of Thailand and Java. In *Southeast Asia, the Politics of National Integration*, ed. John T. McAlister, 399–415. New York: Random House.

——. 1973b. Chinese Assimilation and Thai Politics. In *Southeast Asia, The Politics of National Integration*, ed. John T. McAlister, 383–396. New York: Random House.

Somers, Mary. 1964. *Peranakan Chinese Politics in Indonesia*. Interim Reports Series. Ithaca: Cornell University, Southeast Asia Program.

Sorensen, Clark. 1981. Women, Men, Inside, Outside: The Division of Labor in Rural Central Korea. In *Korean Women: View from the Inner Room*, ed. Laurel Kendall and Mark Peterson, 63–79. New Haven: East Rock Press.

Spence, Jonathan. 1978. *The Death of Woman Wang*. New York: Penguin.

Srinivas, M. N. 1966. *Social Change in Modern India*. Berkeley: University of California Press.

Stack, Carol. 1974. *All Our Kin*. New York: Harper and Row.

Stevens, William K. 1983. Calcutta, Symbol of Urban Misery, Won't Give Up. *The New York Times*, 5 June, sec. 1, p. 10.

Stites, Richard. 1985. Industrial Work as an Entrepreneurial Strategy. *Modern China* 11(2):227–246.

Strauch, Judith. 1981. Multiple Ethnicities in Malaysia: The Shifting Relevance of Alternative Chinese Categories. *Modern Asian Studies* 15(2):235–260.

——. 1983. Changing Village Life in Hong Kong: Immigrants in an Emigrant Community. Paper presented at symposium "Chinese Mobility" at the 82d Annual Meeting of the American Anthropological Association, Chicago, November.

Strauss, Claudia. 1987. Culture, Cognition, and Motives: The Directive Force of Beliefs about Work and Success. Unpublished draft.

———. 1990. Who Gets Ahead? Cognitive Responses to Heteroglossia in American Political Culture. *American Ethnologist* 17(2):312–328.

Strizower, Schifra. 1962. *Exotic Jewish Communities*. London: Tomas Yoseloff.

Su Zhiliang. 1988. A Summary of the History of the Secret Societies in Shanghai. Paper presented at "International Symposium on Modern Shanghai," 7–14 September.

Sung, Lung-sheng. 1981. Property and Family Division. In *The Anthropology of Taiwanese Society*, ed. Hill Gates and Emily Martin Ahern, 361–378. Stanford: Stanford University Press.

Thompson, Richard. 1979. Ethnicity vs. Class. *Ethnicity* 6(4):306–326.

———. 1980. From Kinship to Class: A New Model of Urban Overseas Chinese Social Organization. *Urban Anthropology* 9(3):265–293.

Times of India. 1963a. Internees Go Aboard China's Ships. 14 April:sec. 1, pg. 1.

———. 1963b. Another Batch Goes to Madras. 22 May:sec. 1, pg. 5.

———. 1963c. Second Batch to Leave Today. 25 May:sec. 1, pg. 5.

Traube, Elizabeth G. 1989. Secrets of Success in Postmodern Society. *Cultural Anthropology* 4(3):273–300.

Tu, Wei-ming. 1985. *Confucian Thought: Selfhood as Creative Transformation*. Albany: State University of New York Press.

Tysen, Frank. 1971. Interest Groups in Calcutta. In *Bengal: Change and Continuity*, Occasional Paper No. 16, ed. Robert Paul and Mary Beech, 227–237. South Asia Series. East Lansing: Michigan State University.

Ullman, Walter. 1966. *The Individual and Society in the Middle Ages*. Baltimore: Johns Hopkins University Press.

United Nations Council on Trade and Development (UNCTAD). 1971. *Leather and Leather Products*. New York: United Nations.

Voloshinov, V. N. [M. M. Bakhtin]. 1983. The Construction of the Utterance. Trans. Noel Owen. In *Bakhtin School Papers*. In *Russian Poetics in Translation*, no. 10, ed. Ann Shukman, 114–138. Oxford: RPT Publications.

Wakeman, Frederic. 1985. *The Great Enterprise: The Manchu Reconstruction of Imperial Order in Seventeenth-Century China*. Berkeley: University of California Press.

Wang Gungwu. 1981. *Community and Nation*. Singapore: Heineman Educational Books.

Wasserstrom, Jeffrey. 1984. Resistance to the One-Child Family. *Modern China* 10(3):345–374.

Watson, James L. 1975. *Emigration and the Chinese Lineage*. Berkeley: University of California Press.

Watson, Rubie. 1981. Class Differences and Affinal Relations in South China. *Man* 16:593–596.

———. 1984. Women's Property in Republican China: Rights and Practice. *Republican China* 10(November):1–12.

———. 1985. *Inequality among Brothers*. Cambridge: Cambridge University Press.

Weber, Max. 1978. *Max Weber: Selections in Translation*. Ed. W. G. Runciman. Trans. E. Matthews. Cambridge: Cambridge University Press.

——. 1983 [1920–21]. *Max Weber on Capitalism, Bureaucracy, and Religion*. Ed. Stanislav Andreski. London: Allen and Unwin.

Wertheim, Willem Frederik. 1964. The Trading Minorities of Southeast Asia. In *East-West Parallels*, ed. W. F. Wertheim, 39–82. The Hague: W. Van Hoeve.

Willmott, Donald Earl. 1960. *The Chinese of Semarang*. Ithaca: Cornell University Press.

Wiser, Charlotte V., and William H. Wiser. 1971. *Behind Mud Walls*. Berkeley: University of California Press.

Wolf, Arthur. 1968. Adopt a Daughter-in-Law, Marry a Sister. *American Anthropologist* 70(5):864–874.

——. 1970. Chinese Kinship and Mourning Dress. In *Family and Kinship in Chinese Society*, ed. Maurice Freedman, 163–188. Stanford: Stanford University Press.

——. 1974. Gods, Ghosts, and Ancestors. In *Religion and Ritual in Chinese Society*, ed. Arthur Wolf, 131–182. Stanford: Stanford University Press.

——. 1981. Domestic Organization. In *The Anthropology of Taiwanese Society*, ed. Hill Gates and Emily Martin Ahern, 341–360. Stanford: Stanford University Press.

Wolf, Arthur, and Chieh-shan Huang. 1980. *Marriage and Adoption in China, 1845- 1945*. Stanford: Stanford University Press.

Wolf, Eric. 1982. *Europe and the People without History*. Cambridge: Cambridge University Press.

Wolf, Margery. 1970. Child Training and the Chinese Family. In *Family and Kinship in Chinese Society*, ed. Maurice Freedman, 37–62. Stanford: Stanford University Press.

——. 1972. *Women and the Family in Rural Taiwan*. Stanford: Stanford University Press.

——. 1974. Chinese Women: Old Skills in a New Context. In *Woman, Culture, and Society*, ed. Michelle Zimbalist Rosaldo and Louise Lamphere, 157–172. Stanford: Stanford University Press.

Wong, Bernard. 1982. *Chinatown: Economic Adaptation and Ethnic Identity of the Chinese*. New York: Holt, Rinehart, and Winston.

Wong, Siu-lun. 1988. *Emigrant Entrepreneurs: Shanghai Industrialists in Hong Kong*. Hong Kong: Oxford University Press.

Yanagisako, Sylvia Junko. 1979. Family and Household: The Analysis of Domestic Groups. *Annual Review of Anthropology* 8:161–205.

——. 1985. *Transforming the Past: Tradition and Kinship among Japanese Americans*. Stanford: Stanford University Press.

Yang, Martin. 1945. *A Chinese Village*. New York: Columbia University Press.

译 后 记

《血汗和麻将:一个海外客家华人社区的家庭与企业》是一本描述客家人在海外的家庭和企业发展状况的书,它由美国康奈尔大学出版社于1993年出版,翻译本书是嘉应学院客家研究院"海外客家研究"的特别项目之一。

本书是嘉应学院客家研究院拟出版的海外客家研究译丛中七本英文著作之一,是广东省教育厅人文社会科学重点课题。本课题由嘉应学院面向校内外公开委托翻译,并经过广东省普通高校人文社会科学省市共建重点研究基地学术委员会聘请专家进行匿名评审,按评分高低确定各承担人。作为该课题的承担人之一,我感到非常荣幸,书中描写的客家人的生活、工作、家庭、企业的状况将我带入另一个人群的世界,我也从对客家人、客家文化了解甚少逐渐对客家文化产生浓厚兴趣,对此也乐不知疲地进行研究。

作者欧爱玲(Ellen Oxfeld)是美国哈佛大学博士、佛蒙特州明德大学人类学系教授,在书中她以独特的视角为我们展现了在印度加尔各答这个已颇具规模的华人社会的家园,客家人的生活和工作状态。本书从人类学的视角,采用田野调查的研究方法,以加尔各答客家人为主体,聚焦于家庭、企业和种族角色,对客家华人在当地制革业中的优势地位进行了详尽的阐述,纵向分析了第一、第二和第三代华人制革商的家庭和企业结构,并考察了加尔各答客家人向多伦多等世界其他地方的迁移,有助于读者了解这一在加尔各答人数不多但很重要的华人群体。本书的出版对于我们了解和认识海外客家华人无疑将是不可或缺的参考资料。

译后记

在完成该译本的一年多时间里，我感触颇多：书上描写的海外客家人的发展状况让我对客家人，尤其是海外的客家人有了更深一层的了解，书中描写的海外客家人在异国他乡依旧保持中国特色，带着中国特有的民族气息用血和泪编织出一幅幅美好的蓝图，客家文化的博大精深更是让我们对客家人有了新的认识。制革家庭企业的发展反映出的社会经济问题和地域、种族问题在书中得到了很好的阐述。翻译过程也不仅仅是简单的语言转换，更重要的是对一种文化的认识和对作者研究的再解读，欧爱玲教授严谨的科研态度和她为收集到第一手有说服力的研究资料，深入多家制革家庭采访，融入当地客家人之中的精神也是我们学术研究者很好的典范。

做译本，除了对原著进行翻译，还需要大量的资料支撑，去了解每一个知识点，并调查、研究国内的客家文化和客家文化在国际中的影响和传播，当然，到江西赣南客家文化汇集地的实地考察对本课题的研究起了很大的作用，让我在翻译过程中能运用所得资料进行精心整理，给读者展现一个有血有肉的海外客家家庭与企业的状况。

在翻译过程中，我得到了许多的帮助。首先，要感谢我的家人对我的支持和关心，让我有一个良好的环境和平台能专心调研和翻译；其次，感谢嘉应学院客家研究院学术委员会对本人的认可，给了我这么一个宝贵的机会，还为我的研究提供研究经费和出版资助，让我能更全面、更细致地去做研究。同时，嘉应学院客家研究院的房学嘉教授、宋德剑教授和周云水等多位老师也在百忙中给译文提出了宝贵的建议，使拙译大为增辉；还有出版社的工作人员，他们对译本进行校对、印刷和装帧等，为译本的出版付出了大量辛勤的劳动，在此一并向他们表示衷心的感谢！

虽然历时一年多，也花了大量的时间调研、查阅资料，但客家文化源远流长，欧爱玲教授非常专业化的研究、中外文化的差异等因素还是让我在翻译中颇感压力，译本中不免出现许多不妥乃至错误的地方，诚心地希望读者不吝指出。

译者
2012 年 10 月

图书在版编目(CIP)数据

血汗和麻将：一个海外华人社区的家庭与企业／（美）欧爱玲
（Oxfeld, E.）著；吴元珍译. —北京：社会科学文献出版社，
2013.6
（海外客家研究译丛）
ISBN 978-7-5097-4593-9

Ⅰ.①血… Ⅱ.①欧… ②吴… Ⅲ.①客家人-华人-社会生活-研究-加尔各答 Ⅳ.①D634.335.1

中国版本图书馆 CIP 数据核字（2013）第 097744 号

·海外客家研究译丛·

血汗和麻将
——一个海外华人社区的家庭与企业

著　　者／〔美〕欧爱玲
译　　者／吴元珍

出 版 人／谢寿光
出 版 者／社会科学文献出版社
地　　址／北京市西城区北三环中路甲 29 号院 3 号楼华龙大厦
邮政编码／100029

责任部门／全球与地区问题出版中心 （010）59367004　　责任编辑／仇　扬
电子信箱／bianyibu@ssap.cn　　责任校对／李向荣　钱月红
项目统筹／祝得彬　　责任印制／岳　阳
经　　销／社会科学文献出版社市场营销中心 （010）59367081　59367089
读者服务／读者服务中心 （010）59367028

印　　装／北京季蜂印刷有限公司
开　　本／787mm×1092mm　1/16　　印　　张／15.5
版　　次／2013 年 6 月第 1 版　　字　　数／236 千字
印　　次／2013 年 6 月第 1 次印刷
书　　号／ISBN 978-7-5097-4593-9
著作权合同
登 记 号／图字 01-2012-1456 号
定　　价／59.00 元

本书如有破损、缺页、装订错误，请与本社读者服务中心联系更换
▲ 版权所有　翻印必究